La société intégrée

Worcester Polytechnic Institute
Studies in Science, Technology and Culture

Lance Schachterle and Francis C. Lutz
Co-Editors

Vol. 12

PETER LANG
New York • San Francisco • Bern • Baltimore
Frankfurt am Main • Berlin • Wien • Paris

Simon Laflamme

La société intégrée

De la circulation des biens, des idées et des personnes

PETER LANG
New York • San Francisco • Bern • Baltimore
Frankfurt am Main • Berlin • Wien • Paris

Library of Congress Cataloging-in-Publication Data

Laflamme, Simon.
La société intégrée : de la circulation des biens, des idées et des personnes / Simon Laflamme.
p. cm. — (Worcester Polytechnic Institute studies in science, technology and culture ; vol. 12)
Includes bibliographical references.
1. Sociology—Methodology. 2. Economics—Sociological aspects. 3. Interpersonal relations. 4. Communication—Social aspects. 5. Power (Social sciences). I. Title. II. Series.
HM24.L334 1992 301'.072—dc20 91-45433
ISBN 0-8204-1869-2 CIP
ISSN 0897-926X

Die Deutsche Bibliothek-CIP-Einheitsaufnahme

Laflamme, Simon:
La société intégrée : de la circulation des biens, des idées et des personnes / Simon Laflamme.—New York; Berlin; Bern; Frankfurt/M.; Paris; Wien: Lang, 1992
(Worcester Polytechnic Institute studies in science, technology and culture ; vol. 12)
ISBN 0-8204-1869-2
NE: Worcester Polytechnic Institute: Worcester Polytechnic Institute...

The paper in this book meets the guidelines for permanence and durability of the Committee on Production Guidelines for Book Longevity of the Council on Library Resources.

Printed in the United States of America.

À Carolle

«Tout bouge» (Héraclite)

Table des matières

Troisième partie
Échange et pouvoir

Quatrième partie
Modèle pour une analyse synthétique du social

Avertissements

Pour lutter contre le sexisme, je me suis inspiré de la brochure de Jeanne Lapointe et Margrit Eichler[1], publiée par le gouvernement canadien. J'ai aussi suivi les recommandations de la brochure du gouvernement québécois[2]; mais je ne l'ai pas fait systématiquement de crainte d'alourdir un texte dont le sujet est parfois compliqué. Je n'ai pas, par exemple, constamment écrit et au masculin et au féminin chaque substantif; je l'ai fait quelquefois pour rappeler que le monde de la science n'est pas réservé aux hommes; je ne l'ai presque jamais fait dans la désignation des objets de science, car il me semblait évident que le générique masculin ne pouvait pas exclure le sexe féminin. Ainsi, j'ai écrit «les théoriciens et les théoriciennes...» mais je n'ai pas écrit les «consommateurs et les consommatrices...» Quand j'ai doublé le substantif, conformément aux directives de la brochure du gouvernement québécois, j'ai doublé aussi les pronoms démonstratifs, les pronoms indéfinis, mais j'ai mis au masculin seulement les pronoms personnels, les adjectifs et les participes passés. J'ai donc obtenu des libellés de ce genre: «Les théoriciens et les théoriciennes...; ceux et celles...; ils sont satisfaits...»

*

*   *

Pour distinguer la communication comme discipline de la communication comme objet, chaque fois que j'ai évoqué le domaine d'études, j'ai écrit «sciences des communications» et, chaque fois que j'ai désigné le domaine étudié, «communication», au singulier ou au pluriel. Dans le même esprit, j'ai utilisé le nom féminin «économique» pour indiquer la science économique et le mot économie pour renvoyer à l'objet de la discipline.

Introduction générale

Ce livre se pose une question bien précise : par delà le découpage de la carte des sciences sociales en disciplines, la société peut-elle être étudiée de façon intégrée? Et il répond par l'affirmative. Mais sa réponse n'est pas absolue; elle est conditionnelle. Cela est possible. Mais cela ne rend pas caduque la segmentation du savoir. Cela est possible seulement dans la mesure où le modèle proposé ne prétend pas se substituer à tout autre recherche sur le social. Un modèle intégré d'analyse ne peut que côtoyer des disciplines spécialisées de même qu'il n'a pas pour conséquence d'anéantir toute autre analyse synthétique. Une analyse intégrée du social est possible, mais ses conclusions ne présentent pas la somme de ce qui peut être dit sur la société. Elles découlent des catégories que retient le modèle. Ces catégories ne peuvent que découper la société, découper un morceau de société. La société n'est donc pas alors comprise de façon intégrée en tant que sont expliqués les liens entre toutes ses composantes de façon absolue; elle l'est seulement en ce que se révèlent les rapports entre les catégories retenues. Mais, sur un plan théorique, cette compréhension est d'autant plus intégrée que l'ensemble des catégories sur lesquelles elle repose traversent de disciplines ou paraissent fondamentales dans le champ des sciences sociales.

Dire que la société est intégrée, ce n'est pas, ici, avancer qu'elle est ordre, comme chez Durkheim ou même Parsons. Ce n'est pas affirmer que les acteurs sociaux vivent dans une espèce d'organisme ou de système. Ce n'est pas non plus soutenir qu'ils vivent autrement. La réflexion synthétique qui est ici construite se préoccupe moins de l'intégration des acteurs sociaux que de celle des composantes que le modèle retient. Elle réaffirme — après Marx, entre autres — que, dans une société donnée, la circulation des biens (ou services), celle des idées et celle des personnes entretiennent des rapports. C'est le jeu entre ces trois dimensions qui l'intéresse; non pas le processus par lequel les acteurs se socialisent. Son originalité lui vient de ce qu'elle présente un instrument d'analyse qui empêche de préjuger de la forme et du contenu de cet ensemble tridimensionnel. Une théorie de la société intégrée ne nie pas l'existence de divisions sociales. Ce serait là méconnaître un aspect important des sociétés complexes, notamment postindustrielles.

Le social se laisse difficilement appréhender. Il est rétif, fuyant, multiforme. À peine le tient-on par quelque aspect qu'il glisse, réagit ailleurs; on doit alors le saisir par un autre côté; l'attrappe-t-on par là, on doit répéter la première prise, puis s'occuper d'une dimension nouvellement apparue. Pour mater un tel être, les sciences sociales multiplient les approches, les perfectionnent, les combinent. Ces développements sont efficaces à maints égards : la préhension des secteurs se raffermit, l'ensemble se circonscrit; mais les mécanismes de réaction entre les secteurs restent difficiles à capter.

Quelle que soit l'approche, le social apparaît comme une structure parfois statique, parfois dynamique. Lorsqu'il est abordé en tant que statique, on tente de définir la nature des éléments qui le composent; les différents phénomènes répondent alors à la logique des facteurs constitutifs. Quand il est examiné sous l'angle de sa dynamique, on essaie d'élucider les rapports entre les parties; les réactions trouvent leur cause dans le type de relations que les parties entretiennent entre elles.

Ce livre s'intéresse aux mécanismes de réaction entre divers secteurs du social et il choisit de privilégier la dynamique. Il se veut une espèce d'introduction à une théorie générale. Mais il ne se propose pas d'épuiser la connaissance du social; il sait qu'il ne modifie pas la complexité de son objet; il ne prétend pas offrir une voie exclusive. Il se contente de présenter une perspective dont les facultés lui apparaissent prometteuses.

Cette perspective est interdisciplinaire, et non omnidisciplinaire. Elle retient les approches économique, communicationnelle et sociologique. Elle s'arrête là parce que son but n'est pas de tout dire, et aussi parce qu'il lui semble que l'analyse de la circulation des biens (ou des services), des idées et des personnes est susceptible d'amorcer avantageusement une étude intégrée du social. Elle ne s'instruit pas de la totalité des réalisations dans ces trois domaines parce qu'elle les soumet à un dénominateur commun : l'échange. Elle place l'échange au principe de l'organisation sociale et ramène à ce principe les trois domaines. Elle ne veut pas supplanter ces domaines; son but est tout simplement de tenter de construire un modèle d'analyse qui permettra de créer des liens entre eux. Car il lui apparaît que leurs activités respectives réclament un tel modèle chaque fois que leurs conclusions sur un objet semblent conditionnées par celles qu'on obtient dans l'autre discipline sur un autre objet. Quel économiste ne reconnaît pas l'importance de la circulation des personnes et des idées?

Dans ce livre s'entremêlent les notions d'échange, de communication et de relation. Ce mélange témoigne de l'orientation dialectique qui est adoptée, car ces trois notions ont pour connotation des rapports que peuvent entretenir entre eux des agents : les sociétés, est-il affirmé par là, se reproduisent et se produisent par les interactions qui les animent. Mais les trois notions ne sont pas confondues. Entre relation et échange, la différence est, certes, ténue puisqu'ils ne diffèrent qu'en ce que la première est plus générale que le second : tous les échanges sont des relations mais toutes les relations ne sont pas des échanges. Derrière la notion de communication, il y a celle de relation; mais la communication est une relation bien spéci-fique en ce qu'elle se situe au niveau de l'information, des idées au sens large; elle n'est pas nécessairement échange — bien que étymologiquement elle signifie mise en commun — car elle peut désigner les phénomènes d'émission. Communication et information sont entendues ici dans un sens très large. Au sens strict, information signifie idée formulée. Si, alors, la notion de communication se réfère à la transmission d'informations, son objet est bien limité. Il va sans dire que, si l'on s'en tient à une telle dénotation, la thèse selon laquelle on ne peut pas ne pas communiquer est absurde. Ce livre ne s'oppose pas en principe à cet usage; mais, pour ses propres fins, il se fait beaucoup moins restrictif. Il entend communication dans un sens ouvert. Il n'affirme pas que la communication comprend tout; il croit qu'elle déborde la champ des seuls messages conceptualisés. Il suppose que les acteurs sociaux se communiquent maintes impressions, maintes valeurs, maintes règles, maints sentiments qui ne sont pas du tout formalisés et il n'exclut rien de toute cette circulation d'idées du monde des communications; car si ces informations — si peu formalisées soient-elles — s'échangent, sont partagées, il faut bien qu'elles aient été communiquées. En donnant la préférence à cette position, il espère être plus à même d'embrasser son objet dans ses nombreuses manifestations. En cybernétique, communication s'oppose à énergie : il y a, dans l'échange, des poussées vers l'énergie et, ailleurs, des élans vers l'information. L'information est ici rationnelle; elle est le concept; elle implique un enseignement. La communication, telle que la comprend une théorie de la société intégrée, si l'on prend pour point de repère cette célèbre antinomie, ne se résume pas à ce qu'en disent les cybernéticiens, mais sa signification ne s'étendrait pas au point de pouvoir se comparer à l'énergie.

Le livre compte quatre parties. La première présente une épistémologie de base et tente d'inscrire le principe d'échange dans la tradition des sciences sociales. La deuxième essaie de montrer l'importance et les conséquences d'une approche relationnelle à laquelle se rattache le principe d'échange. La troisième cherche à combiner le concept de pouvoir à celui d'échange. La quatrième, enfin, construit un modèle pour une analyse de la société intégrée.

*
* *

Durant la rédaction de ce volume, le Département d'information et de communication de l'Université Laval a mis à ma disposition certaines ressources matérielles; je tiens à remercier son directeur, Michel de Repentigny, pour toute l'attention qu'il m'a accordée. Il me faut aussi remercier les collègues qui, par leurs encouragements et leurs critiques, m'ont permis d'évoluer dans ma réflexion : Jacques de Guise et Jacques Lemieux, tous deux du Département d'information et de communication de l'Université Laval; Jean Lapointe, du Département de sociologie et d'anthropologie de l'Université d'Ottawa; Paul-Marcel Lemaire, du Département de communication de l'Université d'Ottawa; Pierre Ansart, du Département de sociologie de l'Université Paris VII; Yves Lefier, du Département de français de l'Université Laurentienne. S'ils découvrent que ce livre ne solutionne pas toutes les difficultés qu'ils ont pertinemment relevées à la lecture des brouillons, qu'ils trouvent néanmoins dans sa publication l'expression de ma gratitude.

Première partie

La construction théorique du social

1. Introduction

Cette première partie se fixe deux objectifs. Le premier est d'indiquer comment sont compris le rôle des sciences sociales et l'objet de ces sciences. Le second est de souligner l'importance du principe d'échange pour une théorie générale du social et d'inscrire ce principe dans la tradition qui l'a exploité.

Ces mises au point permettront d'indiquer en quoi une analyse interdisciplinaire, alimentée à l'économique, aux sciences des communications et à la sociologie, est nécessaire et prometteuse. Mais elles mettront aussi en évidence le fait que cette analyse ne peut aucunement prononcer l'exclusion de tout autre projet, qu'il s'agisse d'autres analyses interdisciplinaires ou d'analyses propres à chacune des disciplines. Cependant, après que certains objets auront été définis, que certains principes auront été retenus, elles obligeront à critiquer quelques approches où ne semblent pas intégrables les facteurs aménagés.

2. Spécialisation et synthèse en science

La division du savoir et la spécialisation favorisent, à bien des égards, le développement des connaissances. La science, d'ailleurs, est implicitement spécialisation. Elle se développe en complexifiant et en multipliant ses champs d'analyse, en refermant, en faisant se réfléchir sur elles-mêmes maintes idées. Sans la spécialisation, le travail scientifique n'aurait pu produire autant qu'il l'a fait. Et aussi critiquable que soit ce travail — peu importe d'ailleurs la manière dont on a écrit son histoire —, pour la plupart des observateurs, ses imperfections apparaissent beaucoup plus excusables que son éventuelle abolition. De toute façon, la science vit d'elle-même, c'est-à-dire de l'intérêt qu'elle suscite dans une multitude d'esprits et des résultats qu'elle produit. Ce développement, par contre, a pour corollaire certaines complications : le fractionnement des connaissances, lui-même, qui isole aussi bien les chercheurs que les résultats de leurs recherches; ou encore le morcellement des objets d'analyse qui empêche de comprendre de façon intégrée la réalité analysée ou construite par la multiplicité des entreprises analytiques. Bon nombre de réalisations parviennent régulièrement à associer des chercheurs aux formations différentes ou à combiner des résultats obtenus dans des secteurs distincts et, par conséquent, elles arrivent à minimiser les méfaits de la division du savoir ou à jeter des ponts entre divers terrains d'analyse. Mais ces tâches interdisciplinaires sont requises précisément parce que la science est manifestement et inévitablement fragmentée. Et puisque les mérites de cette division du savoir sont difficilement contestables, et que, par ailleurs, le fait de la spécialisation est lui-même inéluctable, il est vain d'espérer le jour de l'unification de toutes les connaissances[1].

Bien que les connaissances soient, dans une certaine mesure, contraintes de se développer en se séparant les unes des autres, plusieurs efforts théoriques consistent très précisément en des synthèses de travaux distincts, travaux qui, par leur valeur respective, s'imposent à ceux qui les consultent. Dans l'histoire de la science, les grandes découvertes, celles qui inspirent des réflexions, reposent fréquemment sur de vastes synthèses. Le marxisme n'est-il pas le fusionnement de l'idéalisme allemand, de l'économie libérale anglaise et des socialismes français et anglais ? Le structuro-fonctionnalisme n'est-il pas un composé des thèses parétienne, durkheimienne et webérienne ? Les exemples pourraient s'ajouter longuement et dans tous les domaines. Comme pour surmonter les obstacles de la fragmentation des connaissances, plusieurs essais ont pour projet même de regrouper des champs séparés d'analyse :

> *L'organisation est un concept original si on conçoit sa nature physique. Elle introduit alors une dimension physique radicale dans l'organisation vivante et l'organisation anthropo-sociale, qui peuvent et doivent être considérées comme des développements transformateurs de l'organisation physique. Du coup, la liaison entre physique et biologie ne peut plus être limitée à la chimie, ni même à la thermodynamique. Elle doit être organisationnelle. Dès lors, il faut non*

seulement articuler la sphère anthropo-sociale à la sphère biologique, il faut articuler l'une et l'autre à la sphère physique[2].

La spécialisation et la fusion théorique semblent être deux aspects fondamentaux de la pensée scientifique. Elles se créent et s'appellent mutuellement : le travail dans des domaines particuliers offrant de nouvelles données, contredisant des visions générales, la synthèse assimilant des notions nouvelles ou apparemment dissociées, ouvrant de nouveaux horizons; dans certaines occasions, celle-ci relançant la spécialisation, celui-là provoquant de nouvelles synthèses. Ainsi, par exemple, la psychanalyse a-t-elle, entre autres en historicisant les consciences et en se détournant du couple passion/raison, bouleversé plusieurs visions rationalistes et inspiré des perspectives phénoménologiques; de même s'est-elle taillé une place dans le vaste cadre du marxisme. Ainsi, encore, la linguistique a-t-elle finalement donné lieu à d'innombrables recherches, dans différents secteurs, où a été mise à l'oeuvre une vision plus ou moins structurale du monde. On n'affirme pas ici qu'il est impossible de concevoir un développement théorique général en marge duquel surgiraient des faits inexplicables qui, en s'accumulant, viendraient à faire obstacle à cette théorie, peut-être même à la modifier. Au contraire, cette thèse kuhnienne[3] des paradigmes apparaît des plus plausibles. Elle explique très bien les cas où la théorie générale usuelle n'arrive pas à tout contenir aussi bien que ceux où des recherches distinctes affectent les théories générales. Les révolutions scientifiques que les exclusions au sein d'un paradigme entraînent ne prennent-elles pas elles-mêmes la forme d'une synthèse, récupération de ce que le paradigme réalisait et de ce qu'il ne pouvait, sous une forme antérieure, incorporer ?

3. Pluralité du social et de la conscience

La spécialisation rend la synthèse nécessaire notamment parce que, dans la réalité empirique, des éléments sont reliés : les phénomènes économiques, par exemple, ont des dimensions politique, psychologique, historique auxquelles l'économiste se heurte. Dans ce genre d'achoppement, le spécialiste découvre les limites de son approche et, dans certaines circonstances, à moins que l'auteur ne confère à sa discipline quelque hégémonie[4], il tente de franchir les bornes qui s'imposent à lui par des projets interdisciplinaires.

Mais cette globalité du réel ne se manifeste pas seulement de l'extérieur au spécialiste qui a conscience que des aspects du monde lui échappent ou au philosophe qui travaille à une théorie générale. Elle caractérise aussi de l'intérieur les acteurs sociaux[5]. Freud montre que, dans le psychisme, au fur et à mesure de la socialisation d'un être, c'est-à-dire de ses relations avec les autres êtres et avec la société dans son ensemble, entre le conscient et l'inconscient, entre le ça, le moi et le surmoi, s'emmagasinent et s'ordonnent tout au long d'une histoire et agissent toutes à la fois mais à différents degrés les unes sur les autres des pulsions, des images, des émotions, des valeurs, des opinions. Le psychisme humain apparaît alors comme un alliage complexe où peuvent même coïncider des tendances contradictoires. En tant qu'acteur social, cet être dispose d'une conscience qui lui permet d'agir dans la complexité sociale; cette conscience est donc un composé de facteurs psychologiques, politiques, religieux, économiques, historiques, etc. C'est à cet acteur que Mauss veut faire une place dans la sociologie[6]. C'est aussi à cet acteur que l'existentialisme marxiste sartrien prête une «raison dialectique», une pensée sociale et historique qui synthétise ou totalise, en tant que *praxis*, c'est-à-dire en tant qu'être et connaître, les impressions de tous ordres qui l'affectent[7]. La phénoménologie sartrienne avait d'abord démontré que la conscience humaine ne se définit que comme intériorisation globale, en situation, comme pensée d'un individu qui, déterminé par son histoire particulière, mais capable de projet, par où il éprouve l'angoisse de la liberté et l'obligation de l'engagement, vit entouré d'autres humains qui s'imposent par leur propre existence et par la représentation qu'il se fait d'eux[8]. En s'intégrant au marxisme, cette phénoménologie existentielle n'est pas essentiellement modifiée; elle politise et historicise plutôt la situation en même temps qu'elle lui donne un environnement plus économique; elle précise le cadre de l'engagement idéal; elle combine la problématique de la liberté ontologique à celle de la théorie marxiste de l'histoire. C'est ainsi en réfléchissant sur l'existence sociale et historique, sur les relations directes ou indirectes que les humains entretiennent inéluctablement entre eux, autrement dit sur la complexité de la vie en société d'un existant, que Sartre trouve et retient cette idée d'une conscience synthétique. Cette conscience synthétique, Sartre a la prudence de l'opposer irrévocablement à la raison analytique qui, elle, connaît la division. Mais il va néanmoins trop loin. Du principe de la totalité de la conscience, il a tendance à tirer celui de son unité. Et, partant, l'idée même de la multiplicité d'un existant lui échappe. Le principe d'une conscience synthétique où de nombreux facteurs, de nombreuses catégories agissent simultanément ne doit pas être assimilé à celui d'une conscience où tout interviendrait toujours, où toutes positions seraient toujours la combinaison de la totalité de la conscience et donc ne seraient que transposées d'une situation à l'autre. En ce sens, les positions du sujet feraient preuve de consistance. Une position de la conscience est totale en ce sens qu'elle est tout ce qu'elle est, non pas en ce qu'elle est constamment l'intégralité de la conscience. Qu'une position de la raison dialectique soit synthétique, cela ne signifie pas que cette raison ne puisse occuper différentes positions synthétiques, souvent même contradictoires, voire détachées les unes des autres, phénomène que la société post-moderne met en évidence. Freud aperçoit aussi cette conscience parce que son métier de psychanalyste l'oblige à saisir les humains dans leur subjectivité réelle, constituée socialement. L'anthropologie maussienne, en montrant que le social est fondamentalement relations, en établissant le caractère essentiel de l'échange dans la vie en société, en vient à des conclusions analogues. Dans les échanges sociaux, Mauss constate qu'un système social complet est institué, donnant lieu à des actions multiples animées par des considérations qui représentent les conditions diversifiées du système, c'est-à-dire les différentes composantes de l'ensemble social[9]. Ainsi, le principe même de la socialité, selon Mauss, suppose des interrelations où les agents sont mus par une conscience concrètement totale, où les *praxis* individuelles participent d'une conscience collective unifiante, non seulement en tant qu'elle réunit les membres de la collectivité, mais en tant qu'elle recompose et formalise les différents aspects de la pensée, les différents domaine du social. C'est encore ce dont témoigne, par exemple chez Lévi-Strauss, l'analyse circonscrite des relations de parenté : «les échanges matrimoniaux et les échanges économiques forment, dans l'esprit indigène, partie intégrante du système fondamental de réciprocité»[10]. Il semble alors qu'au niveau des consciences tout comme à celui des facteurs des relations sociales se dessine un être à la fois un et multiple : multiple, en tant qu'il est constitué d'éléments nombreux et variés — si le social ou le psychologique n'étaient pas composés, composites ou décomposables, il n'y aurait ni consciences sociales ni sciences sociales —; un, en tant qu'il ne peut se manifester comme être, intérieurement ou extérieurement, c'est-à-dire du point de vue de la *praxis* ou sous l'angle de la réflexion sur la *praxis*, que comme ensemble.

Cette vision d'une conscience complexe interdit qu'on enferme l'agir social dans quelque raison prédéfinie du moment qu'on aspire à rendre compte des comportements humains. La raison telle que la montre le behaviourisme skinnerien ou telle que la perçoit l'économie politique, celle d'un être dont l'existence se résume à une maximisation de satisfaction ou de gains pour une minimisation d'effort ou de coûts, est par trop réductive.

4. Distinction de la science et de la conscience

L'objet des sciences sociales, qu'il s'agisse de la *praxis* ou des facteurs des relations, apparaît au théoricien à la fois divisible et indivisible. L'analyse sociale étudie la réalité en ses parties. Elle décompose pour des fins explicatives, pour des raisons d'efficacité méthodologique, détaillant la réalité en ses plus infimes variables. Ce faisant, elle ne nie pas l'existence de totalités; elle témoigne de sa difficulté à les traiter en tant que telles. C'est parce qu'elle ne les nie pas, d'ailleurs, qu'elle tente fréquemment de les recomposer.

Parce qu'elle est essentiellement plurielle, parce qu'elle n'existe qu'en réunissant sous une forme ou sous une autre — de manière plus ou moins heureuse, plus ou moins normale — les informations, les impressions et les interprétations qui la constituent, la conscience se présente comme essentiellement synthétique (ce qui ne signifie pas qu'elle soit homogène, logique ou qu'elle ne puisse pas comporter des juxtapositions ou des positions circonstancielles). En ce sens, elle se distingue de la science, qui, elle, tend davantage à séparer les objets les uns des autres. Certes, la science recompose des touts, mais elle le fait le plus souvent *a posteriori*, alors que la conscience doit toujours le faire immédiatement. Elle n'a pas, en tout cas, à le faire simplement pour être, alors que l'être pour la conscience ne peut se concevoir dans l'éparpillement, ne peut se réaliser dans le morcellement de soi-même. La conscience est divisible mais une position de la conscience forme un tout : si elle dit d'elle-même qu'elle est divisée, ce n'est qu'en tant que des tendances opposées agissent en elle; or, c'est précisément le jeu entre ces diverses tendances qui la caractérise et non chacune d'elles; l'être de la conscience se découvre au carrefour des éléments constitutifs vécus dans l'immédiateté et non en chacun d'eux. La conscience est divisible surtout du point de vue de l'observateur. La science est divisée, par ses champs d'investigation, par ses objets d'étude. L'immédiateté de la conscience, c'est, pour elle-même, la totalité, quitte à exclure des positions extérieures qui s'avèrent menaçantes. Généralement, au sein de la personne, le fait d'être partagé entre ceci et cela est source de malaise; l'unité, l'élimination du déchirement, est une constante recherche. L'immédiateté de la science, c'est couramment la division; même la conscience qu'elle se donne pour objet se manifeste à elle dans la division. La totalité pour la science est couramment abstraite et partielle. C'est que la science est dispensée des impératifs de l'existence; elle peut se détacher d'elle. N'étant pas l'existence elle-même, elle peut prendre une distance par rapport au vécu; cela signifie qu'elle n'a pas à fournir d'explication simplement pour satisfaire à un besoin immédiat de synthèse. La science est abstraite[11] : elle possède ses instruments techniques et formels qui l'obligent à réfléchir en s'éloignant de l'objet concret; elle a, jusqu'à un certain point, sa propre histoire qui est celle des raisonnements qu'elle développe avec ses exigences à elle. Science et conscience ne sont pas absolument coupées l'une de l'autre.

Aux premières heures de la réflexion sur la société, d'ailleurs, alors que la ligne entre la science et la conscience est encore ténue, la réflexion se fait totalisante. Chez Aristote, par exemple :

> *L'homme est de par sa nature [...] un animal fait pour la société civile. Aussi, quand même n'aurait-on pas besoin les uns des autres, n'en désirerait-on pas moins de vivre ensemble. À la vérité, l'intérêt commun nous rassemble aussi, chacun y trouvant le moyen de vivre mieux. Voilà donc notre fin principale, commune à tous et à chacun en particulier. On se rassemble, ne fût-ce que pour mettre sa vie en sûreté. La vie même est une sorte de devoir pour ceux à qui la nature l'a départie et quand elle n'est pas trop excédée de misères, c'est un motif suffisant pour rester en société. Elle conserve des charmes et de la douceur dans cet état de souffrance et combien de maux n'endure-t-on pas pour la prolonger.*
>
> *Mais ce n'est pas seulement pour* vivre ensemble, *c'est pour* bien vivre ensemble *qu'on s'est mis en État. Sans quoi la société comprendrait les esclaves et même les autres animaux*[12].

Ou chez Ibn Khaldûn, même quinze siècles plus tard :

> *[...] Dieu a créé l'homme sous une forme qui ne peut subsister sans nourriture. Il lui a donné un désir naturel de nourriture et la possibilité de l'obtenir.*
>
> *Cependant, l'homme (seul) ne peut subvenir à ses besoins. Même le minimum vital — une ration journalière de blé, par exemple — requiert mouture, pétrissage et cuisson : c'est-à-dire le concours d'ustensiles et d'outils et, par suite, celui de trois corps de métier — forgeron, menuisier et potier...*

> *Il en est de même pour la défense: chacun a besoin de l'aide d'autrui. Quand Dieu a façonné les êtres vivants et leur a distribué des forces, il a été moins généreux pour l'homme que pour beaucoup d'autres. Le cheval est bien plus fort que l'homme, l'âne ou le boeuf aussi. Le lion ou l'éléphant est infiniment plus fort que l'homme.*
>
> *L'agressivité est dans la nature des êtres vivants. Dieu a donné, à chacun d'eux un organe défensif. À l'homme, il a donné la pensée et la main.*[13]

Dans le premier texte, les propos, bien que faisant état d'un évident souci de rationalité, n'ont pas pour base l'observation contrôlée des phénomènes sociaux. Il s'agit d'opinions qui se veulent cohérentes, où le penseur essaie d'organiser en un discours, peu critique par rapport aux préjugés de son époque, différents faits de culture qu'il subit et différentes perceptions qui se donnent à lui. Ce discours n'arrive pas à décomposer utilement les phénomènes sociaux afin de les exposer à une analyse méthodique. Une thèse sur le social est une thèse où s'entremêlent les considérations politiques et morales. Dans le second, morale, politique, religion, tout est encore confusément imbriqué. La réflexion ne cherche toujours pas à rendre compte des phénomènes sociaux par l'observation précise de chacun d'eux; elle essaie de découvrir dans la totalité de l'être social les desseins de Dieu. La société apparaît dans son inhérente complexité, telle qu'elle se donne dans le langage ordinaire, non scientifique.

Les problèmes de la conscience peuvent donner lieu à des travaux scientifiques; des découvertes, des erreurs de la science peuvent influencer la conscience; il y a ainsi entre elles deux une espèce de dialectique. Elles représentent néanmoins deux univers distincts du raisonnement, grâce auxquels, d'ailleurs, une dialectique est possible. La conscience a les propriétés qui rendent l'existence possible. L'existence n'a pas à se faire scientifique. La science n'est pas le vécu. La science parle de la conscience comme elle parle de toute autre chose : médiatement. Elle façonne son objet pour le rendre compréhensible selon des modèles particuliers. Sans ces modèles, l'objet est imperceptible :

> *Les modèles,* écrit Gauthier, *sont [...], dans une perspective constructiviste, essentiellement des constructions qui montent ou démontent un réel qui n'est jamais donné, mais s'organise plutôt à la jointure, la confluence de nos constructions. Le matériau n'est jamais un réel physique, social ou humain, mais une matière travaillée de concepts dont l'histoire est aussi vieille que le monde qu'ils créent*[14]

L'objet du théoricien n'est donc pas déjà là; il apparaît dans et par un discours scientifique. La conscience procède elle aussi à des abstractions : recourant à son dispositif de conceptualisation, à sa capacité (limitée par les impératifs de l'existence ou de la conscience de soi) d'objectivation du monde, elle cherche à donner du réel, de sa réalité — de l'organisation du monde, de son histoire et de celle de la collectivité à laquelle elle appartient, des comportements humains — des explications. Ainsi élabore-t-elle les mythes ou les religions, par exemple, qui sont des savoirs totaux, envahissants et qui sont sa construction du monde. Ses abstractions relèvent de la «pensée sauvage», comme la nomme Lévi-Strauss[15]. Elles collent à la *praxis*. S'il arrive à la conscience de se donner des abstractions plus partielles, soit en les fabriquant, soit en les empruntant, elle tend encore à les modeler aux conditions de possibilité de la conscience de soi. Ainsi, par exemple, le raciste recherche-t-il des raisons scientifiques, rejette-t-il une logique non raciste. La conscience réalise ces objectivations du monde en les subjectivant soit par assimilation, soit par projection, soit par négation. La science est aussi partielle. Une science partielle ne s'oppose pas à une conscience totale où celle-ci maîtriserait un plus grand nombre de connaissances que celle-là. La différence ici n'est pas d'ordre quantitatif. Ni la science, ni la conscience ne peuvent jamais prétendre à une connaissance exhaustive de la réalité. De toute façon, là n'est pas la question. Conscience totalisante ne signifie pas conscience totale. La conscience est totalisante non pas parce qu'elle est la combinaison de tout, mais parce qu'elle est toujours la synthèse, aussi imparfaite soit-elle, de ce qui la constitue et que les éléments de cette constitution, aussi variés et variables soient-ils, forment un ensemble plus ou moins bien structuré, capable, par exemple, de s'inscrire dans une histoire, dans une société et de s'ajuster aux moments de cette histoire, aux relations de cette société. Il n'y a pas de position de la conscience qui ne soit pas un composé particulier de tous les facteurs qui lui sont nécessaires, facteurs informatifs en tous genres, mais aussi facteurs affectifs. Une position de la conscience ne peut pas ne pas être tout cela, ne peut pas ne pas totaliser tout ce qui la constitue. Or, cette synthèse de la conscience est nécessairement différente de la réflexion scientifique en ce qu'elle peut difficilement se parcelliser elle-même, se spécialiser. Pas plus que la conscience, la science ne peut tout dire; elle découpe le réel pour l'expliquer par portions selon les interrogations des chercheurs et des chercheures, les propriétés des modèles, des théories et des méthodes qui sont utilisés[16]. Établir des corrélations entre variables, c'est inévitablement associer des morceaux de réalité. La science procède, elle aussi, à des totalisations. Mais les totalisations des gens de science ne se posent pas sur le mode du vécu. Au mieux, elles sont les combinaisons de tout ce qu'ils connaissent sur le plan analytique ou de tout ce qui est nécessaire à la production de connaissances analytiques, combinaisons derrière lesquelles peut se trouver quelque motif personnel inessentiel au raisonnement scientifique. Ces synthèses sont probablement grandes, nobles, parce qu'elles supposent certaines aptitudes intellectuelles socialement louables, certaines informations longuement et difficilement acquises. Mais, aussi compliquées soient-elles, elles ne sont pas la synthèse de la complexité de la conscience d'un existant. Dans la conscience, des motifs contradictoires sont fréquents et agissent de façon synchronique sur le psychisme. Une personne peut, par exemple, aimer et haïr simultanément un même être. Dans la science, le paradoxe est la négation même du raisonnement. S'il est intégré à un paradigme, il a valeur de postulat et son explication et les conséquences qu'on en tirera devront avoir un fondement logique. Dans la conscience, le paradoxe est totalisable même s'il est douloureux; il ne l'est pas en science. Si l'acte de la conscience est fondamentalement un processus de synthèse, le raisonnement scientifique, lui, n'en est pas un. La science n'a besoin de synthèse que pour recomposer ses parties, que parce que ses parties sont, au fond, liées dans l'objet; elle n'est pas synthèse de façon inhérente; ses entreprises analytiques l'obligent régulièrement à synthétiser pour recomposer, pour regrouper l'objet. Cette différence entre l'objet d'analyse et l'analyse, entre la conscience et la science a longuement été sous-estimée de sorte que plusieurs chercheurs ont tout simplement traité les objets comme la science procède elle-même.

L'analyse du rapport entre conscience et science a donné lieu, dans les sciences sociales modernes, à des interprétations originales. Le positivisme a fourni l'une d'entre elles en présentant la science comme objective et la conscience — ou les autres formes de savoir, notamment les connaissances vulgaires, les croyances, les idéologies — comme subjective. L'énoncé objectif a été défini comme un résultat méthodologique, celui qu'on obtient une fois que ce qui est pensé a été vérifié par l'expérience, c'est-à-dire dans les faits[17]. Pour le positivisme, il n'y a donc pas eu de différence de principe entre la science et la conscience, si ce n'est que l'une a été jugée plus en mesure que l'autre de s'imposer les contraintes d'une méthode expérimentale. C'est parce qu'elles se sont manifestées à lui comme essentiellement semblables, d'ailleurs, que le positiviste a constamment appelé le scientifique à se méfier de ses prénotions[18]. Science et conscience lui sont apparues comme deux manifestations d'une même raison, comme deux regards devant une même réalité; la conscience ne pouvait percevoir cette réalité telle qu'elle est parce que, entre autres, elle était affectée de préjugés; la science, elle, non seulement pouvait contrôler les prénotions, les sentiments[19], mais il lui était aussi possible de découvrir la réalité en elle-même. La théorie *verstehen* s'est un peu comportée comme la théorie positiviste : elle n'a pas marqué de différence de principe entre la raison scientifique et la raison de l'activité sociale en tant que telle. Bien au contraire: elle a confondu l'une et l'autre, cherché à démontrer à quel point le lien était étroit entre l'analyse dans la science et la réflexion dans l'action. Elle a, en réalité, modelé la conscience de l'acteur social à l'image de sa conception de la raison scientifique[20]. L'acteur, pour la méthode compréhensive, se fixait des buts et se dotait de moyens logiques pour les atteindre. Ces moyens ont finalement représenté les causes que met en lumière l'analyse scientifique. Mais cette vision de la conscience a inévitablement exclu une infinité de comportements humains. Aussi, la théorie *verstehen* a-t-elle dû distinguer dans la multitude des activités sociales celles qui s'ajustaient au modèle et celles qui y échappaient. Elle a proposé des catégories d'action sociale en discriminant selon des types de rationalité, ou plutôt de comportement : l'activité rationnelle par rapport à un but, l'activité rationnelle par rapport à une valeur, l'activité émotive, l'activité traditionnelle[21]. En procédant de la sorte, elle a, à toutes fins pratiques, départagé la conscience sociale en deux genres : la rationnelle et la non rationnelle. Le marxisme a, lui aussi, à sa manière, tenté de rapprocher la conscience et la science. Mais à la différence des deux autres perspectives, ce rapprochement ne s'est pas vraiment exécuté au plan formel; il s'est principalement effectué au niveau du contenu. Pour le positiviste, l'entendement, qu'il s'agisse de celui de la conscience ou de celui de la science, est toujours la même faculté. Qu'il n'y ait pas de différence de nature entre conscience et science ne signifie pas qu'il y ait identité entre les connaissances scientifiques et le contenu de la conscience. Certes le positiviste élève la science au-dessus de la conscience et souhaite une conscience épurée par la science. Mais la conscience n'en demeure pas moins un permanent espace que la science façonne. Dans l'approche compréhensive, le raisonnement du scientifique et celui de l'acteur en tant qu'acteur ont des fonctionnements parfois comparables; mais cela n'implique pas, par exemple, que la science ait à définir les objectifs de l'action. La théorie webérienne de l'histoire, d'ailleurs, s'est toujours gardée d'afficher aucune composante téléologique, en tout cas universelle ou prétendument scientifiquement fondée. Or, pour le marxiste, ce que découvrait la théorie de l'histoire était précisément ce que devait concevoir, intérioriser, la conscience. Ainsi la pensée de l'acteur social devait-elle faire corps avec les découvertes de la raison scientifique. L'esprit dans lequel cette fusion ne se réalisait pas, l'esprit qui ne se mariait pas à la théorie de l'histoire, était déclaré victime d'aliénation, aveuglé par des idées non scientifiques (non critiques). Mais la thèse marxiste, en voulant rapporter la science à la conscience, par les polémiques autant sur la matérialité de la conscience, sur la définition de la science que sur l'historicité du savoir, a fini par détacher la conscience de la science, par exemple par les critiques de Habermas du savoir positiviste par lesquelles se dégageait la complexité de la *praxis* et de la problématique des communications, par les exégèses d'Althusser où se dissociaient le matérialisme historique et le matérialisme dialectique, par les spéculations sartriennes d'où surgissaient un savoir en extériorité et un autre en intériorité, par les recoupements marcusiens d'économie marxiste et de psychanalyse freudienne grâce auxquels des réalités psychiques pouvaient s'opposer aux réalités plus spécifiquement analytiques. La conscience est apparue comme un univers psychique distinct du monde propositionnel de la science. Et la science, après avoir été elle-même divisée en critique et en non critique, c'est-à-dire en recevable et en irrecevable, a eu pour mission d'éclairer la conscience. En résumé : une position durkheimienne affirme la similitude formelle de la science et de la conscience et la raison non scientifique apparaît comme non empirique, non méthodique; dans une perspective webérienne, la conscience est encore formellement comparable à la science et la conscience est d'autant moins raison qu'elle ne se conforme pas à la pratique scientifique; le marxisme, enfin, suggère que, en certaines circonstances et pour certaines connaissances, il peut y avoir coïncidence entre la conscience et la science et que, lorsque le savoir de la *praxis* est en conflit avec celui de la science critique, c'est qu'il fait preuve d'aliénation. Dans chacun des trois cas, un savoir est déclassé : celui qui ne se fonde pas sur la manipulation des faits, celui qui n'adapte pas ses moyens à ses buts ou celui qui n'est pas critique. Dans les trois approches, la science détient quelque ascendant sur la conscience; elle peut notamment éclairer la *praxis*. Mais lorsque cette autorité est liée à une assimilation formelle de la conscience à la science, celle-ci ne semble pas être en mesure de reconnaître autre chose qu'elle-même autrement que par infériorisation et, alors, se dévoilent des expressions mineures du savoir telles que, par exemple, le rêve, la passion, l'idéologie, la religion. Ces savoirs subalternes peuvent apparaître indépassables, facteurs inhérents à la socialité. Chez Weber, par exemple, la majeure partie du temps, l'activité réelle sera une combinaison des quatre types qu'il distingue[22]. Lié aux éléments de sa classification sursimplificatrice, confronté à la réalité complexe, l'auteur ne peut que tenter de retrouver un mélange des premiers dans la seconde. Toutefois, les chercheurs, ici, auront tendance à tenir ces aspects de la conscience humaine pour des imperfections. Cela est vrai du positiviste[23] qui, bien qu'il admette que «la conduite humaine n'a pas besoin d'être dirigée par la réflexion»[24], voudrait bien que l'on comprenne que toutes les manifestations de la vie en société ont une fonction[25]. Weber ne cherche-t-il pas, lui, à ramener les autres expressions de la connaissance humaine à la rationalité scientifique[26], celle qui est capable d'aller au-delà de l'«actuel»? La position marxiste, par contre, probablement parce que, au départ, elle a voulu se faire à la fois science et conscience, parce qu'elle n'a accordé à la conscience de liberté relative que dans l'aliénation, a dû rapidement mesurer l'écart qui séparait l'une de l'autre. Ce faisant, elle a dû reconstruire séparément l'une et l'autre. C'est d'ailleurs le marxisme qui s'est fait, et en même temps, le plus grand critique et de la science et de la conscience. C'est lui qui a attaqué tout à la fois le positivisme et la méthode compréhensive; c'est lui qui s'est le plus imprégné de psychanalyse et, partant, s'est le mieux équipé pour saisir dans sa particularité l'esprit de l'acteur social.

Il faut établir une distinction essentielle entre la conscience et la science, une distinction qui permette de comprendre, en même temps que leurs affinités, les facteurs importants qui les rendent incommensurables l'une avec l'autre. Ne pas effectuer cette distinction, c'est s'empêcher de reconnaître, par exemple, la part de l'inconscient ou de ses dérivés dans la *praxis*, le rôle de construction des modèles dans les sciences. Il n'est pas dit ici qu'on ne pourrait pas apercevoir des fonctions inconscientes dans la science[27] ou des processus de constructions dans la conscience, quoiqu'il faille se garder des explications par analogies qui ne sont souvent que des explications d'objets inconnus par des transpositions de propriétés d'objets familiers, qui, donc, ne constituent pas des explications de l'inconnu pour lui-même. Il est dit qu'un constat de différenciation sera beaucoup plus apte à la compréhension des fonctions respectives de la science et de la conscience qu'une volonté assimilatrice, difficilement justifiable.

5. Communication et échange

L'objet des sciences sociales est un et multiple, divisible et indivisible, divisible pour la science, indivisible dans ses réalités aussi bien psychiques que matérielles. Le caractère synthétique de la conscience, lui, bien qu'il puisse être construit analytiquement, ne peut pas servir de modèle à la science. De toute façon, les touts que recompose la science ne sont pas toujours ceux de la conscience et ils ne sont jamais que des totalités construites à partir des catégories issues de l'entreprise analytique, de la science elle-même, qui n'est pas absolument analogue à la conscience de la *praxis*, ou, si l'on préfère, à la *praxis* en tant que conscience.

Certaines de ces catégories, certains développements dans le champ des sciences sociales, qui ont mis en évidence l'intégralité de l'être, ont fait rêver les plus éminents spécialistes, au milieu du XXe siècle, à un réaménagement, voire à une révolution unificatrice de tout le domaine des sciences humaines. Qu'on pense à la notion d'échange, qu'on songe aussi aux théories en communication. Lévi-Strauss écrit :

> *Sans réduire la société ou la culture à la langue, on peut amorcer cette «révolution copernicienne» (comme disent MM. Haudricourt et Granai) qui consistera à interpréter la société, dans son ensemble, en fonction d'une théorie de la communication. Dès aujourd'hui,*

> *cette tentative est possible à trois niveaux : car les règles de la parenté et du mariage servent à assurer la communication des femmes entre les groupes, comme les règles économiques servent à assurer la communication des biens et des services, et les règles linguistiques, la communication des messages.*
>
> *Ces trois formes de communication sont, en même temps, des formes d'échange, entre lesquelles des relations existent manifestement (car les relations matrimoniales s'accompagnent de prestations économiques, et le langage intervient à tous les niveaux). Il est donc légitime de chercher s'il existe entre elles des homologies, et quelles sont les caractéristiques formelles de chaque type pris isolément, et des transformations qui permettent de passer de l'un à l'autre*[28].

On ne peut que souscrire à l'affirmation selon laquelle la société ne doit pas être réduite à une catégorie ou à un principe (on devine aisément que la réalité sociale parviendra toujours à déborder la chose à laquelle elle aura abstraitement ou méthodologiquement été ramenée). On ne peut aussi qu'appuyer la volonté de comprendre la société en tant que totalité. Cependant, comme cela a déjà été montré, même si cette tâche est impérative, elle ne peut prétendre dépasser la nécessité de la division aussi bien de l'objet des sciences que des sciences elles-mêmes.

Mais dans le passage cité, Lévi-Strauss ne se borne pas à relever des principes difficilement contestables. Il ouvre aussi une voie : l'étude de la société globale passe par une théorie de la communication. Cette proposition demande à être examinée de près.

Quoiqu'on lise chez l'ethnologue le souhait de ne pas enfermer la société dans une entité conceptuelle, on trouve néanmoins chez lui le désir de la confronter dans son ensemble à une théorie de la communication. La communication se révèle comme une espèce de résumé de la dynamique sociale. Mais elle a elle-même un principe: l'échange.

L'échange, c'est la quintessence du social. S'inspirant de la réflexion maussienne, Lévi-Strauss en fait le fondement de l'organisation et de l'animation de la société. S'il y a société, c'est qu'il y a échange. De fait, il est difficile d'imaginer la société sans se figurer une multitude de relations à différents niveaux, sans concevoir des échanges en tous sens, sans se représenter des partages à l'intérieur de groupes ou entre des collectifs. Il s'agit donc là d'une espèce d'essence première.

Mais l'échange lui-même est moins une catégorie descriptive qu'un objet analytique. Il donne accès à toute une dimension de la réalité sociale en même temps qu'il oblige l'analyse sociologique à prendre parti pour la dynamique. Il n'est pas objet pur; il n'est pas non plus théorie. Il est un point de départ théorique mais il n'enferme pas tout à fait l'empirie. Il l'enferme en l'ouvrant. Il l'enferme en ce sens qu'il privilégie un aspect plutôt que d'autres (l'ordre ou le changement par exemple) mais sans nier, sinon logiquement, ces autres aspects. Il l'ouvre parce que, aussi préjudiciable qu'il soit, son caractère fondamental lui permet de s'accrocher à une multitude d'objets spécifiques sans réellement constituer une explication en tant que telle. L'échange peut difficilement être contourné par une théorie qui entend parler de la société «dans son ensemble», mais il n'est qu'un point de départ théorique; il est ouverture sur le théorique; il n'est pas théorie achevée. Les sociétés reposent sur l'échange. Cela ne signifie ni que toute circulation est horizontale, ni que le social est implicitement équité. L'idée selon laquelle l'échange doit être paritaire relève beaucoup plus de l'économique que de l'anthropologie. Ni Mauss, ni Lévi-Strauss n'ont confondu échange et équité. Une certaine économique a tendance à supposer que, sur la place du marché, les objets ne peuvent passer d'une main à l'autre que s'ils paraissent d'égale valeur aux agents. Mais cette position est bien fragile, et sur le terrain même de l'économique. L'équité, dans ce modèle abstrait, s'avère une qualité essentiellement subjective. Il s'agit de la valeur telle qu'elle se manifeste aux échangistes. Objectivement, le bien que cède un agent contre un autre peut valoir beaucoup plus ou beaucoup moins; un acheteur peut débourser pour un objet plus que celui-ci ne vaut en réalité. L'objectivation de la valeur est, par ailleurs, critiquable. En économie libérale, sur le plan empirique, elle n'est jamais qu'une moyenne dont l'écart-type peut être élevé. Au niveau théorique, elle constitue une tentative de quantifier des inclinations. D'abord la valeur est absolument assimilée au prix. La somme qu'un agent est prêt à payer pour un objet en représente la valeur. La variation des prix est invoquée comme argument, dans l'économie marxiste, pour dissocier la notion de valeur de celle de prix. Ensuite, le prix est déterminé au point de jonction de la courbe d'offre et de celle de demande d'un bien. Mais de cet idéal, sans cesse à recalculer, aux variations concrètes nombreuses, il est mal aisé de conclure à la nécessité de l'équivalence des objets échangés. Si la valeur d'un bien dépend de la quantité qui en est offerte et demandée, deux biens, dans la réalité de l'échange peuvent bien être troqués même s'ils ne sont pas d'égale valeur. Les contraintes du besoin, par ailleurs, ou les impératifs de la passion, le manque d'information forment aussi des variables susceptibles de déterminer la valeur subjective d'un bien. En fait, la notion de valeur est tellement floue, en économie libérale, que même s'il est postulé que les échanges doivent être équitables, il est aussi supposé que de la seule circulation des biens on peut conclure à son augmentation. L'économie politique de type marxiste n'établit pas de rapport d'équivalence entre échange et équité de même qu'elle dissocie la valeur du prix. Le prix s'établit dans l'échange. La valeur réelle ne peut être que sociale, résultat de l'ensemble du travail ouvrier d'une société confrontée à des exigences historiques. Dans une société donnée, on ne peut échanger plus de valeur qu'on en produit. Alors que la valeur de l'économie libérale est délimitée par l'offre et la demande mais illimitée grâce aux processus échangistes, celle de l'économie marxiste est bien finie. Mais sa finitude ne se conçoit que parce que le prix n'est pas la valeur, parce que le prix est singulier et la valeur additive. La valeur libérale est finie et infinie mais saisissable entre l'offre et la demande. La valeur marxiste est finie mais non saisissable, car elle n'est pas de la concrétude des échanges. Dans les deux cas, son caractère vague lui vient de sa difficulté à se généraliser sans perdre de vue les événements particuliers, qu'on la saisisse par la généralisation comme dans l'économie libérale ou qu'on la délimite par cette même généralisation comme dans l'économie marxiste. Dans l'économie libérale, c'est en la désocialisant par la modélisation, en l'éloignant de la concrétude des actes d'échange qu'on la saisit. Dans l'économie marxiste, c'est en la socialisant qu'on lui confère sa finitude. Mais la saisie libérale n'est pas moins mystifiante que la finitude marxiste. Si on la saisit, c'est pour la placer quelque part entre la finitude et l'infinitude; si on la place dans la finitude, c'est pour la rendre insaisissable. L'économie politique marxiste admet tout à fait que des échanges peuvent être inégaux. Cette inégalité n'a pas pour cause la seule différence sujective. Elle peut s'articuler à toute la structure économique. L'ouvrier, par exemple, échange son travail contre une rémunération. Cet échange profite beaucoup plus au capitaliste qu'à lui-même. Cette inégalité est instituée, rendue possible grâce au jeu des composantes du mode de production. Sur un plan général, d'un angle moins économiciste, les échanges peuvent être inégaux: c'est le cas s'ils se manifestent dans le cadre de la division verticale de la société et qu'ils contribuent à la reproduction de cette classification. Théoriquement, ils peuvent aussi, sous différentes formes, rituelles, cycliques ou révolutionnaires, donner lieu à l'équilibre de la répartition des produits sociaux. Les échanges peuvent être horizontaux et verticaux. Ils peuvent être cause de l'équilibre ou du déséquilibre social. Ils peuvent s'exprimer dans la seule communion de l'indigence. Ils peuvent aussi faire défaut. Une société peut contenir des formations plus ou moins isolées, entre lesquelles les relations sont presque nulles; dans certaines situations, les subdivisions sont coupées même des activités centrales de l'ensemble dont elles font partie. L'inexistence ou la déficience des échanges doit alors être compensée par quelque force répressive. Une formation qui ne partage rien avec les autres, à laquelle rien ne parvient de tout ce qui circule dans la société, ne pourra être maintenue dans le tout, ne pourra être empêchée de bouleverser l'ensemble global que par la force. Mais l'équilibre social n'est pas facile à définir ni *a priori* ni *a posteriori*. Il y a des déséquilibres économiques qui perdurent, même sans trop de récriminations de la part des plus éprouvés. C'est que l'échange, ce n'est pas seulement le commerce de biens ou de services; c'est aussi la circulation des personnes et ce sont les interventions de toutes les conditions qui rendent possible l'activité sociale. Lévi-Strauss avait bien compris cela. Mais, bien qu'il eût saisi que cette triple «communication» pouvait donner lieu entre les échangistes à des négociations complexes, il avait tendance à la traiter comme une réalité aux éléments parallèles, simultanés, coïncidants. Or, cette trilogie des biens (et services), des personnes et des idées est en elle-même un complexe aux facultés multiples. Dans la négociation, échanger des personnes, c'est nécessairement échanger des idées et des biens (et services). Mais tout échange n'est pas négocié explicitement et tout déplacement de biens n'appelle pas automatiquement un déplacement de personnes. Dans toute société, notamment dans les sociétés modernes complexes, des biens (et services), des idées et des personnes circulent. Mais les jeux auxquels peut donner lieu cette circulation à trois niveaux non seulement ne donnent pas nécessairement cours à des mouvements parallèles, mais encore ils peuvent se réaliser en combinaisons diverses qu'on peut multiplier par la problématique de l'explicite et de l'implicite, par celle de l'intensité de chacune des dimensions, puis encore par celle de la puissance des contre-forces. C'est tout ce complexe qu'il faut maintenant définir; c'est toute cette problématique qui avait empêché les Mauss et les Lévi-Strauss d'appliquer les résultats obtenus au niveau des sociétés primitives aux sociétés modernes bien qu'ils aient tous deux pressenti que leurs analyses valaient de quelque manière pour les États contemporains[29]. Les Mauss, mais surtout les Lévi-Strauss: car ils avaient eu tendance à ne pas encadrer cette problématique dans sa complexité psychologique, politique, religieuse, à insister fortement sur la similitude méthodologique des trois dimensions privilégiées[30] et à réduire la circulation des personnes à l'échange des femmes[31] et aux relations de parenté. On pourrait, de la notion de circulation, ne pas tirer celle d'échange. La société apparaîtrait alors comme le cadre de multiples mouvements indéfinis. En associant l'idée de relation à celle de circulation, le mouvement prend forme autour d'agents, c'est-à-dire autour des facteurs de relation. La société n'est pas pur mouvement. Elle est mouvements entre agents, articulée autour d'eux. Elle est mouvements pour un objet, quand cet objet ne serait que théorique. La théorie postule ainsi qu'un mouvement a une fin et que cette fin peut être découverte dans et par l'analyse des relations, mais seulement à travers cette analyse, car la finalité n'est pas *a priori* donnée. La notion d'échange permet alors de circonscrire celle de circulation. Sans négliger, par ailleurs, qu'elle l'inscrit dans une importante tradition des sciences sociales, au carrefour de réflexions sur des objets différents.

La société a pour principe l'échange. Cela ne signifie pas non plus que le social ne soit qu'échange. Dès lors qu'il est entendu que des carences dans l'échange peuvent caractériser les sociétés, il va de soi que tout le social n'est pas absolument échange. Mais plus encore. Le social est aussi, même au niveau fondamental, ordre et conflit, diachronie et synchronie, changement et continuité et la notion d'échange ne parviendra jamais à recouvrir tout cela. Choisir d'élaborer une théorie du social sur la base de l'échange, ce n'est pas nier que la société puisse se donner à travers un autre prisme. C'est en retenir un. Quand la physique a privilégié la masse par rapport à la couleur, elle n'a pas déclaré par le fait même que celle-ci n'existait pas; l'étude de la masse, initialement, lui est tout simplement apparue plus prometteuse que celle de la couleur. Et puis, comme on le sait maintenant, en théorisant la masse, la physique a pu reconquérir la couleur. Partir de l'échange, ce n'est pas vouloir tout dire du social; c'est opter, en s'inspirant des nombreux motifs de la tradition des sciences sociales, pour un point de vue dynamique, aux perspectives fécondes; ce n'est pas réduire le social à l'échange; c'est tenter de donner du volume à une vision relationnelle de la société en sachant au point de départ qu'elle n'épuisera pas tout le discours sur la société; c'est, par ailleurs, veiller à ce que ce discours se fasse effectivement général en assumant lui-même ses objectifs, en critiquant les tentatives de généralisations pour lesquelles l'objectif devient impossible, qui se voient forcées d'exclure de façon contradictoire, par rapport à leurs propres principes, des éléments essentiels, ou qui doivent retenir des principes trop vulnérables soit relativement à la tradition des sciences sociales, soit en vertu de ce que le point de vue ici présenté permet d'établir.

L'échange n'a pas pour corollaire l'équité. Tout le social n'est pas échange. Enfin: l'échange n'est pas automatiquement communication[32]. Si Lévi-Strauss parvient à assimiler l'échange à la communication, c'est d'abord parce qu'il le trouve dans la négociation des relations matrimoniales où tout est suspendu au discours ou, plus généralement, au message sous toutes ses formes, à ce qui est communiqué en tant que tel. Tout apparaît là en même temps. Dans la communication, il est question de personnes et de biens qui, par un étirement du sens, se manifestent comme communiqués au même titre que les messages qui les désignent. Les personnes et les biens deviennent communiqués comme les discours qui les concrétisent dans les pensées, dans la réalité du commerce, comme les informations qui leur donnent existence. S'élimine la distinction entre le message et ce à quoi il renvoie. Le message devient la chose elle-même. Le référent acquiert le même statut que la communication sans laquelle il ne pourrait, il est vrai, intervenir dans le commerce des échangistes. La communication absorbe les biens et les personnes aussi parce que la méthode qui permet d'analyser les langages possède des facultés tentaculaires. La méthode linguistique à laquelle recourt Lévi-Strauss modèle les objets de telle sorte que bon nombre d'entre eux finissent par présenter des caractéristiques similaires. Et chez Lévi-Strauss, c'est plus cette méthode elle-même qui a confondu les idées, les biens (et services) et les personnes que le principe de l'échange. Il faut dire aussi qu'une certaine linguistique structuraliste avait elle-même montré que les objets de la langue existent, entre autres, grâce à la langue, que la langue va tout aussi bien à l'objet que l'objet vient à la langue. Empressé d'étudier la société «dans son ensemble», Lévi-Strauss a mis ensemble ce qui lui semblait indispensable au social en supposant que ces dimensions étaient analogues en plus d'être essentielles[33]. La méthode linguistique avait mis en lumière les systèmes de la langue. Lévi-Strauss a bien compris, du moins en principe, les relations dans les systèmes, notamment celles des structures de parenté. Son intuition lui a joué des tours quand elle lui a fait voir de la même manière tous les systèmes, tous les systèmes de règles, tous les systèmes de relations. En étudiant l'échange dans les relations de parenté, il n'étudiait pas comme telle la communication si l'on restreint la signification du concept. Il étudiait la relation de parenté en tant qu'elle se donne dans la communication. Il n'y a pas de société sans communication mais tout le social n'est pas communication. D'abord, parce que le social peut être analysé dans une autre perspective. Ensuite, parce qu'une perspective communicationnelle, bien qu'elle soit propice à l'étude des relations de parenté, laisse échapper des phénomènes relationnels qui ne sont pas automatiquement communication à moins que la théorie se limite à ne décrire les relations qu'en tant qu'elles sont perçues par les agents. C'est d'ailleurs de ce point de vue que le cercle de Palo Alto déclare qu'on ne peut pas ne pas communiquer. Mais s'obliger à rendre compte de la circulation, par exemple des personnes, en restreignant l'échange à la communication, c'est s'obliger à comprendre les personnes circulantes comme simple message. Or, l'échange est plus ici une catégorie analytique qu'un phénomène empirique. La personne circulante est davantage l'objet de cette catégorie que celui d'une négociation entre acteurs sociaux. En ce sens, même les idées circulantes sont moins messages que phénomènes d'échange. Et c'est moins l'idée comme message qui importe que le rôle de l'idée circulante dans l'ensemble où s'échangent tout à la fois, de façon atomique, les biens (et les services), les idées et les personnes. La théorie cybernétique conçoit la société selon la bipolarisation énergie-information. Plus, affirme-t-elle, il y a énergie, moins il y a information, et *vice versa.* Cette corrélation négative est fondamentale en tant que corrélation. C'est-à-dire que, théoriquement, par exemple, s'il y a société, il ne peut pas y avoir à ce point énergie qu'il n'y ait pas information. Le social, ici, à nouveau, ne se conçoit pas sans communication. Mais la communication n'arrive pas à recouvrir tout le social. Il faut dire que, chez Parsons, le projet de généralisation précède l'analyse alors que, chez Lévi-Strauss, il lui succède. Quoi qu'il en soit, le projet cybernétique s'est vu obligé de juxtaposer à la catégorie communication une autre catégorie. Il y a été contraint parce qu'il ne pouvait pas consentir à élaborer une théorie générale du social qui fût incomplète, mais surtout qui ne fût pas à la fois synchronie et diachronie, ordre de l'extérieur et dynamique de l'intérieur. Cette dualité du point de vue l'a obligé à réunir des catégories aussi opposées que celles d'information et d'énergie. Parsons avait compris que tout le social ne pouvait être communication; mais parce qu'il adoptait une perspective dualiste, parce qu'il voulait comprendre l'objet *société* de l'extérieur et de l'intérieur, parce qu'il s'intéressait à l'action aussi bien qu'à l'ordre, il n'a pas aménagé l'idée de communication de telle manière qu'elle s'étende tout en se ramenant au seul parti de la relation. Parsons ne se satisfaisait pas d'une théorie générale; il voulait tout dire. Ajoutons, par ailleurs, que l'analyse de la langue n'est pas l'analyse de la communication; elle n'est pas celle de la structure économique ou de la structure sociale. L'analyse structurale peut étudier des relations. Mais elle doit se garder de mélanger les échanges d'idées, de personnes, de biens (et de services). La langue ne peut pas soutenir tout ce qui est communiqué dans une société de même que la communication ne peut pas contenir tout ce qui est socialement échangé[34].

L'échange est principe premier : il n'y a pas de société sans échanges mais tout le social n'est pas échange. Dans le social, s'échangent des biens (et des services), des idées et des personnes; mais tout ce qui circule dans la société n'est pas réductible à ce qui est communiqué. L'échange, aussi essentiel soit-il, peut faire défaut ou ne pas se présenter sous le mode de la réciprocité. Les biens (et services), les idées et les personnes ne circulent pas nécessairement simultanément ni de façon concordante.

6. Eléments pour une théorie générale du social

Si l'on veut étudier la société «dans son ensemble», sans pour autant prétendre tout en dire, il semble intéressant de partir du principe de l'échange pourvu que sa connotation soit des plus souples, et qu'il ne rende pas impossible l'étude de son contraire: les problèmes sociaux, par exemple, peuvent apparaître comme des malaises dans la circulation des éléments qui constituent l'ensemble. Prendre pour principe l'échange, c'est mettre l'accent sur la dynamique. Cette dynamique semble s'appliquer dans au moins trois secteurs: celui des biens (et des services), celui des idées et celui des personnes. Ces secteurs ne sont évidemment pas exclusifs; ils ne constituent pas non plus l'unique trilogie qui se puisse concevoir. Ils sont une perspective. Cette perspective est justifiable à maints égards. Elle peut même sembler fondamentale. Elle n'est pas absolue; elle ne se veut pas hégémonique.

Cette triple circulation ne peut pas être comprise dans le seul cadre des sciences des communications. Mais les théories de cette discpline jeune, elles, sont tout à fait en mesure de rendre compte des relations discursives qui caractérisent une société. Lévi-Strauss — et avant lui, d'une certaine manière, Sapir — a bien vu que les sciences des communications avaient un rôle à jouer dans l'analyse de la société «dans son ensemble»; si, chez lui, la communication ne s'est pas retrouvée comme facteur de compréhension parmi d'autres, c'est qu'il faisait face à une science naissante que la linguistique lui rendait embrouillée.

Si une perspective issue des théories en communication peut traiter de la circulation des idées, les points de vue qui s'inscrivent dans les champs de l'économique et de la sociologie peuvent expliquer comment les biens (et services) et les personnes circulent dans la société[35]. L'analyse de la société «dans son ensemble», telle que l'entrevoyait Lévi-Strauss, doit minimalement être une fusion de trois disciplines, ou de trois champs de recherche: économique, sciences des communications, sociologie.

Cette fusion peut être opérée dès maintenant; d'abord, parce que la triple circulation peut partout avoir pour principe l'échange et que les trois domaines auxquels, ici, s'impose cette tri-dimensionalité reconnaissent le principe et savent le manipuler; ensuite, parce que l'heure est à la multi-disciplinarité et non plus à la prétention des disciplines (on ne parle plus de l'économie politique comme de la reine des sciences); enfin, parce que l'interpénétration du communicationnel et de l'économique n'a jamais été aussi évidente. Baudrillard est probablement un de ceux qui ont le mieux aperçu ce grand mélange, cette tendance à la totalisation du réel social :

> *(...) le suffrage universel est le premier des mass-media. Au fil du XIXe et du XXe siècle, la pratique politique et la pratique économique se rejoindront de plus en plus dans un même type de discours. Propagande et publicité fusionneront dans le même marketing et merchandizing d'objets ou d'idées-forces. Cette convergence de langage entre l'économique et le politique est d'ailleurs ce qui marque une société comme la nôtre, où l' «économie politique» est pleinement réalisée*[36]

Mais, à leur façon, d'autres réflexions ont trouvé cette union des ordres économique, communicationnel et sociologique. On pense à la détermination de l'univers discursif par la structure institutionnelle chez Foucault[37]. On pense au jeu des rapports économiques, des rapports sociaux et des rapports communicationnels dans l'«espace public» de Habermas[38]. On pense à la structuration de la communauté par le langage dans les «miroirs équivoques» de Louis Quéré[39].

Quoi qu'il en soit, pour toutes les raisons invoquées, il importe d'entreprendre la construction du modèle théorique qui, s'inspirant des trois disciplines, aura pour objectif d'analyser la société en tant que circulent en elle des personnes, des idées et des biens (ou services). Ce modèle sera en mesure de présenter comment s'articulent ou non les trois dimensions retenues; il sera capable de montrer comment les consciences dans les groupes se forment ou se déforment, comment elles agissent ou non sur l'économique, comment elles sont ou non agies par l'économique, comment les formations sociales se définissent par rapport à elles. En d'autres termes, ce modèle ne devra préjuger d'aucun lien entre les éléments relevés — sinon abstraitement, en tant que le social est intégré —; il devra s'ouvrir à toute éventualité.

Cette entreprise devra passer par différentes étapes. Il lui faudra montrer comment chacune des trois disciplines peut contribuer à la construction du modèle, comment le modèle peut s'élever en problématique, comment le social peut se recomposer autour de l'échange, comment le modèle peut rendre compte de réalités sociales et s'ajuster lui-même aux objets qu'il souhaite expliquer.

Deuxième partie

Pour une étude des relations sociales

7. Introduction

Le but de la deuxième partie est de montrer à quel point une perspective relationnelle doit prendre ses distances par rapport à une analyse du social qui se donne pour point de départ la nature des acteurs sociaux. Elle atteint ce but par la critique d'une certaine psychologie sociale dans laquelle les réalités collectives se dissolvent dans les individus naturalisés. Elle l'atteint encore en relevant les difficultés que rencontre une vision du nécessaire mariage de la raison et de la communication. Elle l'atteint en plus en indiquant que les phénomènes économiques demandent davantage à être compris dans leur contexte et dans leurs essentielles relations que dans une prétendue raison économique.

Les principes théoriques qui ont été établis dans la première partie commencent à donner forme à l'objet échange. Cette forme se révèle au fur et à mesure que se découvre ce qu'elle ne peut pas être : l'objet d'une discipline qui n'assume pas toutes les conséquences du caractère relationnel des phénomènes sociaux. La conscience collective commence à transparaître : elle n'est ni sujet, ni somme de sujets; elle ne peut être dégagée que de la complexité des communications dans un ensemble quelconque.

8. Entre la sociologie et la psychologie

Il existe dans le monde des sciences sociales un territoire vague. Il se situe quelque part entre la psychologie et la sociologie. Il relève à la fois du psychique et du sociologique. La sociologie durkheimienne en a aperçu certains contours en explorant du côté de la conscience collective. Mais, en soumettant le psychologique au social, en accordant un immense pouvoir à la conscience, ne parvenant pas à définir avec précision ce qui se dessinait à l'horizon, aussi mystérieuse qu'elle ait été, elle a, sous ce rapport, peu incité à reprendre les recherches à partir de ses propres résultats; elle a même rebuté plusieurs explorateurs et exploratrices, notamment ceux et celles qui préféraient les perspectives que la psychologie annonçait ou qui étaient préoccupés beaucoup plus par les effets de l'économie sur la conscience que par la détermination inverse. Les chercheurs et les chercheures qui, par ailleurs, accordaient quelque foi à l'idée d'une influence de la conscience sur le social ont souvent préféré la carte dessinée par la théorie *verstehen* au plan tracé par le fonctionnalisme.

Pendant un temps, bon nombre de spécialistes des sciences sociales sont demeurés sceptiques devant la notion d'un ordre social de l'esprit ou de la conscience. Les choses étaient, selon eux, ou bien psychologiques ou bien sociologiques, étant entendu que l'individuel n'était pas le social, que la conscience était individuelle et que le social n'avait pas de conscience. Il a fallu d'abord, pour atténuer l'incrédulité, qu'on démontre que des faits psychologiques ont des causes sociologiques. C'est bien ce qu'illustrait, par exemple, la thèse de Robert E. Faris et H. Warren Dunham[1]. En effet, en soutenant que des états psychiques peuvent varier selon le type de famille ou la zone urbaine, les auteurs démontraient que le psychisme d'une personne n'est pas absolument individuel, passe par un processus de socialisation et que, par conséquent, pour ceux qui en doutaient encore, n'est pas naturellement donné. C'est encore ce dont faisait état l'anthropologie culturelle quand elle montrait, comme chez Malinowski par exemple, que la structure des rapports sociaux conditionne la libido ou la personnalité[2]. Il a fallu aussi qu'on démontre que des faits sociologiques ont des causes psychologiques. C'est là ce qu'ont exprimé les travaux qui portent sur les motivations[3] en signalant que les sociétés se constituent autour de la structure de la personnalité ou des besoins. Cette position est aussi celle de l'anthropologie culturelle d'inspiration freudienne. Il a fallu encore qu'on reconnaisse non pas seulement qu'il y a une spécificité de la conscience sociale — Durkheim et Weber, chacun à sa façon, avaient tenu une telle position —, mais aussi que psychologique et sociologique sont empiriquement inséparables. Cette intrication a été mise en lumière par les nombreux travaux qui ont montré que l'individuel et le social s'appellent mutuellement[4], de même que par les quelques autres qui ont abordé les réalités sociales comme des phénomènes proprement psychosociaux.

Aujourd'hui, rares sont les spécialistes qui nient encore cet espace mi-psychologique, mi-sociologique. Il s'est imposé aux recherches sur la réalité humaine; la psychologie sociale en a fait une zone prospère d'exploitation. Mais il semble néanmoins que cet espace demeure imprécis et que cette prospérité plafonne quelque peu.

En effet, bien que le territoire ne fasse plus partie des visions douteuses et qu'il ait profité de maintes explorations, il n'en reste pas moins essentiellement inconnu, sinon mal connu, probablement à cause de sa vaste étendue et de ses multiples accidents de terrain. À maints égards, les sciences sociales doivent même apprendre à le contourner. C'est ce qu'illustre, en tout cas, la critique de la psychologie sociale, de celle qui veut parler de la société, qui va, par exemple, des individus aux ensembles, non pas de celle qui cherche à comprendre l'influence du social sur l'individu ou qui s'intéresse à la dynamique des rapports sociaux[5] — qui recourt par exemple à la notion de rôle.

9. La psychologisation de la réalité psychosociologique

Depuis qu'elle est devenue terrain de recherche, la psychologie sociale a principalement donné lieu aux initiatives des psychologues. Cette domination a fortement marqué l'orientation des travaux, à un point tel que le domaine des réalités psychosociales a été compris à partir des catégories de la psychologie.

9.1. La société comme sujet

On peut remarquer, premièrement, que les ensembles sociaux ont été traités comme des entités individuelles. Depuis longtemps, l'analogie de la personne humaine servait à apprivoiser la complexité sociale. Quelle philosophie politique classique ne parlait pas de l'État comme d'une entité composée d'une tête et d'un corps? La psychologie sociale, à sa manière, s'est inscrite dans cette tendance. On n'a qu'à songer, pour s'en persuader, au fameux concept de «sujet collectif» qui jalonne les écrits de la discipline. La société ainsi ramenée à l'état de sujet, voire de personne, a finalement pu être traitée en tant que telle, c'est-à-dire qu'il fut possible d'en rendre compte en recourant aux notions que la psychologie n'avait pas créées pour elle : types de personnalités, de comportements, de pulsions.

9.2. La société comme somme de sujets

Deuxièmement, on observe une tendance à analyser le social comme s'il s'agissait d'une addition d'individualités. Bien entendu, la majorité des spécialistes de la psychologie sociale ont reconnu que les formes collectives de la conscience ou, plus généralement, du psychisme sont spécifiques par rapport aux individus. Les positions de ce genre ne sont pas rares :

> *Qu'entend-on par caractère social? Ce concept signifie pour moi ce qui dans la structure du caractère est le noyau commun à la plupart des individus participant à la même culture par opposition au caractère individuel par lequel les gens participant à la même culture diffèrent les uns des autres. Le concept de caractère social n'est pas un concept statistique au sens d'une simple somme de traits de caractères rencontrés chez la plupart des individus participant à la même culture. Ce concept ne peut être compris que par référence à la fonction du caractère social...*[6]

Mais, malgré cette réserve, ce pressentiment, une forte proportion des écrits en psychologie sociale n'en est pas moins venue à expliquer la socialité par référence aux états psychiques des individus qui composent les collectifs. «La famille... peut être considérée comme l'agent psychique de la société, l'institution qui a pour fonction de transmettre à l'enfant qui se développe les exigences de la société»[7]. La société a ainsi eu pour fondement ce que les individus membres étaient de par leur nature ou apprenaient au cours de leur histoire. Cette critique vaut pour les travaux qui portent sur l'intériorisation[8] ou sur la socialisation; mais elle s'applique aussi à ceux qui se penchent sur la perception sociale[9], sur les motivations[10], sur les attitudes[11] ou sur les émotions[12]; elle concerne encore ceux qui rendent compte de la dynamique des groupes ou, plus généralement, de l'influence[13]. La société est ce qu'elle est parce qu'elle est formée de bon nombre d'individus qui possèdent des caractéristiques comparables. En procédant de la sorte, c'est-à-dire en prenant pour point de départ de l'analyse l'être individuel, la psychologie sociale était toujours en mesure d'importer les catégories de la psychologie pour traiter des problèmes spécifiques de la psychologie sociale, comme si une psychologie sociale en tant que telle n'était pas réellement possible, ne pouvait pas émerger de sa propre problématique, de la spécificité de son objet. Bien sûr, la psychologie sociale modifiait parfois les catégories qu'elle importait de la psychologie afin de les adapter à son objet; cet ajustement, cependant, n'arrivait que rarement à donner lieu à autre chose qu'à un phénomène de colonisation : la psychologie sociale demeurait essentiellement psychologique et son objet ne se manifestait pas dans sa particularité. Une des pires alliées de cette science «centripète», ainsi que la qualifie Moscovici dans une longue préface à un ouvrage d'introduction[14], fut peut-être la sociologie. En ayant recours à la sociologie, la psychologie sociale, qui se tournait déjà volontiers vers la méthode expérimentale, faisait usage de la science de l'addition par excellence : l'enquête sociologique, quoiqu'elle ne soit pas toute la sociologie, consiste essentiellement à interroger des individus et à compiler leurs réponses.

9.3. L'enfermement par les approches

Troisièmement, la psychologisation du monde des réalités psychosociales s'est effectuée par la pratique d'un genre analytique.

En étudiant, d'une part, les effets de différents stimuli sur des sujets indistincts, par exemple l'impact de telle source dans un phénomène de persuasion, la psychologie sociale a tendu à naturaliser, voire à désocialiser la réception de l'information[15] : tel média ou tel langage, concluait le chercheur dans ce genre d'étude, est plus efficace que tel autre. Le destinataire est tout un, «"Ego" (individuel ou collectif)», écrit Moscovici[16], qui, par ailleurs, reconnaît, quoique sans en mesurer les conséquences, la difficulté de cette approche :

> *J'appelle cette psychologie sociale «taxonomique» parce qu'elle se borne à étendre la description psychologique d'une classe de stimuli à une autre, à marquer des spécificités, à chercher la manière particulière dont les phénomènes psychologiques généraux jouent dans des cas spécifiques...*[17].

En analysant, d'autre part, comment réagissent différents sujets («individuels ou collectifs»!) à une même source, les spécialistes découvraient que les réactions pouvaient varier selon les types humains. Mais la compréhension des spécificités des réactions ne prenait pas la forme d'une explication sociale de la saisie ou de l'interprétation des stimuli, ni même de la simple exposition à ces déterminants. Les spécialistes restaient bien captifs de leur schéma causal et de leur psychologie : au mieux pouvaient-ils démontrer que tel type de personne réagissait de telle manière à la différence de tel autre type. Ici encore, Moscovici aperçoit le problème :

> *Le point de vue différentiel n'est pas très éloigné du point de vue taxonomique, mais il renverse l'ordre des pôles dans la relation Ego-Objet, voyant dans les caractéristiques du sujet la raison de la réponse sociale observée*[18].

Et, un peu plus bas, il conclut avec perspicacité :

> *Malgré leur intérêt, malgré l'importance des travaux qu'elles ont suscités, les variantes «taxonomique» et «différentielle» de l'optique individualiste manquent à saisir l'aspect proprement structurel, dynamique des processus psychosociologiques*[19].

En effet, la psychologie sociale n'arrivait pas à retrouver en tant que tel un social psychologique. La méthode, ici, ne permettait pas d'étudier «l'aspect proprement structurel, dynamique» parce qu'elle procédait d'un schéma logistique qui ne pouvait pas ne pas rechercher des réactions à des causes, des caractéristiques psychologiques des effets et des causes, ou encore des causes de caractéristiques psychologiques. La méthode était foncièrement psychologique, c'est-à-dire chargée de repérer et de décrire la psyché. Elle n'était pas relationnelle. Quand, d'unidirectionnelle, la méthode devenait bidirectionnelle, c'est-à-dire quand la psychologie réalisait que le social était fondamentalement relationnel et qu'elle commençait à vouloir le comprendre sous cet angle, elle ne parvenait pas à analyser comme telles les relations. Elle comprenait que la cause agit sur l'effet, ou inversement; mais elle restait bien campée dans les pôles : au lieu de montrer comment interagissaient des éléments, elle montrait que tel type de cause produisait tel effet sur tel type de sujet qui, lui, en retour ou à son tour, devenant cause, avait telle influence sur tel type de cause devenue sujet. La problématique de l'influence devenait la problématique de l'influence réciproque mais demeurait celle de l'influence. Parfois, les schémas s'allongeaient : la problématique devenait celle de l'influence en chaîne quand, par exemple, telle source avait tel impact sur tel sujet mais par l'intermédiaire de tel autre sujet. D'ailleurs, le concept d'influence était central dans la psychologie sociale. La psychologie sociale n'était pas la science de la formation, de la division, du contenu spécifique de la psyché collective; elle était la science de l'influence. Le social, pour des raisons pratiques, sursimplificatrices, était réduit au statut de pyramide d'influences, pyramide qui, parfois, rarement, pouvait donner lieu, à l'intérieur d'une couche donnée, à des études réciproques.

En fait, la psychologie sociale découvrait que le social est essentiellement échanges et communications. Et c'est au fur et à mesure que cette vérité s'imposait qu'elle perdait du terrain au profit d'autres disciplines. Le plus bel exemple en est probablement l'oeuvre de George H. Mead où la psychologie sociale s'est elle-même déplacée du côté des théories de la communication, sans toutefois se transformer tout à fait[20]. Aux yeux de Habermas, ce déplacement représenterait un «changement de paradigme»[21].

10. Des acquis de la psychologie sociale

Mais cette vérité, c'est probablement la psychologie sociale elle-même qui l'a, le mieux, mise en évidence. La psychologie sociale est née de la nécessité de comprendre les phénomènes ni exclusivement psychologiques, ni exclusivement sociologiques. Son premier mérite est d'avoir reconnu cet espace, l'importance de cet objet. Sa seconde victoire est d'avoir, à travers des milliers d'analyses empiriques, démontré, à sa manière, à quel point est complexe la composition d'une société : l'ordre sociétal contemporain est un composé d'une multitude de types de personnalités et de stimuli. Elle a même établi, sous ce rapport, que ces types sont souvent variables et historiques. Mais en posant cela, un peu malgré elle, la psychologie sociale instituait un objet démesuré par rapport à ses moyens traditionnels. Son troisième succès, qui est en fait le corollaire du précédent, est d'avoir montré que la dialectique des rapports sociaux échappe au schéma positiviste : dans une société, les facteurs de la psyché agissent les uns sur les autres dans des rapports à la fois systémiques et réciproques qui ne peuvent qu'échapper à la vision qui n'aperçoit que des phénomènes de causations, si multivariés soient-ils[22]. Enfin, sa gloire est d'avoir montré que la psychologie sociale à elle seule ne peut pas comprendre tout ce qu'elle a dégagé comme horizons de recherches. En effet, à force d'ouvrir le psychologique aux sociologues, le sociologique aux psychologues, la psychologie sociale s'est débordée elle-même. En découvrant petit à petit, mais dans un mouvement soutenu et puissant, ses limites, en déplaçant le psychologique vers le relationnel, en imposant ce relationnel et la multitude à la sociologie, elle s'est transportée dans le domaine de la conformité, dans le domaine des changements d'attitude, dans celui des réponses aux conflits, puis dans ceux de la coopération, de la compétition, de la séduction, de l'attirance, de la médiation. La psychologie sociale a de plus en plus eu à chercher non pas en quoi consiste la psyché sociale mais comment circulent et agissent les informations de tous ordres dans une société. Elle a contribué à la naissance des sciences des communications[23]. Et au fur et à mesure que l'analyse des communications s'est elle-même imposée aux réflexions, la psychologie sociale a perdu de l'intérêt comme problématique. Ce faisant, les préoccupations communicationnelles ont supplanté les problèmes psychologiques qui, de toute façon, n'étaient souvent posés que pour comprendre des phénomènes de communication: la question, par exemple, de la personnalité du leader ou de ses disciples a été remplacée par la problématique des mécanismes et des systèmes grâce auxquels le leader arrive à imposer sa volonté, quand elle n'a pas tout simplement été remplacée par les découvertes des phénomènes d'ubiquité du pouvoir et par les redécouvertes du principe de la dialectique du pouvoir.

La notion de sujet comme groupe, ou de sujet collectif pose énormément de difficultés.

Certes les psychologies sociales «taxonomique» ou «différentielle», ainsi que les appelle Moscovici, sont vouées à la disparition. Les processus d'influence ne peuvent pas se contenter d'une explication qui se résume à définir et à catégoriser les sources ou les destinataires. Dans le dernier cas, une collectivité peut difficilement être vue autrement que comme une somme d'individualités; dans le premier cas, la collectivité ne fait l'objet d'aucune attention en particulier. Certes, la psychologie sociale est nécessairement une analyse d'interactions et elle doit nécessairement passer par le rapport à l'objet. Mais le fait de ramener automatiquement le groupe à un «ego» fait déjà problème. C'est déjà tomber dans le psychologisme, pratiquer le sophisme de l'individualisme. Il reste encore à découvrir en quoi la psyché est collective.

> *La psychologie sociale,* écrit Moscovici, *doit s'occuper au premier chef du lien social qui constitue la relation entre un «ego» (individu ou groupe) et un «alter» (individu ou groupe) pour analyser leurs rapports à l'environnement, social ou non social, réel ou collectif*[24].

Il reconnaît alors que l'attention des chercheurs ou des chercheures doit d'ores et déjà se porter sur les relations. Mais il présuppose que le terme de la recherche doit nécessairement prendre la forme d'un «ego». «Ego» devient social comme par enchantement.

S'il est vrai que la psychologie sociale doit passer par les relations entre les membres du groupe, par le rapport à l'objet, ne vaudrait-il pas mieux, pour comprendre la psyché collective, passer par les facteurs de liaison psychique? S'il y a groupe et que ce groupe possède une conscience de lui-même, ce ne peut être qu'en tant que les personnes qui lui appartiennent sont médiatisées par des tiers ou se médiatisent en tant que tiers[25]. Le groupe apparaît alors en tant que création de relations dans une *praxis*. Il peut avoir une existence autonome dans la mesure où il s'anime à la conscience des membres qui, de l'intérieur, produisent ou reproduisent les liens qui le définissent. Il peut être extérieurement constitué quand, par exemple, il ne se manifeste que dans la *praxis* d'un autre groupe où d'autres liens néanmoins se créent dans la *praxis*. Ces deux systèmes de configuration peuvent correspondre l'un à l'autre ou s'opposer littéralement. Ils peuvent agir l'un sur l'autre. L'un peut exister sans l'autre : un groupe, par exemple, peut exister pour une *praxis* autre sans exister par lui-même, si, par exemple, il est constitué par un autre groupe sans qu'il ait conscience de sa propre constitution. Les groupes peuvent aussi renvoyer au discours analytique qui les définit pour des fins explicatives intérieures à une théorie. Entre ces théories et leur objet ou bien il y aura quelque correspondance à un niveau ou à un autre, ou bien le rapport sera nul. Travailler le groupe à partir de ses tiers médiateurs oblige à intégrer les relations sans lesquelles, pratiquement, il n'y a pas de groupe. L'analyse porte moins alors sur le collectif comme «ego» que sur les processus grâce auxquels les *praxis* se médiatisent, médiatisent le groupe ou sont médiatisées par le groupe et sur les contenus — généralement symboliques — des médiations. Une psychologie ne peut alors plus être parachutée. Elle doit porter sur les tiers, mais sur les tiers non plus en tant que sujets mais en tant que médiateurs intégrateurs et intégrés. Si l'analyse porte sur le tiers, le groupe n'existe plus simplement comme rassemblement ou comme ensemble théorique, objectif ou extérieur, mais comme réalisation interne. Il n'est plus somme de consciences semblables; il est processus. Mais en tant que tel, alors, il apparaît plus ou moins fuyant. Le groupe existe négativement ou positivement, dans la mesure des relations de médiations, dans la mesure de la concordance de ces médiations autant relativement à l'objet que relativement à la perception par chacun des tiers des autres membres. Sinon le rapport à l'objet n'apparaît que comme une somme mystérieuse de perceptions d'un objet semblable.

Seule l'insistance sur le caractère relationnel des groupes peut faire honneur à leur vécu interne — sans pour autant prétendre l'appréhender dans son être même —, à leur complexité, à leur variété et à leur variation. Mais cette conclusion fait nécessairement déboucher une discipline comme la psychologie sociale sur les communications puisqu'il faut maintenant analyser comment se transmettent ou non les contenus de médiations, comment circulent ou non les informations entre tiers médiateurs qui se médiatisent entre eux en se faisant exister grâce à un objet tiers.

Une approche communicationnelle doit assumer tout cela. Elle doit se souvenir, en outre, qu'il lui faut à la fois reconnaître la différence entre science et conscience et ne pas préjuger des contenus des médiations. Tout ce qui selon elle doit se placer intrinsèquement au principe des comportements doit strictement lui apparaître comme contenu scientifique, comme création d'un modèle d'analyse. Si elle retient la notion d'échange, par exemple, elle doit admettre, contrairement à la tradition de la philosophie sociale, qu'elle a affaire à une catégorie théorique. Cela ne veut pas dire que la notion soit de la conscience des acteurs. Cela ne veut pas dire non plus que l'échange ne peut pas être intériorisé sous une forme ou une autre dans la psyché des acteurs.

11. La psychologie sociale et les communications : critique de *L'âge des foules*

Grâce à une multitude d'expériences et de réflexions, la psychologie sociale a été conduite vers l'étude des relations, plus précisément vers celle des communications. Elle n'est pas morte avec le développement des analyses communicationnelles. Une psychologie sociale reste indispensable dans l'ensemble des disciplines en sciences sociales. Il y a, à n'en pas douter, des phénomènes de conscience collective qu'une discipline adéquate peut et doit expliquer; il y a aussi des mécanismes de socialisation des consciences qui demandent toujours à être compris. Mais cette discipline reste, en grande partie, à constituer, à réformer. Et il lui faut pour cela se tourner vers la spécificité de son objet, en le recréant et en le délimitant correctement. Il lui faut donc construire son propre appareil conceptuel et cerner son référent.

Les sciences sociales ont besoin d'une psychologie sociale forte, faisant état d'une autonomie relative qui saura les guider par ses découvertes à elle. Mais elles ont aussi besoin d'une science des communications qui ne soit pas moins autonome. Une science des communications qui se laisse encore dominer par la psychologie, par une psychologie sociale naissante, si exploratrice ait-elle été, ne peut leur être que de peu d'utilité pour saisir la complexité des phénomènes sociaux de circulation d'informations et de toutes les autres manifestations du social qui composent avec cette circulation. Elles n'ont que très peu besoin d'une psychologie à *L'âge des foules*[26].

En 1970, dénonçant l'approche différentielle, Moscovici écrivait :

> *ayant décrit la symptomatologie des individus persuasibles, on montre par exemple que, quel que soit le type de message qu'ils reçoivent, ils sont influencés. Ou bien on explique le leadership par les caractéristiques du meneur et des suiveurs. De même, au niveau des groupes, on établit avec soin une liste des caractéristiques structurelles et quantitatives des groupes, pour connaître les propriétés de leur fonctionnement, de leur production et la dynamique de leur évolution. Une telle perspective utilise de manière purement instrumentale les phénomènes psychosociologiques qu'elle aborde et de ce fait s'interdit d'en étudier les propriétés et d'en faire la théorie...*[27]

C'est exactement ce qu'on peut reprocher aux analyses qu'il fera lui-même plus tard des rapports sociaux.

On retrouve en plusieurs endroits dans la littérature et dans les écrits philosophiques l'opinion selon laquelle l'individu est rationnel quand il est seul et irrationnel quand il est en groupe. Moscovici endosse dès le début de son ouvrage cette vision[28] et, tout au long de son livre, il accumule les citations qui la corroborent. Cette opinion est évidemment répandue aussi bien dans des textes érudits que dans les consciences populaires. Qui ne l'a pas entendue? Mais ne peut-on voir derrière le fait qu'elle soit si constamment et si communément avancée le signe de l'extension d'un énoncé idéologique plutôt que d'une très profonde vérité? En tout cas, la méthode sociologique, depuis Durkheim, invite bien plus à vérifier ces idées courantes, ces prénotions, ces préjugés, qu'à leur conférer le statut de vérité. Mais Moscovici oppose deux arguments à cette réticence. Premièrement, la sociologie durkheimienne s'est développée surtout dans les universités et la psychologie des foules surtout dans la réalité politique; d'où le fait qu'elles ne soient pas sur la même longueur d'onde, l'une s'égarant dans une langue inutilement compliquée, l'autre n'hésitant pas à simplifier :

> *La même tradition doit affronter les mêmes problèmes posés par la révolution, le socialisme, et ainsi de suite, de manière beaucoup plus oecuménique et* mezzo voce. *Elle refoule donc les Le Bon et les Tarde et les remplace par des docteurs plus subtils, les Weber, les Durkheim, les Parsons, les Skinner, pour ne parler que des morts et ne pas déranger les vivants. Ils habillent des analyses identiques de formules plus raffinées. Leur science est plus cosmétique et, pour tout dire, plus idéologique*[29].

Deuxièmement, tous ceux qui refusent de reconnaître la psychologie des foules ne le doivent qu'à leur aveuglement ou à leur mauvaise foi. Et Moscovici, constamment sur la défensive, ne manque jamais une occasion d'attaquer les positions de ceux qui pourraient mettre en doute sa science. La psychologie des foules devient en quelque sorte immunisée contre tout. Quoi qu'il en soit, s'il est vrai que l'individu se comporte parfois dans la foule autrement qu'il ne le fait dans l'isolement, il n'en demeure pas moins qu'il y a des actions collectives rationnelles et des comportements solitaires irrationnels. La foule n'est pas foncièrement idiote, pas plus que l'individu n'est inéluctablement éclairé. Chez Moscovici, la différence entre le rationnel et l'irrationnel n'est pas tant dans le contenu des choses, dans la manière dont elles se présentent, dans l'environnement dans lequel elles prennent leur sens que dans le simple fait du regroupement. Moscovici, mystifiant le fait du regroupement lui-même, veut finalement faire de la psychologie des foules toute la sociologie, voire toutes les sciences sociales[30].

Après avoir énoncé ce principe de l'intelligence solitaire et de la folie collective, Moscovici, remontant de la thèse de l'hypnose de Le Bon à celle de l'automate de Tarde, puis à celle de l'état amoureux de Freud — série dont il se veut le point d'arrivée —, cherche à montrer que la foule est suiveuse, à la merci des chefs. Pendant ce temps, il tente aussi de montrer qu'elle est le fondement même de la société contemporaine, une réalité non exceptionnelle. En fait, il confond la foule et la masse; il ne considère pas la foule comme un phénomène ponctuel. La foule ne lui apparaît pas comme la masse activée, regroupée. Or, pour lui, le fait qu'il y ait des meneurs et des menés tient à la nature humaine[31]. Cette idée, vieillote, fait déjà sourciller. On peut d'abord se demander s'il y a deux natures, celle des menés et celle des «meneurs»; cette position expliquerait qu'il y a toujours eu des meneurs (et des meneuses) et des menés (et des menées), mais ne rendrait pas compte du fait que la foule a quelque chose de contemporain. On peut encore se demander si les meneurs (ou les meneuses) ne sont pas des êtres dispensés de nature, des êtres surnaturels. Cette position empêche de constater que le fait qu'il y ait des chefs et des non-chefs — et non des «meneurs» et des menés — a pour cause le simple caractère essentiellement politique du social. Il s'agit d'un phénomène socio-politique lié à l'organisation des sociétés et à la division sociale des intérêts, des tâches, des rôles. Une perspective plus large empêche même de voir un pouvoir socialement universel. Moscovici répondra peut-être que la division sociale n'explique pas l'avènement de «grands chefs». Il n'y aura alors qu'à signaler qu'un chef n'est chef que dans une organisation donnée. Il ne faut pas oublier non plus que tous les êtres qui ne se révoltent pas contre le «grand chef» ne sont pas des admirateurs forcenés, des benêts, des dociles; si Mao Tsé-toung a été populaire, il n'a pas toujours été admiré par tous; tous les citoyens ne sont pas des militants des idées du prophète. Il ne faut pas non plus déclarer hautement qu'on ne doit voir dans le fait que les humains ne se révoltent pas contre les gouvernements opprimants que leur nature suiveuse, passive. Il faut plutôt voir ici une incapacité à s'organiser, souvent une division, souvent une forte répression de la part des meneurs. Contre ces abus des dirigeants, en outre, il y a maintes révoltes qui n'arrivent pas à se cristalliser dans un pouvoir. Selon Moscovici, le meneur a des qualités énormes, un pouvoir énorme; par son pouvoir de suggestibilité, par sa capacité d'utiliser le langage imagé, il peut commander à la foule. Or cette thèse, pourtant usuelle aussi bien en sociologie qu'en psychologie sociale, est des plus contestables. Elle suppose que le meneur peut faire faire, presque ahistoriquement, n'importe quoi n'importe quand. Dans ces conditions, comment expliquer que des meneurs s'effondrent? Il n'y pas de meneur sans cause à défendre. Certes, l'aptitude à imager, à simplifier, à suggérer contribue au pouvoir, mais au pouvoir à l'intérieur d'un contexte en dehors duquel il n'y a pas de foule comme telle. Et si le meneur est si puissant, comment expliquer, comme le fait d'ailleurs lui-même Moscovici, que le pouvoir, depuis une certaine époque, appartienne aux foules? D'une façon générale, les gens sont beaucoup moins soumis aux meneurs que ne le laissent entendre les Moscovici. Les cas sont nombreux de révoltes des populations contre les décisions des autorités. Et ces révolutions ne sont pas toutes l'expression de simples meneurs. Les moyens de communication de masse ne contribuent pas aux seuls intérêts des meneurs; ils servent aussi à rallier les menés. Moscovici semble oublier que ce sont moins les chefs qui font les institutions que les institutions qui font les chefs et se donnent des chefs. Le pouvoir vient moins du charisme que des institutions et des situations. Le charisme n'est pas un don. C'est au mieux ce qui vient au chef montant, en situation, pendant une période, ce qui lui est conféré par les foules, grâce à ses manipulations, ses intérêts, ses communications, ses intercommunications, ses organisations. La théorie du charisme cherche à répondre à la question «pourquoi lui et pas les autres?». Mais ce n'est pas là le seul problème relatif au pouvoir des chefs. Il n'est pas évident qu'il y a une différence épistémologique, deux approches irréconciliables quand on compare la perspective de la psychologie des foules à celle du machiavélisme. Même la personne la plus «douée» sur le plan charismatique, pour parler avec le vocabulaire de Moscovici, ne saurait se dispenser d'une science du pouvoir comme celle de Machiavel. Pour confirmer son principe de la douance du chef, Moscovici écrit : «N'est pas chaman ni meneur qui veut! Sinon, pourquoi y aurait-il tant d'appelés et si peu d'élus?»[32]. Ce n'est pas bien impressionnant. Cette phrase vaut pour toutes les professions désirables du monde, ou presque. Et même à l'intérieur de catégories professionnelles, disons, peu enviables aux yeux de certains, il y a encore des échelons où ne passe pas de l'un à l'autre qui veut. En fait, tirer argument de la rareté de cas pour conclure à la douance n'est pas très convaincant. N'est pas pilote de formule 1 qui veut. Va-t-on pour autant en faire un don? Si oui, il s'agit d'un don que l'histoire aura inventé avec l'invention de la course automobile, voire de la formule 1. Il s'agit, par conséquent, d'un don qui doit beaucoup plus à l'histoire, à la culture, à la situation du pilote qu'à la nature. Si le charisme était cause du pouvoir du dominant, on ne pourrait pas expliquer sa perte de pouvoir. Sinon, il faudrait reconnaître que le charisme est passager et, donc, n'est pas un don (à moins que l'on parle dorénavant de don provisoire!). Moscovici veut contourner cette difficulté en recourant à la théorie de la féminité des foules, théorie qu'il aménage pour lui faire éviter les reproches du féminisme. Il n'en demeure pas moins que, pour lui, le fait que le chef perde son pouvoir ou que les foules puissent se retourner s'explique par la nature volage des foules. Bien enfoncé dans ses préjugés théoriques, Moscovici n'arrive pas à passer à une théorie de la complexité du pouvoir. Il ne parvient pas, par ailleurs, à réaliser que les phénomènes de revirement d'opinion ne sont pas spécifiques aux foules. Les individus aussi ont de telles sautes d'humeur et pas seulement relativement aux causes collectives (qui seraient l'inconscient selon Moscovici). En l'absence d'un être aimé ou suite à une action (supposée ou réelle) d'un être aimé, une haine peut surgir, remplacer soudain un amour. Faudra-t-il en imputer automatiquement la responsabilité à la nature fragile, prompte... de la personne qui a connu un changement brusque de sentiment? Le pouvoir du chef ne lui vient pas tout entier de son charisme, si par charisme il faut entendre une espèce d'émanation d'ondes : d'une part, beaucoup de personnes qui ne connaissent pas le meneur, qui ne l'ont jamais vu, donc qui n'ont pu être exposées aux «fluides de sa magie», n'en admirent pas moins ses pouvoirs, ses qualités; bien d'autres personnes, d'autre part, qui ont bien vu le chef, ne l'apprécient pas. Les idéaux sont souvent plus forts que les personnes, ce qui explique que maints socialistes en Iran n'aient pas été impressionnés par le charisme de Khomeiny. Bien sûr, le charisme, répliqueront certains, ne s'exprime pas seulement dans des relations directes, de personne à personne. Celui qui en retient le sens dira même que le fait que des personnes qui ne connaissent pas le chef, n'ont pas été exposées à lui, ne l'affectionnent pas moins constitue une manifestation de son don. Mais ne faudrait-il pas voir là des phénomènes de la complexité du pouvoir plutôt que des tours d'une magie fantastique? Le pouvoir ne se comprend-il pas quelque part entre la dialectique, l'intérêt, la conscience collective, la division de la conscience collective, la nécessité du pouvoir, les concours de circonstances...? Bien sûr encore, certains, Moscovici lui-même, voudront souligner qu'on n'a pas besoin de vraiment voir le chef, d'avoir des relations directes avec lui, qu'il suffit au suiveur de l'apercevoir à la télévision, par exemple, pour passer sous son contrôle. Mais n'y a-t-il pas là, dans ces propos, un effet de reproduction de la mystification du pouvoir plutôt qu'une théorie comme telle?

À cause de ses principes, Moscovici considère que «lorsque la minorité d'en haut obéit et que la majorité d'en bas commande, le pouvoir se déséquilibre»[33]. En fait, Moscovici est si bien subjugué par ses préjugés que ne lui apparaît pas normale la situation où les gens «d'en bas» commandent à ceux «d'en haut». Dans l'idée même de «bas» et de «haut» il y a une notion dépassée du pouvoir, notion qui ne tient pas compte de la réalité dialectique du pouvoir. La situation normale et équilibrée où ceux d'en bas commandent partiellement à ceux d'en haut lui apparaît comme une anomalie. On voit bien ici le cas d'une théorie qui s'impose tellement au réel qu'elle juge irrégulière la situation la plus fréquente. Quand on voit le pouvoir autrement que Moscovici, ce qui n'implique pas nécessairement qu'on présuppose une égalité entre les humains, on peut considérer bien moins aveuglément les phénomènes complexes que sont ceux des relations de pouvoir dans une société. Moscovici réinvente la théorie du pouvoir de haut en bas. Il réhabilite la thèse simpliste du pouvoir[34]. Rien n'est plus complexe dans les relations de pouvoir, voire dans les phénomènes d'influence, dans les phénomènes historiques de pouvoir. Il y a ceux d'en haut qui se font obéir et ceux d'en dessous qui obéissent. C'est tout. Il n'y a pas de pouvoir multidirectionnel, il n'y a pas d'ubiquité du pouvoir, il n'y a pas de variabilité du pouvoir, il n'y a pas de circonstances du pouvoir. Il y a dans une société une somme d'imbéciles à la merci des chefs et, parfois, des masse-médias. De la simple lecture en commun des journaux, il conclut à l'hypnose des masses, et les transforme en automates:

> *On pourrait croire que le lecteur d'un journal est plus libre que le membre d'une foule, qu'il a le loisir de réfléchir à ce qu'il lit, et, d'abord, qu'il choisit son journal. En réalité, il est soumis à une excitation permanente et, comme le journaliste flatte ses préjugés et ses passions, il rend le lecteur crédule et docile, le manipule à son gré. De sorte que la masse des lecteurs devient une masse d'automates obéissants, dont on voit l'exemple dans le cabinet des hypnotiseurs et à laquelle on peut faire faire et faire croire tout ce qu'on veut*[35].

Cette vision alarmiste et naïve fait fi de la plupart des analyses dans les sciences des communications. Au lieu de voir dans le fait qu'une personne s'expose aux journaux reliés à ses intérêts la preuve qu'on ne peut pas lui faire croire n'importe quoi, il conclut à la stupidité des lecteurs. Il néglige de parler de toutes ces analyses qui démontrent que l'influence des masse-médias n'est pas nécessairement directe ou immédiate. Sa théorie de l'excitation fait penser aux conclusions de Lombroso sur le suicide où l'on voyait dans les taux élevés de morts volontaires des pays chauds ou des périodes de haute température la stimulation du cerveau par le soleil et non pas des périodes sociales spécifiques. Moscovici, parce qu'il simplifie tout abusivement, doit en revenir à la nature humaine[36]. Il doit à nouveau chercher les explications des phénomènes de foules et de masses dans les penchants naturels des hommes, retomber dans un naturalisme pessimiste à la Hobbes : «une tendance instinctuelle, et l'économie d'effort»[37]; «ce qui est naturel au suprême degré, c'est la paresse instinctive». Et c'est à cause de cette paresse que les humains sont fondus dans des foules, qu'ils deviennent tous les mêmes, car cette tendance naturelle à la paresse les pousse à copier les chefs. Ce n'est plus l'inconscient, qui est collectif, qui fait la foule, c'est la tendance à l'imitation, c'est la fainéantise. Cette position lui évite les réflexions sur les structures et les mécanismes complexes de regroupement, sur les formes confuses de la mode, de la culture, de la division des tâches. Ce que les humains partagent ne s'explique plus que par l'imitation, qui a pour base la mollesse : «au fond de chacun sommeille un être moutonnier qui évite les souffrances et les risques de l'inventeur, et répète donc, à moindres frais, une invention qui a coûté beaucoup d'énergie. On comprend que des êtres aussi dociles se laissent entraîner par quiconque prétend les diriger. Il les hypnotise entre autres par son prestige»[38]. Il s'agit ici d'une position très morale de type aristotélicien ou platonicien.

Moscovici écrit que «le niveau d'une collectivité humaine s'approche de celui de ses membres les plus bas»[39]. Si l'humain va vers le plus bas dès qu'il est en groupe, c'est que la réunion, la fusion, nie la multiplicité, nivelle, uniformise les sentiments; l'acteur de la foule sent que le pouvoir de la foule n'est possible que s'il adopte l'idée de la foule en niant tout le reste. Mais cette négation de soi est d'autant plus possible que la foule peut sembler bénéfique sous quelque rapport. Ce n'est pas une question de «moyenne», Moscovici le voit bien, mais ce n'est pas non plus une question de «plancher», et cela, il le voit moins : ce qui réunit n'est pas tant ce qui est le plus bas que ce qui est le plus répandu, et la violence et la folie sont comme le bon sens de Descartes, pourvu que des conditions les uniformisent historiquement dans des sociétés. S'il est vrai que «ce qui est commun se mesure à l'aune de celui qui possède le moins», il est aussi vrai que là n'est pas la question. Ce sont les tendances historiques qui fixent les foules, non pas le plus bas qui rend les foules possibles. Moscovici semble oublier que les foules ne naissent pas de rien, de la seule folie, qu'elles répondent à des circonstances, que les causes des rassemblements sont intériorisées par les membres, en tout cas ne sont pas nécessairement ignorées. Dans la foule, l'acteur va aussi loin que la foule pourvu qu'elle le recrée dans ses propres intérêts ou qu'il se dissolve dans les intérêts de la foule. Moscovici, parfois, surtout vers la fin de son livre, est obligé de dire que le chef tient son pouvoir d'une idée partagée avec les foules[40]. Comment pourrait-il en être autrement? Mais cette réserve n'est pas, chez lui, articulée à la théorie. C'est une marge. Une notion inessentielle par rapport à la psychologie des foules, par rapport à la thèse de la déraison des collectifs contemporains. L'individu ne perd pas sa raison dans la folie de la foule; il reprend la folie que la période d'avant la foule l'empêchait d'exprimer. Ce qui manque à l'analyse de Moscovici, c'est la notion de prédisposition, de disposition sociale, historique...

La psychologie des foules n'est pas celle de ses individus — cela Moscovici le démontre bien par la seule évocation de l'idée selon laquelle l'individu dans la foule n'agit plus comme un sage en dehors de la foule. Mais, en disant cela, il affirme que l'individu devrait, dans la foule, se comporter comme s'il n'était pas en elle et que, par conséquent, il n'y a que bizarrement de psychologie de masse, de groupe ou de foule en tant que telle. Si tous les individus étaient sages, il n'y aurait pas de collectivité! Il faut dire cependant qu'une psychologie du collectif ne nie pas nécessairement une psychologie simultanée des individus; elle peut souligner la différence entre la psyché du groupe et celle de ses individus. Si la psychologie collective est spéciale, ce n'est qu'en tant qu'intelligence d'états communs et négation parallèle des individus. Il est plus facile de dire que les hommes sont déraisonnables ou qu'ils ne peuvent pas être dirigés rationnellement que de chercher à comprendre comment ils sont gouvernés entre la raison et la déraison. Le passage entre la raison et la déraison n'est pas un passage historique de la société libre à la société de masse, du rationalisme des lumières ou du marxisme à l'irrationalisme contemporain. Il est la zone entre tel moment politique et tel autre; il est l'oscillation constante des nations et de leur organisation politique. En dichotomisant entre la raison et la déraison, Moscovici est d'ailleurs forcé de réduire, comme le faisait un Pareto, la raison à l'économie : «la pensée et la politique se cantonnent dans l'administration des choses et des richesses»[41]. Mais n'arrive-t-il pas que la masse réagisse «irrationnellement», au sens que donne Moscovici à ce mot, pour des raisons économiques? L'irrationalisme de masse n'est pas le fait qu'un homme réfléchisse moins bien en groupe qu'en privé. L'individu, même séparé de son groupe, continue d'assumer le groupe. Dans le groupe, il y a des craintes immédiates. Moscovici semble oublier, en outre, que le membre d'une foule organisée (parti, église) n'est pas membre que de cette foule; il est membre d'autres types de foules. Par conséquent, dans la logique de Moscovici, il aurait plusieurs chefs à imiter. Ce qui déjà devrait commencer à complexifier sa personnalité. Et cette pluralité de l'individu ne devrait pas se manifester qu'au niveau de l'opinion publique, des opinions publiques (comme pourrait le laisser supposer le chapitre sur «L'opinion, le public et la foule»). Elle devrait au moins être une présence sociale concrète, faite de relations concrètes qui agissent sur l'individu (qui, lui, agit sur elles — phénomène que semble n'avoir jamais aperçu Moscovici —). Quand il évoque, rapidement, ce fait de l'appartenance à plusieurs groupes, il ne l'explique pas par les différents intérêts possibles d'un être, ni par le caractère multiforme de sa situation sociale; fidèle à ses préjugés, il voit là la manifestation d'un esprit chargé de contradictions, ou plutôt de juxtapositions; il découvre un être qui, de toute façon, n'agit que par la force de sa psychologie, ne va au groupe que pour s'identifier à des idéaux, mais, par dessus tout, à des chefs :

> *Quand nous écoutons la voix de notre conscience, nous entendons un dialogue à plusieurs voix, charivari d'opinions et de jugements d'antan, et non pas le monologue d'une seule. Il se peut que celle du père soit souvent la plus forte, mais il n'est pas le seul à parler.*
>
> *Ainsi s'expliquerait que, par la suite, les individus puissent appartenir à plusieurs masses, s'identifier avec leurs idéaux sans éprouver de graves troubles collectifs*[42].

Quoi qu'il en soit, affirme Moscovici, «la psychologie des

individus et la psychologie des foules ne se ressemblent pas»[43]. Comment se fait-il alors qu'on cherche tant à les analyser, les foules, comme si elles constituaient des individus, comme si une seule psychologie pouvait comprendre les foules et les individus? Certes, Moscovici croit avoir une psychologie spéciale pour les foules; mais cette psychologie se ramène aux éléments, aux concepts, aux théories de la psychologie. Elle parle, par exemple, de l'inconscient des foules et du conscient des individus[44]; elle parle de superposition et de projection des foules[45]; elle parle de leur *libido*, de leur narcissisme, de leur mnémésie; il s'agit bien là du vocabulaire de la psychologie, de la psychanalyse habituelle, et les définitions renouvelées ne sont pas à ce point nouvelles qu'elles se coupent de leur origine[46]. La foule est là, par exemple, «moi collectif», hypnotisée par le seigneur qui la manipule à cause de ses pulsions, de ses tendances. Ne parle-t-on pas, ici, de cette réalité spécifique de la même manière qu'on le ferait si elle n'était qu'un individu? En fait, la psychologie sociale fait très précisément ce qu'elle ne devrait pas faire : extrapoler des notions de la psychologie individuelle à la psychologie collective (relative aux foules ou aux masses). Partant, elle n'est pas capable de comprendre dans leur inhérence les sociétés ou la psychologie des sociétés (des foules ou des masses). La psychologie des foules ou la psychologie sociale courante est ainsi contrainte de parler des sociétés parfois comme s'il s'agissait d'un gigantesque individu — c'est ce que rappelle le célèbre «Les foules sont femmes», c'est-à-dire qu'une foule agit comme une femme —, parfois comme si elle avait affaire à une collection d'individus en exprimant les comportements des cas typiques et les problèmes qu'ils soulèvent — «mais aucune société, aucune culture ne pourrait s'établir sur une base aussi imprécise, au gré des humeurs et des fluctuations amoureuses de ses membres»[47]. Il n'y a pas à rejeter la psychologie des foules au nom du rationnel ou de la démocratie. On mélangerait alors les niveaux et on prêterait le flanc aux critiques de Moscovici lui-même. Il n'y a pas à rejeter la psychologie des foules comme telle, simplement pour la rejeter. Il y a à créer une théorie de la communication sociale, théorie qui n'exclue pas les composantes du social, qui ne soit ni la simplification positiviste des communications de masse ni celle de la psychologie des foules. Il faut une discipline qui puisse expliquer la foule, celle d'aujourd'hui (la «nouvelle» de Moscovici), celle d'hier et celle de toujours, en faisant bien les distinctions que Moscovici essaie de faire. Il a raison de dire que la foule joue depuis peu un rôle qu'elle ne jouait pas auparavant. Il a tort de confondre cette foule en maints autres endroits, notamment quand il parle des meneurs et des qualités des foules, avec les foules d'avant. La foule nouvelle, et Moscovici ne le reconnaît pas suffisamment avant de parler de Tarde, est nouvelle parce que la société dans laquelle elle se constitue est nouvelle. Et cette société a pour nouveauté une présence spécifique des masse-médias — en cela la foule contemporaine doit être distinguée des foules précédentes.

Les liens entre les sciences des communications et la psychologie sont omniprésents et significatifs. La théorie de la foule et de la masse se situe aux origines des sciences des communications bien qu'elle n'en soit pas l'essentiel point de départ. Mais il existe une espèce de rupture épistémologique entre la première et les secondes. Les sciences des communications appréhendent les phénomènes de foule et de masse beaucoup moins dans le contexte de leurs motivations ou de leurs traits psychologiques que dans le contexte de la modernité. Les foules et les masses existent, certes, depuis longtemps;

mais ce qui les spécifie maintenant, c'est le rôle institutionnel qu'elles sont appelées à jouer dans la formation des règles de la vie sociale. On peut s'étendre sur le caractère rationnel des masses; mais l'essentiel, du point de vue des sciences des communications, est le rôle proprement politique qu'elles jouent. La problématique de la détermination psychologique du caractère des masses modernes devient secondaire en ce sens que, fussent-elles horriblement et foncièrement irrationnelles, le rôle institutionnel resterait encore à déterminer.

12. Raison et communication : critique de la *Théorie de l'agir communicationnel*

Généralement, le rapport entre la conscience individuelle et la conscience collective s'établit en souplesse : ce qui est découvert au niveau de la première est tout simplement extrapolé au niveau de la seconde, et la psychologie sociale est une grande habituée de cette pratique. Mais elle n'est pas la seule. Ce reproche pourrait être adressé à la philosophie sartrienne ou à la plupart des approches ontologiques. Il vaudrait même pour la *Théorie de l'agir communicationnel*[48].

La théorie habermassienne, en effet, reprend la distinction entre culture, société et personnalité[49]. La communication se présente à elle comme le moyen par lequel les sujets peuvent se comprendre. L'«intercompréhension» devient alors le concept central de cette théorie, et elle est ramenée, comme fondement de la société, aux personnes. L'évolution de la société apparaît comme le développement de la raison elle-même, développemement mû, entre autres, par la communication et l'«intercompréhension». En ce sens, la théorie de l'agir communicationnel ne constitue pas un réel dépassement de la sociologie durkheimienne[50] qui s'est constamment imposé de saisir la conscience collective autrement que comme somme de faits individuels[51] et qui en a marqué l'irréductibilité[52]. Habermas aperçoit bien le caractère essentiel de la communication aussi bien pour les phénomènes sociaux que pour les développements rationnels. Mais en élevant tout le social sur la raison et en ramenant la raison à un processus d'extension de la vérité par l'intercompréhension, c'est la société et le vécu[53] qu'il vient à perdre de vue, dans leurs manifestations inhérentes, spécifiques. La communication n'est pas pour lui une forme des rapports sociaux; elle est le moyen par lequel la compréhension entre les personnes s'effectue et se généralise. Durkheim n'aurait pu, à son époque, attribuer au fait de la communication toutes les facultés que les études des dernières décennies lui ont découvertes. En ce sens, avoir établi le caractère principiel de la communication dans une théorie générale de la société représente un certain avancement par rapport au fonctionnalisme. Mais cet avancement représente beaucoup plus l'ajout d'un élément que la restructuration d'une vision initiale. Car, privilégiant la raison, il ne se pose pas d'entrée de jeu dans le social, ni dans la conscience collective. La communication n'est pas chez Habermas une catégorie qui donne accès à la diversité des relations humaines; elle n'est que ce qui sert à conférer à la raison son caractère relationnel. Mais Habermas ne conserve pas à ce caractère toutes ses dispositions; il le confine dans une évolution de la raison. La communication reste essentielle; mais elle n'est pas aussi essentielle que la généralisation de l'intercompréhension, que l'évolution de la vérité, qui, finalement, soumettent les sociétés. Avec la communication, Habermas se place indirectement dans une perspective relationnelle qui, d'une certaine manière, améliore une sociologie de type fonctionnaliste qui, encore, pourrait éliminer le problème de l'addition des consciences dans la conscience collective. Dans une optique fondamentalement communicationnelle, la conscience collective devrait apparaître comme un système de rapports constamment reproduits qui produisent eux-mêmes des significations en même temps qu'ils modèlent les rapports; elle ne devrait plus se présenter comme la simple manifestation d'un contenu ou d'une forme dans un ensemble de personnes.

Habermas ne se place pas d'emblée dans la relation; il se place dans la rationalité, dans le sujet, d'où il lui faut passer par trois mondes[54] et par des types de rationalité, d'où aussi le fait qu'il s'adresse à Weber[55] et à Goffman[56], dernier recours qui illustre bien, par ailleurs, qu'il ne s'intéresse pas tant à la communication en tant que relation qu'à la communication en tant qu'action du sujet. Dans la théorie de l'agir communicationnel, la raison supplante la relation; la raison devient un dispositif en voie d'absolutisation. La raison préjuge des faits culturels et les processus de rationalisation préjugent des faits collectifs. En réalité, la communication, pour Habermas, n'est pas un fait social; elle est avant tout un fait interindividuel. Cela s'entend quand on songe que, pour lui, on surpasse une philosophie de la conscience par une philosophie de la rationalité, ou de la raison de l'agir.

La communication est un fait interindividuel; mais ce fait n'est pas distinctement universel. En effet, si dans le second tome de la *Théorie...* on a parfois le sentiment qu'il y a toujours eu agir communicationnel et que seule évolue la raison qui se rapporte à lui, dans le premier tome, on a l'impression que cet agir est un aboutissement, un nouveau paradigme. Cette ambiguïté provient, bien sûr, de ce que le concept de communication remplit différentes fonctions dans la réflexion de Habermas, de ce que la communication semble parfois se détacher de l'agir communicationnel. Mais elle s'explique aussi par le fait que la théorie insiste beaucoup moins sur l'aspect relationnel des communications que sur leur aspect rationnel et qu'elle s'impose constamment de combiner la raison et la communication. La simple évocation du mot communication semble socialiser l'inlassable rationalité. Il faut dire que si le social ne peut se concevoir sans relations, on peut, à la rigueur, se l'imaginer sans raison[57]. Si donc il faut à tout prix que le social, notamment le social post-traditionnel, soit rationnel, il vaut mieux que la raison possède quelques connexions dans la société, d'autant plus que l'approche communicationnelle a déjà signalé une certaine affiliation avec le matérialisme marxiste[58]. Ces attaches, l'idée de communication a pour rôle de les établir. La raison vient alors se superposer au social. D'une certaine manière, dans l'optique habermassienne, la communication représente l'aboutissement d'une tendance à l'universalisation du social; elle n'est pas le corollaire de cette évolution; elle est une nouvelle cause sociale et, grâce à elle, une morale post-traditionnelle, voire post-moderne, peut voir le jour : «L'accord normatif doit se déplacer d'un accord donné par la tradition vers un accord obtenu dans la communication, *i.e. contractuellement*»[59]. La communication n'apparaît pas comme un élément de toute structure morale. Elle n'est pas une réalité empirique universelle produite théoriquement. Elle est une étape dans l'histoire. Elle n'est pas, comme dans *L'explosion de la communication*[60], une réalité qui a toujours été là mais dont les rôles, les fonctions et les moyens varient dans le temps et dans l'espace[61].

À un niveau épistémologique, cette problématique résulte d'un double tiraillement entre, d'une part, les ordres empirique et théorique et, d'autre part, les domaines de l'universel et du relatif. Et ces zones d'oscillations renvoient l'une à l'autre.

Les préoccupations épistémologiques ne sont ni récentes ni épisodiques dans l'oeuvre de Habermas. Elles inspiraient déjà *La technique et la science comme idéologie*[62]. Et, depuis, elles réapparaissent dans la plupart des écrits. Les positions se modifient quelquefois. Mais, dans l'ensemble, les questions demeurent les mêmes : comment prétendre à l'universalité tout en conservant une orientation non positiviste? comment être universaliste sans être relativiste? comment intégrer théorie et pratique? Et, de fait, la philosophie habermassienne est constamment sous tension.

En sciences sociales, Habermas n'a jamais pu séparer raison pratique et raison scientifique, comme il n'a jamais pu se résoudre au relativisme. Ce que les sciences sociales découvrent, notamment ce que montrent les analyses de l'approche critique, doit toujours pouvoir se retrouver dans la *praxis*. Les théories doivent là être constamment liées aux acteurs historiques[63] tout en prétendant à l'universalité. Il y a, en réalité, chez Habermas, malgré son matérialisme, une invocation permanente de transcendance. Dans la théorie de l'agir communicationnel, cette quête ressurgit dans une tentative de ramener la science à la compréhension du sens. Et l'universalité ne se manifeste pas tant dans la signification que dans les conditions de possibilité de la découverte de cette signification. La communication en vient à faire partie de ces conditions en tant que, grâce à elle, l'intercompréhension se généralise au fur et à mesure que se dégagent les trois mondes de la communication. Se manifeste une espèce de transcendance dans l'émergence des facettes de la communication. Mais la transcendance, contrairement à celle de Kant, n'est pas du seul ordre de l'*a priori*. Elle est aussi des réalisations des *a priori*. Puisque, dans une perspective matérialiste, le discours est attaché à ses conditions de possibilité, et que, chez Habermas, ces conditions s'universalisent, le discours devient lui-même universel. La communication et ses trois mondes, en se produisant, produisent aussi des significations. Cette production est autogénératrice. Mais elle est également historiquement et socialement déterminée. À certains endroits, on voit nettement que les trois mondes ne sont pas des réalités théoriques, qu'ils sont la réalité même des agents communicants[64]. La vérité évolue d'elle-même tout en participant de quelque histoire. Les significations sont donc à la fois universelles et relatives. Ce dilemme anime tout le livre. Mais il ne trouve jamais de solution. Habermas craint la théorie qui produit le monde, craint également les vérités relatives. À maintes reprises, pourtant, il montre comment certaines médiations scientifiques ou tout simplement linguistiques produisent le monde, comment quelques significations ne peuvent être qu'historiques. Mais après chacune de ces explications, infailliblement, il redonne vie, contre toute attente, à un non-constructivisme et à un universalisme, confectionnant ainsi un relativisme qui ne se veut pas relativiste, qui s'ignore, une réalisation historique qui nie l'historicité des réalisations. La *Théorie de l'agir communicationnel* devient une position fuyante, insaisissable, dont l'essentiel des significations se découvre dans les secteurs d'insistance, car elle porte souvent sa propre négation.

Habermas ne distingue pas entre ce que la théorie découvre et ce qu'est le monde. La théorie est le monde lui-même. Si cette position n'est pas empiriste, chez lui, c'est tout simplement parce qu'il n'admet pas — cela s'entend — le principe de la neutralité de l'observation[65]. Une abstraction au sens de Bachelard ou de Gauthier est inconcevable. C'est aussi que quelque part, paradoxalement, il n'y a de savoir qu'historique. Il reproche, par exemple, à Klein de se vouloir nomologique parce que le nomologique est universel, donc non réel[66]. Rechercher du nomologique, pour lui, c'est se situer à un niveau transcendantal et admettre que quelque chose en dehors du social détermine le social. En aucun cas, la communication ne saurait constituer pour lui une catégorie analytique. Elle est du réel. Quand il présente les visions de Weber, Durkheim, Mead, Parsons et autres, il n'a pas le sentiment de rapporter des théories situées dans le temps et l'espace, des façons de voir le monde, alors qu'il pourrait y en avoir d'autres. Ce que Weber dit de l'histoire des religions constitue l'histoire des religions en elle-même dès lors qu'elle est revue par lui. La théorie n'est pas image du monde; elle n'est pas construction du monde pour soi. Véridique, critiquée, elle est la réalité. Incapable de se résoudre à faire la distinction entre le discours théorique et la pratique, il tente de montrer comment est *vécu* — réalité qui ne peut se manifester qu'en intériorité, dans la pratique historique — le *système social* — réalité construite théoriquement pour des fins explicatives — tel que décrit, par exemple, par Parsons. En recherchant des significations dans le discours d'autrui, Habermas oublie que la connaissance est pour soi et donc que le pour autrui étudié n'est pas réellement reconstituable, c'est-à-dire en lui-même. Par conséquent, il omet de reconnaître que l'universel se révèle d'un point de vue. Foucault l'horrifie. Historicisant tout discours, faisant dépendre absolument tout énoncé du rapport entre les institutions d'une époque discursive, rejetant toute approche évolutionniste, le structuralisme foucaldien est taxé de cryptonormativisme. C'est que Habermas n'arrive pas à concevoir de discours autrement que subjectivisé. Le discours n'est jamais pour lui réellement social comme il l'est nettement chez Foucault ou dans une épistémologie à la Bachelard ou à la Gauthier. Habermas écrit:

> *[...] nous faisons quant à nous simultanément, en tant qu'observateur, des présuppositions ontologiques en regard du monde subjectif de l'acteur; ainsi pouvons-nous distinguer entre le monde social tel qu'il apparaît à*

> *l'acteur, le monde social tel qu'il apparaît aux autres ressortissants, et* le *monde social tel qu'il* nous *apparaît. Le choix entre une interprétation rationnelle et une interprétation descriptive consiste là encore à décider si nous prenons au sérieux,* mutatis mutandis, *la prétention normative à la validité que l'acteur lie à ses actions, ou si nous l'interprétons comme quelque chose de purement subjectif*[67].

Le discours du scientifique, quel qu'il soit, n'est pas moins historicisable que celui de l'acteur; un discours n'est jamais purement subjectif. Cela, Habermas le sait. Pourtant il ne tire jamais toutes les conséquences de cette constatation. Il y a chez lui un foucaldisme qui se fait violence. La raison universelle, chez Habermas, n'est pas vraiment, pas exclusivement raison; elle est potentialité de raisonner. En ce sens, elle est condition de possibilité. Habermas croit que cette raison devient, qu'elle n'a pas toujours été là. Elle n'est pas universelle au sens d'éternité; elle est universelle en ce qu'elle l'est devenue. Par conséquent, elle agit un peu comme l'archive de Foucault. Sauf que chez Foucault, cette archive est nettement attachée à l'histoire, alors que chez Habermas elle a de la difficulté à se réduire à une simple chose historique. Chez Foucault, on peut donc avoir plusieurs archives, puisque à chaque moment correspond une épistémè, et que cette épistémè ne peut jamais prétendre à l'universalité en ce sens qu'elle serait de toute culture. Ce n'est pas le cas chez Habermas. Car si cette potentialité de raisonner est historique, elle est en même temps transcendantale. Si Habermas n'est pas loin de Foucault, il est aussi très proche de Kant. En effet, si son angle herméneutique, sa volonté de socialisation convainquent de son approche historique, le rôle qu'il fait jouer aux notions de «latence», de «potentialité» ou d'«arrière-fond»[68] n'est pas sans rappeler les grandes conclusions de la *Critique de la raison pure*. Seule l'intervention du langage[69] comme instrument de la raison vient redonner quelque matérialité à ce rationalisme — encore que la vérité ne soit pas réellement articulée à un langage particulier puisqu'il ne peut là y avoir de vérité qu'universelle[70] —; seule la présence récurrente du concept d'agir communicationnel nous rappelle qu'on est bien en société.

La pensée habermassienne se situe dans ce courant où, d'une façon ou d'une autre, il doit y avoir *mariage de la pensée de l'acteur et de la pensée de la pensée de l'action*[71]. Elle tente de concrétiser ce mariage aussi bien à la façon de Weber — en tant que la science doit comprendre les significations qui ont animé les acteurs — qu'à la mode de Marx — en tant que ce que les lois que la science découvre doit constituer l'être même des acteurs.

L'analyse habermassienne entretient, en effet, plus de liens avec les philosophies de la conscience (qu'elle prétend dépasser) qu'avec le structuralisme. Habermas a cru que l'agir communicationnel allait lui permettre de redonner vie à la conscience ou à la raison universelle, si chère à la philosophie allemande classique, si prisée dans la philosophie, dans l'idéologie occidentales. Les affinités entre sa vision et la philosophie sartrienne sont évidentes. L'une et l'autre tentent d'éliminer le conflit entre la théorie et la pratique. Toutes deux cherchent à éliminer ce conflit dans le cadre du marxisme. Toutes deux confèrent à la *praxis* la mission de souder action et théorie. Dans un cas, cette *praxis* est conçue comme raison dialectique qui, elle, est assimilée à l'action; dans l'autre, elle se manifeste comme agir communicationnel, qui, lui, est implicitement rationnel[72]. Dans les deux cas, la perspective s'avère évolutionniste. Chez Sartre, l'évolution coïncide avec une réduction progressive de la différence sociale par la fusion des consciences dans la dialectique; chez Habermas, elle a pour corollaire l'universalisation de l'intercompréhension. Dans les deux cas, de la même manière, s'amenuisent ainsi les problèmes résultant de l'altérité. Deleuze a écrit que Sartre était allé aussi loin que la raison pouvait aller. On n'avait pas encore publié la *Théorie de l'agir communicationnel.* Car ce jugement vaut aussi pour Habermas. Sartre a poussé la raison aussi loin qu'une philosophie de la conscience pouvait la conduire, dans ces contrées où tout le social est absorbé par les sujets rationnels; Habermas, lui, l'a transportée dans ces régions où la communication ne parvient pas encore à transformer la raison, où commencent seulement à poindre les formes sociales de la médiation par les tiers. Sartre a voulu éliminer la contradiction entre liberté absolue et loi de l'histoire. Habermas veut universaliser la raison. Comme Sartre se débat entre la liberté et la loi de l'histoire, Habermas se débat entre le relativisme et l'universalisme. Les enjeux sont les mêmes. Ce sont toujours celui du statut du sujet et celui du rôle de l'histoire.

La thèse habermassienne se révèle si étroitement rationalisante et évolutionniste qu'à un certain moment l'histoire humaine est présentée comme un mouvement étapiste de la raison. Initialement, il y aurait eu une rationalité morale; celle-ci aurait été supplantée par une rationalité économique; cette autre, enfin, serait remplacée par une rationalité communicationnelle[73]. Cette perspective, comme celle du marxisme, attend que les agents historiques vivent comme le prescrit la théorie; Habermas voudrait que cette raison soit celle des agents de communication et des scientifiques qui interprètent les communications de ces agents. Ailleurs, cette évolution se présente comme un développement des formes de la morale, et la dernière serait la morale rationnelle communicationnelle, issue de la morale religieuse. L'intention est transparente. Il s'agit de montrer que l'évolution consiste en une généralisation de la raison grâce à l'agir communicationnel. Mais les illustrations de Habermas laissent perplexe. Elles tendent à présenter la généralisation comme une espèce d'autogénération de la vérité dans l'«effectuation» des trois mondes. Habermas néglige de montrer que l'universalisation du social se fait à coup d'exclusions et que, par conséquent, on ne peut parler d'objectivation. La «vérité» se propage très souvent beaucoup plus par des procédés impérialistes que par des démonstrations argumentatives. Et qu'il y ait effectivement universalisation de la raison, cela ne signifie pas qu'il y a une raison universelle. Tout le monde en viendrait-il à raisonner de la même manière, cela ne signifierait pas que la raison est absolue! Qu'un raisonnement se généralise, voire devienne universel, n'implique pas qu'il n'y a absolument qu'un seul raisonnement possible. En quoi une réalisation historique doit-elle être confondue avec une nécessité absolue? Ce n'est pas parce que tout le monde quelque part pense une chose qu'une autre chose s'avère impensable ailleurs; ce n'est pas parce que certaines conditions vécues dans une culture conduisent à un accord particulier qu'un autre accord est impensable dans d'autres conditions ou dans les mêmes conditions vécues par une autre culture. Et les raisons qui sont anéanties dans un procès d'universalisation n'ont pas à être déclassées. En quoi faudrait-il que la généralisation d'une forme de la raison atteste de sa supériorité? C'est là le genre de difficulté qui s'impose à une perspective qui refuse quelque relativisme ou qui fait violence à son relativisme sous la pression d'un colonialisme universalisateur. Que la raison occidentale, en construisant des théories, trouve des structures générales aux organisations sociales, cela ne veut pas dire que la raison est universelle. D'une certaine manière, il suffirait, pour justifier l'universalisation, de pouvoir retrouver dans toute religion, dans toute morale, à toute époque, les trois mondes. Mais ces trois mondes, à supposer qu'ils existassent, à supposer qu'une autre typologie ou qu'une autre formulation de la problématique ne fût pas possible, ne sont-ils pas tout simplement des éléments essentiels à toute morale? Et si cela est vrai, cela veut dire qu'ils apparaissaient dans des morales antérieures; et si cela est vrai, encore, cela ne veut pas dire qu'il y a effectivement universalisation de la raison; cela peut tout simplement vouloir dire qu'il y a là un fait produit par la théorie, dans une culture donnée, qui n'a rien à voir avec l'universel comme tel. C'est comme cela que maintenant on comprend les morales. Ou encore ce sont là les éléments qui, maintenant, permettent de comprendre le rapport des humains entre eux, ou des humains avec le monde.

Le monde évolue vers l'intercompréhension dans l'agir communicationnel, soutient Habermas. La raison est le principe moteur de cette évolution.

> *À la différence de la «représentation» ou de la «connaissance», l'«intercompréhension» a besoin de l'adjonction «sans contrainte», parce que l'expression doit être ici employée dans le sens d'un concept normatif. Du point de vue du participant, «l'intercompréhension» ne signifie pas un procès empirique qui causerait un accord factuel, mais un processus de persuasion réciproque, qui coordonne les actions de plusieurs parties prenantes sur le fondement d'une* motivation par des raisons.

> *Intercompréhension signifie communication en vue d'un* accord valide. *C'est la seule raison pour laquelle il nous est permis d'espérer obtenir, en clarifiant les propriétés formelles de l'agir orienté vers l'intercompréhension, un concept de rationalité qui exprime la connexion de chacun des différents moments de la raison, dissociés dans la modernité — peu importe la façon dont nous les espérons, que ce soit dans les sphères culturelles de valeur, dans les formes différenciées de l'argumentation, ou dans la pratique communicationnelle courante, aussi défigurée soit-elle*[74].

Mais la communication ne se réduit pas à l'intercompréhension. Elle est aussi simple diffusion et circulation d'informations. Elle est la possibilité de rapports émotifs et discursifs sans pour autant qu'il y ait intercompréhension. La communication, c'est encore la démonstration de ce que l'autre est incompréhensible, le développement de l'incompréhension ou de la mécompréhension. Toute communication n'est pas discursive. Tout ce qui est compris et compréhensible ne se rapporte pas forcément à un langage[75] ou à la raison entendue dans le sens habermassien. Et la société, même post-traditionnelle, n'est pas forcément plus universelle que celles qui l'ont précédée. Et le serait-elle, l'universalisation n'aurait pas forcément pour corollaire l'expansion de la raison. En fait, on peut très bien concevoir les formes de l'homogénéisation des sociétes modernes et post-modernes sans référence à la raison, voire même contre elle. On peut très bien montrer que l'homogénéisation de la société contemporaine occidentale a pour pendant son hétérogénéisation. La société contemporaine occidentale, si elle est homogénéisante, est simultanément hétérogénéisante si l'on pense à ses structures discursives. Si l'on trouve en elle des consensus, on y trouve aussi des divisions; si l'on trouve en elle des consensus, on n'y trouve pas automatiquement des effets de la raison, de l'agir communicationnel. Ici, Habermas encourt le reproche même qu'il adresse à Foucault : sa thèse se révèle cryptonormativiste. Habermas va aussi loin qu'on peut aller avec l'entendement en le socialisant par la communication (quoiqu'en n'acceptant pas les conséquences de la socialisation); mais il ne réalise pas à quel point sont diversifiés les effets de la communication, même dans une société post-traditionnelle. Tout n'est pas concerté dans la société moderne. Habermas écrit :

> *Si nous partons de l'idée que l'espèce humaine se conserve à travers des activités coordonnées socialement entre ses membres; si nous admettons que cette coordination doit nécessairement être instaurée par la communication, et dans les domaines centraux, par une communication qui vise un accord, alors la reproduction de l'espèce, justement, requiert* aussi *que soient remplies les conditions d'une rationalité inhérente à l'activité communicationnelle. Ces conditions deviennent tangibles dans le Moderne avec la décentration de la compréhension du monde et la différenciation des prétentions à la validité universelle. [...] S'il doit satisfaire aux conditions de rationalité de l'agir communicationnel, le procès d'autoconservation devient dépendant des interprétations réalisées par les sujets qui coordonnent leur activité à travers des prétentions critiquables à la validité*[76].

Que l'humanité doive se «conserver», c'est là une trivialité.

Que des activités doivent être coordonnées, c'est une évidence. Cela n'a pas pour implication que, dans une société, toutes les activités sont coordonnées. Que la coordination appelle la communication, c'est là une autre évidence. Faut-il en conclure que la communication vise ici un accord? La coordination présuppose la communication, se donne dans et par la communication. Cela ne signifie aucunement que la communication a nécessairement un but. Un agent communicant peut, bien sûr, avoir un but, vouloir s'entendre avec un interlocuteur. Mais toutes les coordinations qui caractérisent les sociétés n'ont pas eu pour point de départ la volonté des agents d'en venir à un accord. On ramène ici la problématique de la communication à l'intention des communicants (alors qu'on est censé avoir dépassé une philosophie du sujet). Il n'y a pas de société sans morale. Faut-il trouver la cause de la morale dans la volonté des citoyens de s'entendre, comme le voulait la philosophie du XVIIIe siècle[77]? Et puis il n'y a pas dans la société que des accords; il y a aussi des désaccords; il y a même des volontés de ne pas s'entendre. Que la coordination exige «que soient remplies les conditions d'une rationalité inhérente à l'activité communicationnelle», c'est un dérapage. Toute communication ne suppose pas l'intervention de la raison. Toute coordination, même si elle est relative à un échange d'informations, n'implique pas un procès de rationalisation. Va-t-on ramener les relations entre des personnes qui partagent des sentiments à des actes rationnels? Va-t-on présenter les mouvements coordonnés des foules comme des actes rationnels? Va-t-on définir la coordination des travaux dans une entreprise en tant qu'ils sont l'émanation de la raison des travailleurs? Le ferait-on, qu'aurait-on appris de leur manifestation? En quoi est-il nécessaire d'accorder la bénédiction de la raison aux activités humaines? Qui dit société dit coordination, mais dit aussi non-coordination, et d'autant plus que la société est complexe. Ces coordinations sont à comprendre parce que, pour saisir les sociétés, il faut appréhender les relations humaines négatives ou positives. Habermas a raison de signaler que ces relations sont mieux comprises si l'on passe par la communication, laquelle pose d'emblée le chercheur ou la chercheure dans le relationnel. Il n'a aucune raison de travailler à emboîter les relations humaines, si coordonnées soient-elles, dans une vague notion de raison. Cette raison n'a plus de fonction qu'artificielle. Habermas a ici rêvé d'élever dans les hauteurs vertigineuses de la raison une réalité humaine aussi animale que la nécessité de se reproduire. Il n'y a pas que la coordination qui soit instaurée par la communication; il peut aussi y avoir la non-coordination : soit que la communication ne parvienne pas à agencer les efforts — ayant été mal comprise ou nuisant à des fins objectives intériorisées ou non par les acteurs —, soit qu'elle suscite des volontés de ne pas combiner les actions. Habermas prévoit l'objection dans le cas où on lui oppose des actions coordonnées non rationnelles. Il écrit :

> *En réalité, les actions dirigées vers un but [des membres d'un monde vécu socio-culturel] ne sont pas coordonnées seulement par les processus d'intercompréhension, mais à travers des contextes fonctionnels qu'ils n'ont pas voulus et que, la plupart du temps, ils ne perçoivent d'ailleurs pas au sein de l'horizon de la pratique courante. Dans les sociétés capitalistes, le marché est l'exemple le plus important d'une régulation dépourvue de normes, des contextes de coopération. Le marché appartient aux mécanismes du système qui stabilisent des contextes d'action non désirés grâce au réseau fonc-*

> *tionnel des* conséquences *de l'action, alors que le mécanisme de l'intercompréhension définit mutuellement les* orientations *des participants. C'est pourquoi j'ai proposé de distinguer entre* intégration sociale *et* intégration du système*: l'une s'appuie sur les orientations d'action, l'autre passe à travers. Dans un cas, le système actionnel est intégré grâce à un consensus, qu'il soit garanti par des normes ou visé par la communication, dans l'autre cas, il est intégré en régulant de manière non normative des décisions particulières qui ne sont pas coordonnées par les subjectivités*[78].

Mais on le voit : la problématique reste inchangée. La coordination qui ne se réalise pas dans la concertation n'est qu'un effet de système. Elle s'explique encore par référence aux décisions des acteurs sociaux mais, cette fois, on lui soustrait la communication. La coordination donnée par la communication appelle nécessairement une «orientation des participants». La communication, chez Habermas, ne se conçoit pas en dehors de la rationalité. Le concept de communication ne peut plus servir à expliquer des échanges sociaux aussi importants que ceux qu'on retrouve sur le marché, parce que la coordination n'est pas le résultat de la volonté des acteurs. Mais en reconnaissant le phénomène, en admettant la coordination non concertée, parce que la communication est rationnelle et parce que la raison est volition, Habermas doit ici repousser la communication. La théorie habermassienne n'a pas accès à toutes les formes de communication qui caractérisent les sociétés complexes ni à toutes les manifestations de la subjectivité, et ce qu'elle exclut est souvent établi par la tradition des sciences sociales et semble être mis de côté beaucoup moins à cause des impératifs de sa problématique que dans le but de ne pas s'opposer tous les arguments. Le sujet n'a pas à être évacué de toute analyse générale de la société. Mais la société doit être comprise sans que soient exclus ni les relations (et les non-relations) qui lui sont essentielles ni les divers apports de la subjectivité. Le sujet doit être intégré aux relations, doit être étudié dans les rapports qui le font immédiatement social. Le structuralisme, remarque Michel Freitag, a eu raison de «proclam[er] que le sujet était une illusion subjective, qu'il ne parlait pas, qu'il était parlé par le langage»; mais Michel Freitag s'empresse d'ajouter que cette vérité est «seulement partielle, unilatérale», qu'elle «cache la question de la production du langage par les sujets, et du "jeu" que les sujets jouent entre eux dans le langage, et avec lui»[79].

Tout ce qui est communiqué dans une société, tout ce qui est réalisé de façon objectivement organisée ne présuppose pas nécessairement des intentions ou des ententes. La notion d'agir communicationnel oblige Habermas à trop simplifier l'état des organisations sociales, notamment contemporaines ou post-modernes, et le rôle des acteurs dans ces organisations. En est une preuve son interprétation d'un passage de l'autorité du sacré à l'autorité du consensus :

> *[...] je me guide sur l'hypothèse que les fonctions d'intégration sociale et d'expression, d'abord remplies par la pratique rituelle, passent dans l'agir communicationnel : dès lors, l'autorité du sacré est progressivement remplacée par l'autorité du consensus tenu pour fondé à une époque donnée. Cela signifie que l'agir communicationnel se libère de contextes normatifs qui s'abritaient sous le sacré. Le désenchantement et la dépossession du domaine sacral s'effectuent en passant par une mise en langage du consensus normatif fondamental garanti par*

> *le rite; et avec ce processus se déclenche l'entrée en scène du potentiel de rationalité présent dans l'agir communicationnel*[80].

Pourquoi ne pourraient pas se juxtaposer, s'imbriquer, même dans une société post-traditionnelle, une espèce d'autorité du sacré et une espèce d'autorité du consensus? C'est là le type de question qu'on peut toujours adresser aux visions récurrentes d'une histoire humaine perçue en termes de stades. On a l'impression de relire l'histoire des modes de production selon Marx ou la théorie des trois Etats selon Comte. Va-t-on devoir s'interroger sur les instances de décisions dans les modes de communication ou sur le mode dominant à telle ou telle époque? Habermas répugne à envisager les sociétés contemporaines autrement qu'à travers le filtre des consensus[81]. Il néglige le fait (ou plutôt ne le prend pas théoriquement en considération quand il le croise) que ces sociétés existent aussi sur le mode de la division, de l'ignorance, de la contradiction... Sa conception d'une évolution vers la rationalité communicationnelle, vers l'unification de la raison est à ce point vérité qu'elle n'est pas nécessairement historique. Si l'histoire ne la confirme pas, c'est que l'histoire commet des erreurs; c'est qu'il y a dans l'histoire des coupables, des forces récalcitrantes. Les conflits seraient, selon Habermas, le résultat de sous-systèmes de rationalité; ils seraient, en quelque sorte, post-rationnels, post-universels, rendus possibles par le capitalisme.

> *Substituer des médiums régulateurs au langage dans la coordination de l'action signifie disjoindre interaction et contextes du monde vécu. Des médiums comme l'argent ou le pouvoir partent d'obligations empiriquement*

motivées; ils codifient le commerce rationnel en vue d'une fin avec des valeurs quantifiables et calculables, et rendent possible une influence stratégique généralisée sur les décisions d'autres participants de l'interaction, en contournant *les processus de formation d'un consensus par le langage»*[82].

Un peu plus loin :

[L]a rationalisation du monde vécu ne devient-elle pas paradoxale avec le passage à la société moderne? Le monde vécu rationalisé rend possible l'émergence et la croissance de sous-systèmes dont les impératifs devenus autonomes se retournent contre lui pour le détruire[83].

Habermas en vient à trouver que les systèmes modernes fonctionnent sans monde vécu, ou contre lui. Il reformule ainsi le principe marxiste d'aliénation[84]. Principe dont on aperçoit la portée dans la distinction qui est faite entre intégration du système et intégration sociale où l'on voit une société qui fonctionne indépendamment de ce que les acteurs devraient penser. L'idée n'est certes pas fausse que maintes actions sont coordonnées sans que la coordination soit le résultat des délibérations et des communications des agents. Ce qui laisse perplexe, c'est la façon d'aborder le phénomène. On ne voit pas pourquoi toute réalisation sociale devrait toujours avoir pour cause l'entente motivée des agents grâce auxquels elle a été possible. Mais on ne voit pas surtout en quoi la réflexion en extériorité a le droit de préjuger, même formellement, de ce qui devrait être conçu en intériorité, comment encore cette réflexion peut juger de la légitimité ou même de la nécessité des rapports entre les structures sociales et les consciences sociales. Toute disjonction entre le fonctionnement du système et le vécu, est *a priori* un mal, dans l'optique de Habermas. Mais ces disjonctions, il les situe sur le plan des principes, parce qu'il préjuge de ce qui doit être pensé, ou du mode de pensée qui devrait s'effectuer. Or, on ne voit pas pourquoi toute forme de la conscience devrait se situer sur le plan de la raison, même dans des sociétés post-traditionnelles, en quoi une disjonction ou une non-articulation entre des systèmes et des consciences est nécessairement préjudiciable aux consciences. Qu'il faille adopter une position morale, soit. Qu'il faille préjuger de tout ce qui devrait être, c'est autre chose. Et que cette position morale se veuille aussi bien sociologique que politique, cela devient dangereux. On ne peut pas tout à la fois et sur le même rapport chercher à expliquer comment une société fonctionne, définir ce que les acteurs sociaux devraient penser (ou comment ils devraient le faire) et critiquer cette société. Et la théorie habermassienne des communications laisse inexpliqués mille phénomènes de communications, mille rapports sociaux. Et il ne semble pas que sa formulation des questions soit celle qui permettra de trouver réponse aux interrogations que soulèvent et ces phénomènes et ces communications. Il semble, par ailleurs, malaisé de rendre une époque ou un régime responsable de la division ou de l'inégalité sociales dans toutes leurs manifestations, comme il apparaît contestable de supposer que l'universalisation de la raison s'avère la solution à tous les maux de l'humanité, comme si la raison ne pouvait engendrer elle aussi la division.

L'agir communicationnel se manifeste de façon beaucoup plus rationnelle que relationnelle, ce qui campe inexorablement l'action dans l'acteur, l'enfonce dans le sujet raisonnant, ce qui fait, finalement, que l'action a peine à se faire interaction — à moins qu'elle se donne dans la réflexion ou le vécu du sujet[85].

13. La psychologie sociale et l'économique

La psychologie sociale a croisé sur son chemin les relations sociales et a favorisé l'éclosion des sciences des communications; ce faisant, elle a été, en quelque sorte, supplantée par cette nouvelle discipline et par sa nouvelle problématique — en tout cas, elle a dû céder du territoire à ce nouveau conquérant. Le rapport entre la psychologie sociale et l'économique est tout autre.

En effet, l'économique est intrinsèquement une science des relations, que l'on songe à l'approche classique ou à l'analyse marxiste. Les notions d'échange, de distribution, par exemple, sont, dans chaque cas, intégrées aux corpus. Les structures qui sont construites établissent toujours des liaisons entre les éléments constitutifs. La théorie marxiste étudie beaucoup plus la logique de la lutte des classes que la psychologie des classes elles-mêmes. Au fondement même de l'économie classique, on retrouve la loi de l'offre et de la demande qui est, en tant que telle, un parti pris pour l'analyse des relations. Au coeur de la théorie marxiste, le problème de la plus-value a pour cause l'appropriation de la valeur travail par le capitaliste, c'est-à-dire l'injustice dans la répartition sociale des produits du travail social ou encore un échange inéquitable entre le travailleur et le propriétaire de moyens de production. C'est encore là une position théorique inscrite dans une perspective relationnelle.

Mais l'économique, tout au moins l'économie classique, ne s'est pas satisfaite de l'étude des rapports économiques. Elle ne s'est pas éloignée, un peu comme le font les sciences des communications aujourd'hui, de la problématique psychologique. Elle a plutôt cherché à fonder l'étude des relations économiques sur une psychologie sociale; elle a voulu justifier ses analyses par référence à une définition de la rationalité humaine qui lui était, en réalité, inutile. Elle est partie pour cela d'une théorie du besoin[86], théorie qui, souvent, a débouché sur une représentation de la nature humaine :

> *Pris dans leur ensemble les besoins économiques de l'homme sont insatiables. Cela tient surtout à ce que une fois satisfaits les besoins essentiels en aliments, vêtements et en logements (si cela était possible pour toute l'humanité), les besoins économiques additionnels deviennent autant des «désirs» que des besoins proprement dits*[87].

L'humain est l'être qui en veut toujours plus, qui, par nature, tente constamment d'améliorer son sort. L'histoire démontre même, pense couramment l'économiste, que «les désirs ou les besoins humains s'élargissent à mesure que les moyens d'y satisfaire apparaissent»[88]. Mais là n'est pas tout : la raison de l'acteur économique est telle qu'il cherche toujours à obtenir le maximum de satisfaction avec le minimum d'effort. Et Neil J. Smelser propose même de faire autre chose de cette rationalité qu'un simple postulat psychologique :

> *A final way of treating economic rationality is to consider it as an institutionalized value. Rationality now becomes something more than a psychological*

> *postulate; it may be a standard of behavior to which people conform or from which they deviate*[89].

L'humain est à ce point rationnel que la microéconomie, notamment l'étude de la consommation, peut devenir la science des choix. Rodrigue Tremblay: «Nous pouvons [...] établir une définition sommaire et provisoire de l'Économique: "C'est de faire le mieux avec ce que l'on a". L'Économique devient donc une *science des choix*»[90]. Mokhtar Amami : «La théorie du consommateur essaie de formaliser quelque chose d'aussi peu quantifiable que les préférences ou les goûts des individus»[91]. Les notions de besoin et de rationalité ont fait l'objet de maintes critiques. On a commencé par montrer notamment que les besoins étaient plus socio-historiques que naturels. Puis on a reconnu que les besoins dits fondamentaux étaient essentiellement articulés à un ordre symbolique :

> *Il est impossible d'isoler un stade abstrait, «naturel» de la pénurie et de déterminer dans l'absolu «ce qu'il faut aux gens pour vivre». Il peut plaire à quelqu'un de tout perdre au poker et de laisser sa famille crever de faim. On sait que ce sont les plus défavorisés qui gaspillent de la façon la plus irrationnelle. On sait que le jeu fleurit en fonction directe du sous-développement*[92].

On a trouvé enfin qu'il n'y avait pas de rationalité économique où le consommateur veut fatalement obtenir le maximum au coût minimum en choisissant en fonction de ce qu'il a :

> *la pompe catholique devient le fait des basses classes, tandis que, chez les protestants, le dénuement du temple fait la gloire de Dieu (et du même coup le signe distinctif*

> *de la classe). Les exemples sont innombrables de ce* paradoxe de la valeur *où le dénuement fait riche. On paie très cher pour ne rien manger. On manipule un vide subtil dans les intérieurs modernes. Se priver fait luxe : c'est toute la sophistique de la consommation, pour qui l'inscription en faux contre une valeur est encore une nuance hiérarchique dans l'inscription de cette valeur*[93].

Certains ont voulu ramener les exceptions à la raison économique à de simples manifestations inessentielles ou ont cherché à les retourner sur elles-mêmes, grâce à la notion de valeur, à des «désirs» personnels, la spécification de la valeur, ici, qu'elle soit culturelle ou personnelle, pouvant toujours rendre compte de toutes les particularités. En fait, c'est toute la logique de l'économie politique que ces contradictions forcent à remettre en cause. Les particularités sont moins des exceptions à la psychologie normative que des manifestations d'une autre problématique.

> *Le psychologisme chemine en général de conserve avec le culturalisme, autre version bénigne d'une sociologie sans vertige: les besoins sont fonction de l'histoire et de la culture respective de chaque société. C'est le combat de l'analyse libérale, elle ne saurait aller plus loin. Le postulat de l'homme doué de besoins et d'une inclination naturelle à les satisfaire n'est nullement remis en cause*[94].

On peut dire autrement que

> *En fait, le «minimum vital anthropologique» n'existe pas: dans toutes les sociétés, il est déterminé résiduelle-*

> *ment par l'urgence fondamentale d'un excédent : la part de Dieu, la part du sacrifice, la dépense somptuaire, le profit économique. C'est ce prélèvement de luxe qui détermine négativement le niveau de survie, et non l'inverse (fiction idéaliste)*[95].

Mais d'abord on peut constater que l'économique n'a pas besoin de psychologisme : «la science économique, qui pourrait fort bien se passer du concept de besoin dans ses calculs, puisqu'elle opère au niveau de la demande chiffrée, en a par contre impérieusement besoin comme support idéologique»[96]. En tant qu'elle se consacre aux effets de la loi de l'offre et de la demande ou de la lutte des classes, il lui est inutile, théoriquement, de postuler des états ou des dispositifs psychologiques ou biologiques qui précèdent cette relation. En tant que science de l'échange de biens et de services dans un ordre symbolique, l'économique peut se contenter d'étudier en eux-mêmes ces échanges.

> *La logique de l'échange est [...] primordiale. L'individu n'est en quelque sorte rien (...), et un certain langage (...) est là d'abord, une forme sociale au regard de laquelle il n'est pas d'individus, puisqu'elle est structure d'échange. Cette structure relève d'une logique de la différenciation sur deux plans simultanés :*
>
> *1) Elle différencie les termes humains de l'échange en partenaires, non individués, mais distincts, et liés par la règle de l'échange;*
> *2) Elle différencie le matériel d'échange en éléments distincts donc significatifs.*
>
> *Ceci est vrai de la communication de langage. Ce l'est aussi des biens et des produits*[97].

Même dans la théorie des jeux, laquelle ne transforme pas tout à fait l'approche traditionnelle, les économistes commencent à réaliser, eux aussi, que la raison économique est non seulement impropre à l'explication des phénomènes d'échange mais encore que l'échange économique lui-même est lié au fait de la communication entre les agents impliqués. Les agents communicants, même pour des raisons économiques, ne sont pas pure rationalité comptable; leur relation ne s'explique pas sans référence à toute une dimension sociologique, sans égard à l'interrelation elle-même.

> *[N]otions of fairness can play a significant role in determining the outcomes of negotiations. However, a concern for fairness does not preclude other factors, even greed, from affecting behavior. In their article, BSS pose the problem starkly as a contest between two extreme positions. People are thought either to be «fairmen» who divide everything equally, or «gamesmen» who behave selfishly and rationally like proper economic agents. I think it is safe to say that most people are not well described by either extreme view. Rather, most people prefer more money to less, like to be treated fairly, and like to treat others fairly*[98].

Ces résultats obligent, même à l'intérieur de la tradition économique, à reconsidérer le postulat d'un dispositif psychologique à l'origine des phénomènes d'échange.

Quoi qu'il en soit, prendre ce postulat pour point de départ de l'analyse des réalités économiques, c'est finalement avoir recours au sophisme de l'individualisme. Le psychologisme joue alors le même rôle en économique qu'en psychologie sociale. La société entière peut devenir un gigantesque individu.

En macroéconomie les abstractions les plus fortes consistent d'une part à traiter comme indistinctes les diverses parties d'un agrégat relatif à une catégorie particulière d'actif ou d'opération, d'autre part à considérer un groupe d'agents comme une entité unique et à employer éventuellement l'image qui consiste à traiter de cette entité comme si elle était douée directement d'un pouvoir de décision[99].

14. La psychologie sociale et l'ordre du relationnel

La psychologie est moins l'étude du relationnel que celle des causes et des effets de relations. Elle analyse moins les relations que les formations psychiques des agents impliqués dans des relations. Et cela est très bien. Et dans la mesure où la psychologie sociale est psychologie, ou dans le cas où le social est somme de formations, ce qu'il n'y a pas à rejeter absolument, c'est probablement elle qui est la mieux équipée pour en rendre compte.

Mais dans la mesure où le social est relationnel et où c'est cet aspect en tant que tel qui intéresse, la psychologie sociale, bien qu'elle ait contribué aussi bien à l'avènement des sciences des communications qu'à l'évolution de l'économique, est peu utile à la compréhension des rapports sociaux en tant que tels, si psycho-sociologiques soient-ils. Car dans l'étude des relations, c'est moins la dimension psychique des agents dans leur relation sociale qui importe que l'ordre symbolique inscrit dans la relation elle-même. L'étude des relations humaines doit être psycho-sociale. Mais cette psychosociologie ne peut en aucune façon précéder la relation. Elle ne peut que participer d'elle, lui être immanente. Et c'est cette immanence qui fait obstacle à la psychologie sociale. Il n'y a pas à retrouver dans les faits sociaux communicationnels ou économiques un fondement psycho-social. Il faut repérer dans les phénomènes d'échange l'ordre symbolique qui les sous-tend, en dehors même des agents impliqués, l'ordre par et dans lequel un social est possible. C'est dire que, dans la mesure où c'est le relationnel lui-même qui doit être analysé, le psychosocial ne peut être dégagé que de la relation. En ce sens, la psychologie sociale devient quasiment inessentielle, seconde par rapport au fait social. Car le fait social n'a plus de psychologie; il n'est plus déterminé par sa psychologie; il n'est plus dans un contexte psychologique : il n'a plus d'état, ni même d'histoire de son état. Le fait social ne peut plus être qu'un rapport social. Et un rapport social ne peut pas ne pas être effectué dans tous les facteurs de la complexité sociale, dans tout ce qui est immanent au social. Il n'a pas d'état. Il est perpétuellement relation, aussi bien dans la stagnation que dans le changement. Le psychique lui est propre en tant qu'il participe de la relation en dehors de laquelle il n'y a plus de social. Mais dans ces conditions, c'est moins la psychologie sociale qui caractérise le phénomène social que le phénomène social qui ne peut pas se donner sans la totalité de ce qui le constitue. La relation est point de départ et point d'arrivée. La relation primant, l'ordre psychique se donne dans la communication simplement. Il n'y a plus de psychologie sociale de la communication; il n'y a pas de communication qui ne soit pas sociale. Le relationnel devenant fondamental, le psychique et le social s'intégrant, le relationnel ne pouvant être que total, l'étude se déplace de la dimension psychosociologique de la relation vers l'intégration des formes de la relation. Puisque le social est échange de biens (et de services), d'idées et de personnes, c'est dans l'étude de cette triple relation qu'il pourra être dégagé dans sa spécificité.

On l'a vu, une psychosociologie trop imprégnée de psychologie n'est plus en mesure d'analyser les rapports sociaux. Une économique qui s'appuie sur un postulat psychologique ne parvient pas à se concentrer sur les phénomènes d'échange en eux-mêmes. En fait, la psychologie sociale nuit à l'étude des relations si l'explication du social doit partir de leur compréhension.

Une psychologie sociale a toujours sa place dans les sciences sociales. Elle a mille choses encore à explorer. Elle peut être de mille secours aux divers spécialistes des sciences sociales. Mais une réflexion qui veut par-dessus tout comprendre les relations sociales en elles-mêmes, qui s'intéresse aux échanges économiques, aux communications, qui croit que l'ordre symbolique est beaucoup plus immanent à la relation qu'aux agents, qui veut intégrer les échanges de biens (et de services), d'idées et de personnes, doit savoir la contourner. Et c'est probablement ce détour qui favorisera le mieux l'interdisciplinarité, car il aura accordé ou redonné aux différentes parties une autonomie relative; il aura favorisé une communion de disciplines et un envahissement de domaines.

Troisième partie

Échange et pouvoir

15. Introduction

La société est échange. Les rapports sociaux s'expliquent mieux si l'on construit leurs caractéristiques propres que si l'on recourt à la nature ou au psychisme des acteurs qui en sont les supports.

Mais qu'on s'intéresse aux formes de l'échange ou aux rapports sociaux, on ne peut que croiser des relations de pouvoir. Car rapport ou échange n'ont pas pour corollaire égalité. Et, d'ailleurs, traditionnellement, la recherche dans les sciences des communications, en économique ou en sociologie consiste largement en un examen des jeux, des relations ou des conflits de pouvoir, quand elle n'est pas une pure réflexion sur les significations, les causes, les effets ou les rôles du pouvoir.

La notion de pouvoir, telle qu'elle est traditionnellement véhiculée dans les écrits en sciences sociales, peut miner une théorie fondée sur l'échange. Car, dans la plupart de ces écrits, le pouvoir semble une réalité détenue. S'il en est ainsi, les relations entre les agents deviennent moins importantes pour comprendre les phénomènes sociaux que les pouvoirs eux-mêmes. Si tout le social ne constitue qu'un ensemble de pouvoirs imposants, auxquels on obéit, il n'y a pas d'échange. Or, cette notion s'avère discutable. Le pouvoir s'observe moins comme un objet dont peut s'emparer un agent que comme le fait même des relations sociales. C'est ce que démontre cette partie en critiquant la notion de pouvoir dans le domaine des communications et dans celui de l'économie, en ayant toujours souci de souligner, d'une part, l'importance d'une optique relationnelle et, d'autre part, les manifestations et les contraintes du mariage théorique de l'économique et des sciences des communications pour l'analyse du social.

16. Communication et influence

On trouve différents types de travaux dans le champ des communications : analyses de sens, analyses de contenu, analyses de la structure des médias, etc. Mais la problématique qui a animé le plus grand nombre de recherches est certainement celle de l'influence. L'ensemble des théories en communication, en effet, présente un grand nombre de possibilités d'interprétation des phénomènes d'influence. Selon diverses combinatoires, ces théories montrent comment réagit un individu, un collectif, une structure sociale, une opinion ou une culture sous l'effet d'une technique médiatique, d'un organe médiatique, d'un message, d'un collectif ou d'un individu. Certaines études se consacrent aux relations proprement humaines et ne prennent pas en considération les moyens de communication. Elles ont généralement quelque inspiration psychologique ou psychosociologique. D'autres études ont pour objet les moyens de communication ou, en tout cas, les relations humaines en tant que médiatisées. Elles s'intéressent, le plus souvent, aux moyens de communication de masse; leur émergence est d'ailleurs contemporaine de la «masse-médiatisation» de la société. Dans les deux cas, une multitude de critiques[1] l'ont dénoncé, une approche positiviste a été privilégiée. Mais cette dénonciation s'est normalement résumée à une reconnaissance du fait et de ses limites; au mieux, elle s'est soldée par un espoir de dépassement[2]. L'analyse positiviste des phénomènes d'influence dans les sciences des communications n'a pas été vaine. Mais elle a mérité qu'on la critique et qu'on cherche à s'en dégager. Son principal tort, pour des raisons aussi bien méthodologiques que philosophiques, est probablement d'avoir trop étroitement réduit la notion de pouvoir. Dans les travaux positivistes, le pouvoir se ramène à l'aptitude à faire agir conformément à une volonté externe. Méthodologiquement, le positiviste dans les sciences des communications recherche la cause d'un événement. Pour lui, «A» est cause de «B». Son instrument peut se raffiner : il multiplie alors les variables, recherche des variables intermédiaires, découvre des faits de variation bidirectionnelle. Mais le fondement méthodologique reste essentiellement le même : l'effet de «A» sur «B» demeure l'interrogation centrale et c'est grâce à cette interrogation qu'il recherche des variables contrôles ou qu'il étudie des processus de résistance. Philosophiquement, le positiviste retient qu'il y a des êtres qui, grâce à leurs qualités ou à leurs moyens, sont en mesure de commander à d'autres êtres qui, eux, ne commandent pas ou obéissent à cause de leurs qualités spécifiques. Il s'agit d'une représentation des plus classiques du pouvoir qui, depuis Aristote, en passant par les Machiavel, les Hobbes, les Weber, s'est répercutée jusqu'à nous.

16.1. Influence et réseau social

Katz et Lazarsfeld, après que maints travaux eurent mesuré les influences directes des médias de masse sur le public et manipulé quelques variables intermédiaires d'exposition et de prédisposition, ont recours à une nouvelle variable intermédiaire. Ils analysent le rôle des relations interpersonnelles[3]. Cette étude — l'une des plus importantes de l'histoire de la sociologie des communications — fait preuve de clairvoyance, par exemple quand elle montre que l'influence d'un message de masse sur l'individu dépend de la relation que cet individu entretient avec d'autres personnes[4]. Mais elle ne va guère plus loin. Malgré l'ajout de la variable dans l'ensemble des travaux, le cadre d'analyse demeure essentiellement le même. La fameuse hypothèse du *two step-flow of communication* ne permet pas de sortir de la notion d'influence. Les communications de masse restent comprises en termes de cause et d'effet. D'où, d'ailleurs, l'introduction de la notion de «leader d'opinion», puis de celle de «relais». Il n'y a communication de masse que dans la mesure où un message provient de l'extérieur de la masse. Théoriquement, il faut en appeler à une force externe : l'influence autre. Mais puisque tout est influence dans cette logique à sens unique, dans cet empirisme limité, il y a des «influenceurs» et des influencés. Le message ne provient jamais de la masse elle-même. Il tombe sur elle et ce sont les leaders d'opinion qui le font ou non passer dans les groupes où ils détiennent quelque autorité. La masse, par bonheur, n'apparaît plus comme un assemblage uniforme, victime inerte du pouvoir des médias et de ses utilisateurs. Mais elle est une simple multiplicité de petits groupes avec des leaders et des suiveurs. Les concepts de «leader d'opinion» et de «relais» découlent logiquement de la problématique. Elle-même, notamment, se contente de reprendre la psychologie sociale là où elle est le plus faible, c'est-à-dire quand elle cherche à comprendre les phénomènes sociaux en eux-mêmes. Certes, on apprend que les groupes dont fait partie un individu déterminent l'effet qu'aura sur lui un message de masse; mais cette situation elle-même reste inexpliquée.

16.2. Théorie des industries culturelles

Dans les théories dites critiques des industries culturelles, on trouve une certaine volonté de dépassement du positivisme. Cette bonne intention, toutefois, s'assimile souvent à un acte de foi marxiste. La position de Jean-Guy Lacroix[5] en est un témoignage.

À cause de ses propriétés intrinsèques, mais surtout à cause de sa force idéologique, le marxisme apparaît d'abord comme le milieu dans lequel peut se réaliser l'interdisciplinarité nécessaire à l'analyse des communications. Tout se passe comme si la seule invocation des catégories marxistes suffisait à entourer les questions communicationnelles de toutes les attentions utiles à leur complète intelligibilité; tout se passe comme si le marxisme ne faisait pas reposer essentiellement ce qui appartient à la société sur l'économie et donc ne privilégiait pas une approche économiciste[6].

Le marxisme apparaît encore comme la théorie susceptible de rendre compte précisément du rôle de l'industrie culturelle. Et ce rôle est *a priori* compris : la culture reproduit; l'industrie culturelle sert à reproduire l'ordre social[7], à permettre à l'ordre capitaliste de sortir de sa crise structurelle. Ce faisant, elle en profite pour entretenir le système de sa propre reproduction.

L'être n'est plus seul à déterminer les consciences. Les consciences se déterminent elles-mêmes. Le mode de production n'est plus cause de la culture, le produit culturel industrialisé agit sur la culture grâce à laquelle le mode de production capitaliste perdurera, même s'il connaît une crise structurelle. Évidemment, une telle perspective a le bonheur de déborder le cadre étroit de la vision marxiste orthodoxe du rapport entre l'être et le connaître, entre l'infrastructure et la superstructure. Elle se fait presque dialectique réelle de l'être et du connaître. Elle n'y parvient pas parce qu'elle soumet principiellement l'ordre culturel à l'ordre économique et, donc, élimine la possibilité de la dialectique de leurs rapports. Les éléments sont interdépendants mais l'un d'eux, au fond, est indépendant. L'ordre culturel n'influe sur l'ordre économique qu'en le reproduisant. Tout cela est tracé. L'industrie de la culture n'a pas d'autonomie, même relative; elle est condamnée, aliénée à un ordre capitaliste, qui, lui, est en crise. L'idée de reproduction est réduite à ce qu'elle a de plus banal en même temps que de plus général. Reproduire, c'est reproduire le mode de production, l'ordre social grâce auquel le capitalisme fonctionne. La reproduction n'est pas multiforme, n'est pas conflictuelle. L'industrie de la culture ne reproduit pas mille idées, mille groupes aux intérêts multiples parfois concordants, parfois divergents; elle reproduit l'aliénation et sert l'intérêt capitaliste, le pouvoir capitaliste[8].

Dans l'optique des Lacroix, l'industrialisation de la culture renvoie à la notion de séparation entre producteur et produit[9], comme dans l'économie marxiste. Or, il est vrai, le produit culturel industrialisé n'appartient pas toujours à son auteur, à son producteur — au sens neutre. Mais la séparation n'est pas aussi nette que dans la production ouvrière et cela de plusieurs façons. Dans l'industrie culturelle, il y a souvent des droits d'auteur, les producteurs peuvent être rémunérés selon les ventes, les auteurs mettent en cause une personnalité dont les bénéfices de la réputation, même s'ils sont infimes, peuvent surpasser ceux de la rémunération... On ne voit pas, par ailleurs, comment le seul fait pour le producteur de s'approprier le produit culturel pourrait éliminer toutes les difficultés socio-politiques qui en résultent. Le produit culturel ne peut se poser ailleurs que dans la culture. En ce sens, il n'est jamais réductible à son producteur, qu'il dépasse toujours. Le produit culturel ne se donne jamais en dehors de quelque dialectique entre son destinataire et son producteur, quand cette dialectique ne serait que le résultat de l'intériorisation par l'auteur de la culture à laquelle il appartient ou du public qu'éventuellement il rejoindra. On ne s'approprierait pas un message culturel comme on s'approprierait un bien manufacturé. Et, d'ailleurs, l'appropriation des produits culturels par leurs auteurs, fût-elle objectivement possible, ne serait pas plus salvatrice que le serait, aux yeux de l'économiste libéral, l'application parfaite de la loi de l'offre et de la demande. Ici, le monde sera toujours plus grand que la théorie. Lacroix a raison de rappeler qu'il ne suffit pas de parler de grande production pour parler d'industrialisation; mais il oublie que ce n'est pas parce qu'on retient l'idée de capitalisme qu'on épuise celle d'industrialisation. Et, d'une certaine manière, l'idée d'industrialisation peut même nuire à une sociologie de la culture si cette discipline se fixe pour objectif de comprendre les nombreuses manifestations de la production et de l'intériorisation de la culture selon que la société s'avère ou non industrialisée. En tout cas, cette sociologie ne sera pas contrainte de repérer une «consommation» de masse de la culture alors que maints producteurs culturels ont peine à survivre, que maintes cultures ont peine à se reproduire précisément parce que la culture n'est pas suffisamment «consommée». L'idée même de «consommation» du produit culturel, fût-il industrialisé, pose problème. Car on se demande en quoi l'exposition se ramène à un simple usage, en quoi le destinataire n'est pas en même temps, d'une façon ou d'une autre, quand ce ne serait que symboliquement, acteur.

Et puis c'est aller un peu vite que d'avancer que les biens de l'industrie culturelle n'ont pour seule fin que de reproduire l'ordre capitaliste et ses besoins de profit. L'industrialisation de la culture, ce n'est pas qu'une manière de produire les biens culturels; ce sont aussi des contenus, des talents. Les motifs et les fins de leur diffusion ne peuvent être qu'innombrables. Et on ne peut ramener toute cette multiplicité à une fin systémique que par une abstraction si grande qu'elle écrase la multitude des objets dont elle ne peut pas parler. On oublie, par exemple, que les concepteurs ne sont pas les seuls à décider des produits culturels, que les destinataires agissent sur les produits qui leur sont soumis; on oublie que les causes des réalisations des concepteurs peuvent, quand ce ne serait que partiellement, se trouver dans leur art même, dans les polémiques artistiques, dans la synthèse en tant que telle des intervenants, dans les sujets qui sont traités. On oublie encore que les produits culturels peuvent aller à l'encontre de l'intérêt capitaliste, que le pouvoir culturel n'est pas forcément de connivence avec le pouvoir économique, que l'intérêt économique de l'industrie culturelle peut s'opposer à celui de l'ordre économique quand, par exemple, une dénonciation du système capitaliste suscite l'intérêt d'un vaste public[10]...

C'est à nouveau pécher par excès de vitesse que de décréter que la machinisation de la culture ne vise qu'à augmenter la production culturelle pour la reproduction de la force de travail. Fuyante, l'analyse ne fait pas le détail. L'explication renvoie finalement à la notion d'aliénation où il est à peu près sûr que n'est pas aliénation que ce qui apparaît louable au regard du définisseur. On s'étonne que Lacroix, le perspicace critique de l'école de Francfort, n'ait pas évité d'encourir ce reproche.

Lacroix soutient ailleurs, dans le texte, témoignant d'une certaine cohérence, que la privatisation de l'industrie culturelle conduit à la reproduction de l'ordre capitaliste, au sein duquel «l'industrie culturelle jouera un rôle de plus en plus central dans la mise en place d'un nouveau mode de régulation sociale». Malgré ses réserves à son endroit, il aboutit ici encore à l'école de Francfort, précisément par une voie qu'il aurait voulu éviter, en se fixant un idéal de connaissance, de diffusable, et en supposant que les médias, en régime capitaliste, sont condamnés à transmettre de l'aliénant et donc que le public ne peut se doter que de l'aliénant. Lacroix estime d'ailleurs que la dialectique des besoins des consommateurs et des profits ne peut être que préjudiciable à la libération des nations. C'est qu'il réduit les destinataires de messages culturels à de simples consommateurs, ce qui lui est d'autant plus aisé que la théorie de l'industrie culturelle rapporte tout le système à une essence économique. Tout rapport entre destinataire et producteur ne peut s'inscrire que dans une logique économique dirigée vers l'intérêt des propriétaires de moyens de production. Le destinataire, puisqu'il n'a pas d'autonomie, puisque ses besoins sont condamnés, sinon condamnables, ne peut rien réclamer, ne peut rien obtenir qui ne soit nationalement, politiquement louable. Et cela lui est d'autant moins possible que l'industrie culturelle est privatisée. Lacroix diminue le destinataire des messages culturels comme il réduit l'industrie culturelle. Certes, la privatisation comporte des risques. On sait très bien, par exemple, que le profit auquel aspirent les corporations privées assujettit souvent les valeurs politiques ou artistiques aux impératifs financiers, poussant à minimiser les coûts de production et à maximiser les revenus — par la diffusion ou la vente de temps ou d'espace publicitaires. On sait aussi très bien que la télévision privée a beaucoup plus tendance à acheter des émissions déjà produites — souvent à l'étranger — qu'à réaliser les siennes propres, étant donné le coût élevé de la plupart des productions télévisuelles, et que, très souvent, elle ne se fait auteur de ses émissions que parce que des lois l'y contraignent. Mais il ne faut pas négliger que les impératifs financiers ne sont pas le lot exclusif des productions privées et que tous les impératifs ne sont pas financiers. La production étatique comporte elle aussi ses risques, peut, elle aussi, se présenter comme source d'aliénation ainsi que la conçoit Lacroix. La liberté de production, dans ce qu'elle a de moins vil, n'est assurée ni par son caractère privé ni par son statut étatique; les bienfaits ou les méfaits de la communication ne sont pas inhérents à un type économique de production[11].

16.3. La commandite des contenus

On sait depuis longtemps que, dans la communication de masse, les exigences économiques coïncident fréquemment avec les intérêts des commanditaires. Une thèse célèbre va jusqu'à affirmer que les commanditaires constituent des consommateurs d'auditoires[12]. Mais les intérêts des commanditaires ne se manifestent pas comme strictement incompatibles ni avec les intérêts des auditoires ni avec la qualité des produits. Les médias recherchent des profits. Ces profits viennent, dans la plupart des cas, davantage des commanditaires que des publics. De façon caricaturale, on peut dire que les médias marchandent les auditoires. Et sous un angle étroitement économique, les auditoires sont effectivement vendus à tant par mille aux commanditaires. Mais l'auditoire n'est pas sans agir sur le média. Et son action n'apparaît accessoire que si l'on désocialise tout le phénomène, que si on l'observe du seul point de vue économique. Cette action semble alors ne prendre force que si les impératifs publicitaires sont satisfaits. Or, si le commanditaire a un pouvoir sur les médias, les médias ne peuvent pas diffuser des contenus de n'importe quels intérêt ou qualité, parce que les auditoires vont les fuir. Certes, on peut discuter de la qualité de ce que certains médias diffusent. Certes, diront certains, les médias diffusent des informations — au sens neutre — faciles dans le but de se pourvoir de grands auditoires qui leur garantiront des commanditaires plus généreux. Mais la qualité de ce qui est diffusé n'est pas pour autant mauvaise. Qu'une émission soit facile d'accès n'a pas pour implication qu'elle soit de mauvaise qualité. Le commanditaire, économiquement, recherche davantage un produit destiné à ses consommateurs que la qualité de ce produit; ses intentions ne sont culturelles ou éducatives qu'exceptionnellement ou aléatoirement; mais, d'un point de vue global, il ne peut pas ne pas participer de la société dans laquelle il intervient; le produit qu'il finance ne peut pas ne pas être une création socio-historique, ne peut pas échapper à la dialectique de ses producteurs ou productrices et de ses destinataires.

Les commanditaires influencent les comportements des médias. Mais ils les influencent parce qu'ils sont eux-mêmes influençables. L'attitude des médias n'est pas influençable en tant qu'elle ne serait rien avant les commanditaires ou en leur absence. Les commanditaires sont eux-mêmes influencés par les publics qu'ils choisissent à travers le média ou même l'émission dont ils se saisissent. Encore ici, on sent bien les limites de la problématique de l'influence pour étudier une question aussi complexe.

16.4. La technologie comme détermination et l'assimilation du message et du média

Dans cette logique, notamment, on néglige de prendre en considération que le média façonne le message. McLuhan s'est rendu un peu trop loin dans cette direction[13] en absorbant le message dans le média, entraîné en cela par sa philosophie quelque peu aérienne[14]. Il n'empêche que cette philosophie a pu observer des vérités qu'on a généralement trop vite fait d'abandonner. Les médias déterminent les messages, les sociétés[15]. Pour cette raison, même si cette vérité n'était que partielle[16], les communications ne sauraient être traitées comme entièrement tributaires des forces économiques. Les médias sont un «prolongement de l'homme»[17]. Ils sont donc de toute humanité, de l'humanité dans sa complexité. Son analyse de la presse, malgré ses lacunes empiriques, illustre bien cette complexité du média, l'impossibilité dans laquelle on est de cloîtrer le moyen de communication de masse dans une forteresse économicisante.

La presse, nous dit McLuhan, permet une participation communautaire. Il voit très bien, contrairement à ce qui est couramment perçu, qu'elle ne saurait passer pour la seule réalisation du producteur des messages. Elle n'agit pas unilatéralement[18]. Elle est plutôt le *moyen* d'établir à grande échelle la dialectique du destinataire et du persuadeur, par exemple quand le décideur divulgue une pseudo-décision afin d'en mesurer l'effet sur la population et de procéder par la suite aux ajustements requis[19]. Il y a, ici, interaction même au niveau des communications de masse. Il faut souligner, toutefois, que cette position est surprenante chez McLuhan quand on se remet en tête son inclination à mésestimer les contenus des communications, c'est-à-dire l'en-deçà du média, et qu'on réalise qu'ici il réfléchit précisément au niveau des contenus. Il constate donc un fait réel, celui de l'interaction de l'émetteur et du destinataire, mais sans l'observer dans sa réalité fonctionnelle, c'est-à-dire qu'il le voit malgré lui, sans en tenir compte dans le développement de sa théorie.

Quoi qu'il en soit, la presse, ajoute-t-il, est une mosaïque. Elle s'oppose au livre en ce qu'elle n'est pas une thèse, en ce que ce qu'elle dit n'est pas filtré, encadré par une idée. Ce qu'elle présente est pêle-mêle. Son lecteur se livre à elle dans la quasi immédiateté en tant que le journal est déjà social et que cette société est seule productrice de significations. «Le lecteur d'un magazine d'information participe intensément à la formation de significations de l'image collective»[20]. Le caractère non thétique de la presse a pour raison la société elle-même. Sa mosaïque «étal[e] la discontinuité, la variété et l'inconséquence de la vie de tous les jours»[21]. Bien entendu, le modèle de presse auquel se réfère McLuhan est trop anglo-américain[22]. Bien entendu, McLuhan ne relève pas la thèse que cache la discontinuité du journal auquel il fait référence. Cependant, il n'a pas tort de mettre en lumière la dimension éminemment sociale et dialectique de la communication de masse. Il est dommage qu'il ait associé cette dimension à sa seule vision de la presse américaine. Car le journal thétique ne peut pas, lui non plus, ne pas réfléchir, d'une façon ou d'une autre, le monde auquel il se destine. Sa vision idéaliste américaine l'a d'ailleurs contraint à porter des jugements de valeur suspects, assortis de contradictions flagrantes. Il en vient à devoir déplorer qu'on trouve des thèses ou une philosophie dans la presse. Car il s'imagine avoir découvert la nature de la presse, et donc le critère de ce qu'elle devrait être. Or qu'elle soit continue ou discontinue, la presse ne peut pas ne pas véhiculer de vision du monde, de philosophie, si peu articulée soit-elle, si médiate paraisse-t-elle. La presse a comme une vocation inhérente à la mosaïque, au sensationnel, à la frivolité[23]; elle encourage le voyeurisme collectif[24]. C'est là sa nature de média. Or, cette presse est essentiellement anglo-américaine, affirme-t-il. La presse naturelle serait donc anglo-américaine. Les autres presses, celle de l'«Europe occidentale» et celle surtout de «la Russie et de l'Europe centrale», ne sont pas cette presse, principalement parce que «[l]e livre est apparu en Europe occidentale longtemps avant le journal» et qu'en Russie et en Europe centrale on a «découvert le livre et le journal presque en même temps...» Autrement dit, des raisons historiques expliquent que la presse ne soit pas partout la même, mais McLuhan persiste à se représenter un idéal et déclare que la presse non anglo-américaine «révèle une incompréhension totale de ce qu'est la presse». Bref, la presse a une vocation innée qu'elle n'arrive pas à accomplir partout. Et si elle n'arrive pas à l'accomplir, c'est en tant que les *messages*, les *contenus* ne sont pas partout les mêmes, en tant, donc, dans ce dernier cas, que les médias ne sont pas que médias, que le message des médias peut aussi être un message, que le message n'est pas que le média.

16.5. La concentration de la presse et le pouvoir

En adoptant une approche positiviste, en négligeant les contenus, en insistant sur les variables économiques, en omettant de dialectiser les phénomènes, plusieurs recherches en viennent parfois à détecter des tendances réelles sans pour autant en mesurer les réelles implications ni en apercevoir la complexité. Il en va ainsi, par exemple, de la populaire thèse selon laquelle la concentration de la presse a pour implication «la négation du pluralisme de la pensée» ou le «totalitarisme de l'information»[25]. Or, la multiplicité des journaux n'est pas la garantie de la pluralité des points de vue, bien qu'elle soit une condition favorable. Les messages peuvent être idéologiquement les mêmes dans la multitude des messages. Les informations peuvent carrément se répéter. La multiplicité des journaux n'assure pas non plus de la complétude de l'information du lecteur; ce n'est pas parce que les nouvelles proviennent de plusieurs sources que le lecteur s'expose à plus d'une. L'unicité d'un journal, par ailleurs, ne condamne pas au développement d'un seul point de vue. Un journal peut être polémique. L'opinion du propriétaire d'un journal compte souvent peu dans le message, car il est propriétaire beaucoup plus en tant qu'actionnaire qu'en tant qu'acteur, idéologue ou auteur. À ce titre, les règles auxquelles il doit se soumettre sont beaucoup plus celles du marché que celles de son idéologie[26]. Ses contraintes économiques, et davantage si les propriétaires sont nombreux, ce qui est très souvent le cas, l'obligent à veiller à ce que divers points de vue soient exprimés — à moins qu'il soit postulé que tous les actionnaires sont essentiellement unanimes —, en tout cas, elles le contraignent à produire un contenu susceptible de satisfaire un acheteur, c'est-à-dire qu'elles le contraignent à ne pas s'imposer arbitrairement au lecteur, à l'acheteur. Et les propriétaires fussent-ils de connivence, s'entendissent-ils tous, il n'est pas dit que les journalistes n'en seraient que l'écho. Il n'y a pas à nier, bien entendu, que les propriétaires puissent déterminer le contenu de leur média, en s'exprimant eux-mêmes, en forçant leurs employés à exprimer leurs opinions, en embauchant telle personne dont on connaît les idées, etc. Mais cette reconnaissance n'oblige pas à éliminer l'influence du journal comme média sur lui-même, celle des journalistes sur le propriétaire et sur le contenu, celle du lecteur sur le journaliste et les propriétaires, celle de l'information sur tout le monde, celle du milieu politique sur le média et du média sur le milieu politique... Et la presse procède de toutes ces relations.

16.6. Synthèses des théories de l'influence dans les sciences des communications

16.6.1. Synthèse synchronique

Denis McQuail, s'inspirant d'un schéma de Rosengren[27], a ramené à quatre tendances l'histoire des positions qui ont été prises sur le lien entre les moyens de communication et leurs messages, d'une part, et les structures sociales, d'autre part: une première parle d'interdépendance, une seconde souligne la puissance des messages ou des moyens de communication, une troisième met plutôt l'accent sur le cadre déterminant des conditions socio-économiques, une quatrième, enfin, relève des phénomènes où les développements communicationnels ou sociaux s'effectuent de façon autonome[28].

Se classent dans la catégorie interdépendance, la première,

> *the numerous accounts of the media which portray them as interactive with changes in society but do not single out one dominant direction and entertainment to which media respond, the resources of money and time needed for the growth of media industries, the inventions on which they are based, the social-cultural climate in which they are free to operate.*

Dans ces travaux,

> *Mass communication in turn, and coterminously, stimulates change, accelerates the demands for its own services, contributes to the climate of cultural and political freedom in which media can themselves better operate, diffuses new ideas and innovations*[29].

Médias ou culture agissent sur la structure sociale, sur les comportements sociaux et réciproquement. Une société dans laquelle les moyens de communication de masse ont un volume important est différente d'une autre où la conjoncture communicationnelle s'avère plus traditionnelle. Cette différence s'explique par le type de présence des moyens de communication; mais une société est aussi toujours spécifique en ce que sa réalité résulte, entre autres, de l'interrelation même entre les moyens de communication et sa constitution. Puisque médias ou culture et structure sociale sont toujours en interaction, c'est dans cette mutuelle dépendance que peut être compris l'être global d'une société, c'est-à-dire ici la structure sociale de même que les médias et la culture qui la caractérisent. Une société est ce qu'elle est selon que les médias et la culture y sont de tel ou tel type, y jouent tel ou tel rôle. Mais ces médias ou cette culture sont ce qu'ils sont parce qu'ils procèdent de telle ou telle société.

Avec certaines réserves, McQuail appelle idéaliste la seconde tendance. Elle est idéaliste en ce qu'elle met l'accent sur la détermination des sociétés par les médias et les cultures. Cette tendance comprend elle-même quatre versions. Dans la première subdivision, «The basic view is that media encourage and help to diffuse a personal value system which is favourable to innovation, mobility, achievement and consumption»[30]. Dans la deuxième, d'une inspiration tout à fait apparentée à celle de la précédente, «we have the straightforward alternative view that media can best be used in planned way to bring about change by applying them in large scale programmes of development»[31]. Le fait que les moyens de communication influent sur les sociétés représente, dans ces deux premiers cas, un postulat. C'est précisément pour cette raison qu'on recourt à eux, quand, dans une société, des groupes ont intérêt à ce que des individus ou des groupes modifient leurs comportements. La troisième subdivision renvoie à la fameuse thèse selon laquelle les changements historiques ont eu pour cause les innovations technologiques en communication. Cette thèse se fonde sur deux principes.

> *Firstly, as in the economic sphere, communication leads over time to monopolization by a group or class of the means of communication and knowledge. In turn this produces a desequilibrium which either impedes change and expansion or leads to competitive emergence of other forms of communication which tend to correct the desequilibrium. Secondly, the most important dimensions of empire are space and time and some means of communication are more suitable to one than the other. Thus empires can persist for long in time or extensively in space, depending on the available form of communication*[32].

Les moyens de communication participent si étroitement de la réalité socio-politique qu'ils en sont le fondement. Une organisation sociale est inconcevable en dehors des moyens de communication qui en sont l'essence. Dans la dernière subdivision, la théorie affirme que

> *the major historical significance of the rise of mass media [...] comes not from the information of the mass but from the creation of shared ways of selecting and viewing events, by delivering to them technologically produced and mediated message systems, thus common ways of seeing and understanding the world. [...] [T]he media tend to offer uniform and relatively consensual versions of social reality and their audiences are acculturated accordingly*[33].

Les moyens de communication définissent les sociétés, non pas simplement parce que leur technologie contribue à structurer les ensembles sociaux mais aussi parce que cette technologie, notamment celle des médias de masse, façonne l'information et que, partant, les rapports à l'information tendent à s'uniformiser.

La troisième tendance présente un point de vue matérialiste. L'ordre culturel et les moyens de communication de masse sont là déterminés par les structures sociales.

> *Since change emerges from the dynamics of struggle between dominant and subordinate classes, the media as a form of property must be an instrument of the dominant, capitalist class of the modern period in Europe. The work of media belongs essentially to the sphere of superstructure (ideas, ideology, consciousness) and is determined essentially by economic forces. Media do play a part in change, having assisted in the gaining and consolidation of bourgeois power*[34].

La populaire thèse de l'impérialisme culturel — selon laquelle les moyens de communication, à la solde du capitalisme, servent à étendre les valeurs occidentales — se situerait, selon McQuail, quelque part entre le matérialisme et l'idéalisme,

> *since it points both to technological and economic dependence on the capitalist world and to cultural penetration by the values favourable to capitalism. The media thus act to hold back change, except within the framework of capitalist growth (seen as ultimately regressive)*[35].

La quatrième et dernière tendance fait état des cas où il ne semble pas y avoir eu de relation entre les événements sociaux et les contextes culturels ou médiatiques. Et McQuail écrit :

> *It is always possible to find historical cases of disjunction between sudden or rapid social or political change and what the media are doing and it is also possible to point to wide variations in cultural (even mass mediated) forms in societies with much the same economic and political base*[36].

Cette dernière position souligne bien que la relation entre les moyens de communication et les structures sociales n'en est pas une de cause à effet simple. L'histoire peut enregistrer des changements sans qu'on en trouve la cause immédiate dans les moyens de communication. Mais cette latitude par rapport aux médias ne signifie pas une indépendance absolue. Ce n'est pas parce qu'on ne trouve pas dans les médias l'annonce précise de ce qui survient sur le plan social que social et médiatique sont totalement désarticulés. Le lien entre les structures sociales et les médias peut être diffus. Une réalisation sociale peut n'avoir avec les médias qu'un vague rapport. Et s'il y a totale disjonction entre l'univers médiatique et les changements sociaux, cela, McQuail le souligne bien, peut être attribuable au caractère soudain de l'événement. Car dès que cet événement inattendu a lieu et qu'il produit quelque répercussion, dans la mesure où il est perceptible, les médias ne peuvent que le réfléchir. Cet événement aura souvent pour déclencheur des forces extérieures à la société. Mais il pourra aussi émerger de la dynamique même de la société quand cette dynamique, par exemple, provoquera de nouveaux rapports, ou quand les acteurs sociaux posséderont tout à coup de nouvelles informations. Les disjonctions peuvent aussi avoir pour cause la censure. Des autorités veillent à ce que ne soit pas annoncé l'événement inéluctable ou soit tu le fait accompli. Mais rares sont les autorités politiques qui parviennent à contrôler tout ce qui est socialement médiatisé. De sorte que la coupure entre société et médias ne peut être qu'exceptionnelle, provisoire; en outre, elle n'infirme pas la thèse de leur dialectique. Soutenir l'idée de dialectique, ce n'est pas avancer que les médias déclenchent tout événement. C'est précisément reconnaître l'interrelation entre deux réalités, dont chacune possède une relative autonomie, sans laquelle, d'ailleurs, il ne saurait y avoir de dialectique. Des changements sociaux peuvent tout à fait précéder des phénomènes médiatiques. Et inversement. La prise en considération de ces cas oblige à rejeter une position qui soutiendrait que les liens entre les moyens de communication de masse relèvent d'une logique positiviste. Mais elle fournit des arguments à la thèse de leur dialectique. Que la culture, maintenant, puisse évoluer alors que les structures socio-économiques restent stables, cela rappelle que les schèmes culturels possèdent une autonomie, que ce n'est pas parce qu'on tient l'explication des rapports économiques qu'on détient celle des formations culturelles. Il n'y a pas de rapports économiques sans formations culturelles, parce qu'une société est nécessairement un composé d'économie et de culture, deux secteurs entre lesquels il ne peut pas ne pas y avoir de rapports, si ténus soient-ils. Mais ce composé est toujours à analyser dans sa spécificité. On ne le comprend pas en plaquant des modèles théoriques explicatifs d'un de ses aspects sur cet aspect et en en déduisant l'autre. C'est leur dialectique qui est à analyser. Au mieux, une théorie générale ne pourrait se terminer que sur un ensemble de probabilités de liens. Des structures économiques objectives peuvent s'ouvrir sur des formations culturelles nombreuses et même variables. Des formations culturelles peuvent s'intégrer à différentes structures économiques. Mais on ne trouve pas de structure économique dans laquelle, concrètement, sont absentes les formations culturelles, et donc de société dans laquelle il n'y a pas, d'une façon ou d'une autre, de lien entre culture et économie.

Mis à part le cas inhabituel et nécessairement transitoire de la disjonction entre médias et société, logiquement, toutes les tendances reconnaissent, au fond, le fait de l'interdépendance. Pour la première tendance, cela va sans dire. L'idéalisme est un peu plus subtil. Si l'on peut utiliser des médias afin de modifier des habitudes individuelles ou collectives, ce ne peut être qu'à dessein de servir des causes ou de suivre des orientations qui sont déjà apparentes. L'usage qu'on fait des médias est alors déterminé par le devenir social tel qu'il se présente aux acteurs sociaux qui ont recours à eux; la société est à son tour déterminée par les informations que les médias font circuler en elle, que cette détermination se manifeste en l'instauration d'un système de résistance, la précipitation de réalisations prévisibles ou le développement de comportements inattendus. Quand l'idéalisme se présente sous la forme d'un déterminisme technologique, on voit très bien l'ordre social se façonner selon les dispositions médiatiques. Il faut cependant rappeler que ces modelages ne se font pas dans l'abstrait, qu'ils ne s'effectuent qu'en des moments sociaux historiques et grâce à des *praxis* spécifiques. Il ne peut y avoir de monopolisation que s'il y a une lutte, dans la société, qui réalise cette fin; et les caractéristiques de cette monopolisation seront tout à fait dépendantes des luttes sociales. Les moyens de communication ne peuvent contribuer à l'expansion et à la persistance des empires que si est donnée une telle réalité socio-politique qui, à son tour, agit sur les moyens de communication, par exemple, en leur allouant une substance ou en provoquant des développements spécifiques[37]. La thèse idéaliste de l'uniformisation de la culture fait bien valoir, elle aussi, la force de détermination des médias. Il faut cependant comprendre que si les moyens de communication de masse ont pour effet d'acculturer les populations, c'est que leurs messages se simplifient constamment. Or, cette inclination ne peut être entretenue que par un public dont les attentes ont le même penchant réducteur, par un public, donc, qui devient lui-même facteur de la propension médiatique. Le matérialisme, lui, insiste sur la dimension socio-économique des développements médiatiques. Mais chez lui la dialectique est bien visible. En effet, il montre que si les moyens de communication servent des intérêts économiques, et donc sont déterminés par eux, c'est en agissant sur les consciences afin que ne soient pas menacés ces intérêts, de sorte qu'ils déterminent en retour la structure économique. McQuail, on l'a vu, a lui-même indiqué que la thèse de l'impérialisme culturel, qui est le pendant de la théorie matérialiste, est tout à la fois idéaliste et matérialiste.

En principe, toute conclusion générale sur la relation entre les moyens de communication (ou les cultures) et les structures sociales ne peut que soutenir l'idée d'interdépendance. Concrètement, toutefois, la plupart des positions insistent sur un facteur de détermination et l'analyse tend à présenter une influence unidirectionnelle dont le cadre d'analyse est essentiellement positiviste. L'approche autonomiste est, elle aussi, positiviste. Elle affirme qu'il y a des phénomènes sociaux qui ne sont pas articulés à des manifestations médiatiques parce qu'elle veut montrer qu'il n'y a pas d'influence ou parce qu'elle ne découvre pas cette influence. Elle accumule les cas où il n'y a pas de corrélation. L'analyse positiviste tend même à encadrer les travaux où une certaine interdépendance est mise en lumière. Dans ces travaux, en effet, on découvre moins des rapports dialectiques, où s'interpénètrent le social et le médiatique, qu'une influence alternante, rarement réciproque ou systémique, où les deux variables sont, chacune à leur tour, traitées tantôt comme cause, tantôt comme effet.

16.6.2. Synthèse diachronique

Si McQuail propose une éclairante répartition synchronique de la problématique de l'influence dans les sciences des communications, Breton et Proulx en suggèrent une distribution non moins instructive mais, cette fois, dans une perspective plutôt historique[38].

Ils commencent par signaler qu'au point de départ les questions se posent dans deux camps séparés : l'un, critique, d'inspiration marxiste, l'autre, empirique, d'allégeance fonctionnaliste. Dans le premier, est présentée une vision alarmante de l'influence des médias. Les moyens de communication apparaissent comme les causes d'une massification dénaturante de la culture, processus dont la seule fin est de perpétuer le mode de production capitaliste. Dans le second camp, des analyses moins vertigineuses arrivent à des conclusions opposées qui discréditent les résultats de l'approche critique. Les moyens de communication de masse, observe-t-on, n'ont pas un impact aussi important que l'approche critique le prétend; ils ont surtout tendance à renforcer «des attitudes et opinions déjà existantes»[39]; en outre, «le réseau de relations interpersonnelles du récepteur influence l'efficacité de la communication [médiatique]»[40]. Leur efficacité, toutefois, est plus nette quand l'émetteur bénéficie de quelque prestige aux yeux du récepteur ou quand le public n'est pas familiarisé avec le contenu diffusé[41].

L'antagonisme entre les deux camps s'estompe quand les limites de l'approche empiriste viennent à poindre. Des esprits perspicaces relèvent d'abord que les contraintes de l'analyse expérimentale n'autorisent à tirer que des conclusions à court terme, de sorte que l'influence des médias sur les comportements des individus ne se manifeste pas sur une longue période. Ces esprits notent également que l'empirisme est contraint de «faire fi de la référence fondamentale à la totalité socio-culturelle»[42]. Si empiristes qu'ils soient, les résultats apparaissent finalement comme déconnectés de la réalité globale. Cette dénonciation obligeait, tout en ne perdant pas de vue les acquis de l'empirisme, à redonner crédit aux hypothèses de l'approche critique.

Ce débat aura servi à divulguer quelques facteurs qui font réaliser à quel point la problématique de la communication sociale est complexe. Breton et Proulx écrivent :

> *L'action sociale des messages ne peut donc se laisser réduire ni à un mécanisme de manipulation pure de l'opinion publique, ni à un effet à court terme sur le changement des opinions et attitudes individuelles. L'influence des médias est subtile et peut s'exercer de plusieurs manières, directes et indirectes, en offrant et valorisant certains modèles ou rôles sociaux, en insistant sur certains stéréotypes, en suggérant les comportements socialement approuvés, etc. Une problématique de la diffusion ne peut se réduire à la communication intentionnelle : tout ce qui est diffusé n'est pas communiqué; tout ce que l'on a l'intention de communiquer n'est pas nécessairement diffusé*[43].

Les spécialistes des communications, selon les deux auteurs, réalisent parfaitement que les phénomènes d'influence ne peuvent se concevoir dans le cadre limité d'une logique unidirectionnelle où, de surcroît, les faits sont extraits de leur environnement socio-historique. Dans les dernières lignes du passage, Breton et Proulx en viennent même à remarquer que les questions sur l'influence n'épuisent pas la problématique du rôle social des médias. On a le sentiment qu'ils sont sur le point d'affirmer que, pour comprendre ce rôle, il importe d'abandonner une logique traditionnelle.

Quoi qu'il en soit, pour surmonter les obstacles qui s'élèvent devant elles, les recherches dans les sciences des communications prennent en considération deux facteurs importants : la dimension socio-politique et l'activité des destinataires. L'introduction de la dimension socio-politique permet de maintenir l'analyse à proximité du pouvoir — dans sa référence la moins contestable, la plus visible — et de contextualiser les phénomènes communicationnels. L'analyse de l'activité des destinataires, elle, s'impose parce qu'on croit trouver là l'explication au fait que les médias ne sont pas omnipotents.

Des manifestations subtiles des médias commencent à se déclarer. On découvre que les technologies médiatiques sont en elles-mêmes déterminantes de la condition des sociétés, que les médias ne sont pas neutres et qu'il ne suffit pas de se les approprier pour renverser les significations de leurs messages, que le contenu des messages peut comporter de puissantes charges idéologiques dont les significations ne sont pas obligatoirement immédiates et dont les intérêts ne sont pas nécessairement définis, que les destinataires résistent aux messages qui leur sont diffusés, les interprètent, les sélectionnent, que ce phénomène de réception procède lui-même d'un contexte en dehors duquel il reste obscur.

En dépit de ces renouveaux analytiques, la notion de pouvoir demeure souvent inaltérable. Les médias servant à la diffusion d'informations, les contextes socio-politiques devant être intégrés, la problématique des communications devient naturellement celle des idéologies et de la propriété des médias. Et des résultats qui se dégagent des analyses, Breton et Proulx écrivent :

> *L'analyse des fonctions idéologiques et de la structure de l'appareil des médias avait donc pour objet de dévoiler le système des rapports sociaux de domination présents dans l'ensemble de la formation sociale, système qui déterminerait la nature des contenus véhiculés par les médias en même temps qu'il serait agi par eux. On avait donc affaire ici à une vision particulièrement verticale du pouvoir: les médias contrôlés par les élites du pouvoir transmettaient essentiellement des contenus décidés par eux, et qui avaient pour fonction ultime la reproduction de cet ordre social existant*[44].

En marge de ces études d'inspiration marxiste, où l'orthodoxie simplificatrice comprend les événements avant même qu'il n'aient eu lieu, sans égard pour leurs qualités inhérentes, recréant avec entêtement une vision unilatérale du pouvoir, d'autres travaux, en élargissant les cadres d'analyse, en taillant une place dans la problématique aux personnes auxquelles s'adressent les médias, entrevoient l'idée d'une bilatéralité du pouvoir. De nouvelles recherches parviennent à se dégager des cadres traditionnels.

> *Leur modèle théorique marqua une rupture significative par rapport aux modèles psycho-sociologiques*

> *dominants : ils proposaient d'inclure, comme variables explicatives des phénomènes de communication sociale, les influences respectives des «appartenances de groupes», du «système social» et de «l'ensemble socio-culturel» dans les jeux réciproques de l'émetteur et du récepteur*[45].

Cette bilatéralité ne se profile pas seulement dans les travaux empiristes-fonctionnalistes où l'approche expérimentale parvient à établir en même temps que des covariances des co-relations et où des analyses successives ou approfondies distinguent des manifestations de causalités alternantes ou effectivement réciproques. Elle se dessine aussi dans certaines oeuvres critiques.

> *L'intérêt des chercheurs pour le rôle actif du récepteur ne les conduit donc pas nécessairement à nier le rôle de l'émetteur dans l'action idéologique des messages : il ne s'agit pas d'inverser simplement le paradigme pour se retrouver avec un nouveau modèle... vertical!*[46].

Il y a là l'amorce d'une vision dialectique, la volonté d'articuler des phénomènes communicationnels à des contextes. Mais le pouvoir reste l'influence, la capacité de faire agir conformément à une volonté ou en fonction d'intérêts. La réciprocité n'est pas systémique; elle n'est pas immanente à la relation. Dans l'approche plutôt fonctionnaliste, elle a pour raison deux êtres autonomes, des esprits libres qui ne se donnent pas d'emblée les uns par rapport aux autres. Le pouvoir ne se donne pas réellement dans la réciprocité en tant que les rapports sociaux mêmes sont des relations de pouvoir; il se révèle dans la dualité; il ne vient pas de ce que la société est relations mais de ce que deux êtres s'opposent l'un à l'autre. Le pouvoir part des acteurs, de leurs intentions. D'où il faut en parler en termes d'influence. Il n'est pas entre les acteurs. Il ne procède pas de leurs rapports. Quand, par ailleurs, comme dans l'approche plutôt critique, on soutire aux agents leur autonomie, ce n'est pas pour leur rendre leur capacité d'agir l'un sur l'autre, l'un par rapport à l'autre, c'est pour les dissoudre dans une logique systémique. Mais le système n'en est pas un de réciprocité; son mécanisme consiste simplement à imposer la force des intérêts dominants. Lorsque, dans l'approche critique, le rôle actif des récepteurs devient incontournable vérité, ce n'est que pour reprendre la place théorique que lui assigne l'approche fonctionnaliste. Les destinataires sont des êtres distincts; leur tâche consiste à réagir aux messages dominants dont les significations sont prescrites par le système. Le système absorbe toutes les probabilités de réponse et les êtres autonomes ne font, finalement, que se comporter selon les mécanismes de la reproduction nécessaire de l'ordre attendu des choses. Les médias servent une idéologie dominante et les destinataires actifs résistent tant bien que mal. Le contexte est réduit à sa plus simple expression. Il est le mode de production dans lequel on trouve une infrastructure et une superstructure absolument rattachées l'une à l'autre, où la première commande inexorablement à la seconde. Dans une approche moins marxiste, le contexte est constitué de l'ensemble des facteurs susceptibles d'agir sur les comportements des agents communicants. Ces facteurs ont la forme méthodologique de variables. Le contexte est addition, amalgame d'éléments. Il n'est pas système. Il est en quelque sorte extérieur à l'agent. Car il est analysé dans ses effets sur l'agent récepteur et non comme milieu de l'action. L'agent, d'ailleurs, ne participe pas d'un milieu; il est agi par les éléments qui se présentent à lui.

Parfois, rarement, il agit sur eux, s'il se fait variable indépendante, principalement quand la variable dépendante est celle de l'autre pouvoir.

Il manque, à l'approche fonctionnaliste, le système, à l'approche critique, l'autonomie. Le système de l'approche critique se fait trop prescriptif et s'avère trop restreint; l'autonomie du destinataire, dans l'approche fonctionnaliste, n'est pas suffisamment relativisée parce que l'agent ne se pose pas immédiatement dans une relation.

16.7. La prise en considération des classes sociales comme dépassement du positivisme

Pour surmonter l'obstacle que constitue la représentation «mystique»[47] de l'influence, Paul Beaud propose de passer par les classes sociales. En distinguant la société en classes, on découvrirait que la société n'est pas homogène, que les actions et réactions des différentes strates ou positions sociales sont variées[48]. Mais on se demande rapidement comment la reconnaissance des classes sociales permet de dépasser la problématique de l'influence. La démonstration que les réactions ne sont pas uniformes n'indique pas que la question a été posée différemment ou qu'elle a été éliminée; on ne voit pas comment le problème ne devient pas celui de l'influence ou de la résistance selon les classes sociales. Soulignons que, quoiqu'il soit vrai que la notion de classes sociales ait été trop aisément évacuée de maintes recherches, notamment américaines — ce sur quoi insiste Beaud, à l'instar de Quéré, par ailleurs —, le découpage des actions et réactions selon différentes catégories constitue une part importante des études de sociologie des communications. On ne voit pas comment les classes sociales ne constituent pas une catégorie du même raisonnement. Paul Beaud voit bien qu'il y a certaine «signification dont ne peut rendre compte qu'une sociologie générale des rapports sociaux et non une sociologie positiviste des media»[49]. Il voit bien également que le pouvoir est structurel. Mais on aperçoit difficilement comment l'intégration du concept de classes sociales établit cette sociologie générale ou comment la structuration du pouvoir réforme le champ des communications. En fait, on a un peu le sentiment que les classes sociales jouent chez lui le rôle que joue l'influence dans l'optique positiviste. Elles enferment l'analyse; leur évocation donne le sentiment d'une indépassable vérité. Mais ici, non seulement demeure-t-on dans le cadre d'un questionnement sur l'influence — auquel pourrait se juxtaposer une réflexion sur les significations — mais en plus on ne peut rechercher les variations que dans le cadre des classes sociales. Paul Beaud ne redéfinit pas le pouvoir. Il lui donne un terrain théorique d'application. Il souhaite une analyse des rapports sociaux mais il ne se penche pas vraiment sur ces rapports; il se confine dans les mécanismes de la division de la société en classes et s'arrête à l'intérêt — assimilable au pouvoir — des classes dominantes. Son mérite est d'avoir mis en lumière les embûches du positivisme et d'avoir orienté la recherche vers un horizon plus vaste.

17. Luc Racine et l'échange sans contexte

Le pouvoir ne peut être compris que dans les systèmes relationnels qui lui sont inhérents. Ce qui impose de prendre en considération le contexte global dans lequel il se réalise et de ne jamais l'observer que dans ce qui survient entre les agents sociaux où il se dessine. Les relations ne sont pas non plus réductibles. On ne peut pas en faire de théorie satisfaisante sans intégrer à leur logique le contexte de leur réalisation et les formes du pouvoir qui en sont les attributs. L'étude de Luc Racine sur l'échange et la circulation des produits sociaux[50] en constitue un excellent témoignage. Elle démontre, en outre, qu'à formaliser trop isolément les rapports, le chercheur laisse échapper maintes subtilités dont la signification ne peut surgir qu'en contexte.

Racine est probablement celui qui a le plus poussé l'analyse des relations sociales en elles-mêmes. Il a construit l'ensemble de leurs possibilités abstraites avec une rigueur exemplaire. Il a repris la problématique de l'échange là où le marxisme, le fonctionnalisme, le structuralisme et le behaviorisme l'avaient laissée; il lui a conservé le rôle conceptuel de premier plan que lui avaient départi les quatre grands courants des sciences sociales et il a cherché, par une formalisation limpide et fine, à en extraire la quintessence. L'échange, chez Racine, il est vrai, perd la faculté principielle que lui octroyaient les anthropologies maussienne et structurale. Mais les spéculations ne démontrent pas là que l'échange n'est pas nécessaire universellement. Elles prouvent qu'il ne l'est pas à certains événements sociaux. On ne peut que s'étonner que cette étude n'ait pas contribué à la poursuite des recherches sur l'échange alors qu'elles s'étendaient déjà aux tendances dominantes et qu'elles semblaient si bien entamées. Il est probable que le niveau de difficulté — auquel on doit la clarté et l'élégance des développements — de lecture du livre de Racine ait desservi sa cause, quoique la théorie comporte des lacunes, dont la principale est sans doute le caractère spéculatif. Mais cette théorie a les défauts de ses qualités. Si les phénomènes dont elle rend compte se dissolvent dans l'abstraction, en contrepartie ses propriétés explicatives apprivoisent les objets, les appellent. En outre, elle débroussaille le territoire, fournit des instruments d'analyse et de compréhension importants. Et plus encore : elle renouvelle le principe de l'échange, elle représente, après celle de Lévi-Strauss, l'une des plus prometteuses tentatives de formalisation du social. Ses déficiences, en somme, ne justifient pas le manque d'attention dont elle a été l'objet.

Racine délimite le cadre à l'intérieur duquel il opère d'abord.

> *Considérons un système S_m où deux produits matériels, notés a et b, circulent entre deux agents sociaux, notés X et Y. Les produits peuvent être répartis de quatre façons différentes entre les agents, selon les deux conditions suivantes.*
>
> *i) tous les produits doivent être distribués: on ne considère pas les cas où les objets ne sont détenus par l'un et/ou l'autre agent (ni en X ni en Y, parce que circulant de l'un à l'autre, étant détenus par un troisième agent ou n'étant détenus par personne);*

ii) un même produit ne peut être simultanément détenu par deux agents. Cela exclut les produits de nature informationnelle, qui peuvent être transférés d'un agent à l'autre sans que l'émetteur cesse de détenir l'information qu'il a transmise.

Les distributions possibles sont ainsi :

$e_1 : X_a, Y_b$
$e_2 : X_0, Y_{ab}$
$e_3 : X_b, Y_a$
$e_4 : X_{ab}, Y_0$[51].

En mathématisant le phénomène d'échange, Racine relève des équivalences.

> *L'un des agents cède son produit à l'autre, qui, en retour, lui cède le sien. Deux produits circulent [...] en direction inverse, comme dans le cas du prêt.*
>
> *I Xcède a et reçoit b.*
> $a^-(e_1) = e_2$ *suivi de* $b(e_2) = e_3$
> *II Xcède b puis reçoit a.*
> $b^-(e_3) = e_2$ *suivi de* $a(e_2) = e_1$
> *III Ycède b puis reçoit a.*
> $b(e_1) = e_4$ *suivi de* $a^-(e_4) = e_3$
> *IV Ycède a puis reçoit b.*
> $a(e_3) = e_4$ *suivi de* $b^-(e_4) = e_1$
>
> *Lorsqu'ils peuvent se succéder, deux de ces processus composés s'annulent l'un l'autre: I avec II ou IV, III avec II ou IV, II avec I ou III, IV avec I ou III*[52].

Mais les investissements spécifiquement humains dans ces échanges — comme dans le don, par ailleurs — ne sont pas mathématisés (ce qui ne veut pas dire qu'ils ne sont pas formalisables). Or, une mathématique de l'échange des produits sociaux (humains, informatifs et économiques) ne peut pas exclure cet aspect des relations. Une chose peut avoir une très grande valeur pour une personne et une très petite pour une autre. Pareillement, dans l'échange, les acteurs peuvent avoir conscience de la valeur que la chose a pour l'autre. Plus loin, Racine ajoute quelques analyses sur la circulation des informations; mais ce nouveau facteur ne s'articule pas vraiment aux produits qui circulent dans les relations. Le développement reste en parallèle. Quand il fait intervenir un troisième agent, les fondements de la structure théorique, eux, ne sont pas substantiellement modifiés.

Mathématiquement, on découvre avec Racine que les formes de la circulation des produits sociaux sont finalement toutes semblables, peuvent toutes être ramenées au prêt. On voit bien par là à quel point une théorie formelle de l'échange laisse échapper des nuances si elle ne parvient pas à sociologiser les événements dont elle parle; elle n'arrive pas à prendre en considération les différences culturelles ou réflexives entre les formes de la circulation. Un même présent peut avoir une valeur inestimable aux yeux du donateur et minime dans l'optique du destinataire. Dans l'échange communicationnel, l'information qui est donnée ne correspond pas toujours à celle qui est reçue : si on m'informe d'une chose que je sais déjà, je n'apprends pas ce que mon interlocuteur croit m'enseigner, je suis mis au courant que mon soi-disant informateur possède lui aussi l'information. Ramener cette communication au principe d'une espèce de rationalité qui consisterait à échanger selon la valeur objective des informations réduirait considérablement la problématique. De telles réalités ne peuvent pas être écartées sans réserves. D'une façon ou d'une autre, la théorie doit poser ce que vaut le produit qui circule d'après le donateur et d'après le donataire[53]. Et puisque ces opinions ne peuvent que procéder de la communication, il faut que cette théorie tienne compte de ce qu'il vaut pour le donataire qui juge selon les capacités du donateur, et ainsi de suite... Une sociologie de l'échange doit pouvoir tenir compte de ces ramifications superposées ou théoriser de telle façon que ce questionnement, s'il n'est pas pris en considération dans ses jeux entrelacés, soit néanmoins intégré à la théorie[54]. Une telle sociologie, d'ailleurs, ne se satisferait pas de reconstituer pour chaque cas la spirale des jugements des agents; elle se ferait globale, elle ne pourrait pas se contenter d'être la description des séquences dans les relations entre individus ou entre groupes. Elle élaborerait le dispositif des orientations multidirectionnelles des comportements des acteurs sociaux tels que les systèmes et les relations peuvent les aiguiller.

Racine écrit que «toute circulation [comme dans le prêt, le don ou l'échange] composée de quatre processus élémentaires se ramène toujours à la circulation nulle»[55]. Or, si deux opérations s'annulent formellement, cela ne signifie pas qu'il ne s'est rien passé entre deux agents X et Y. Le fait qu'il y ait annulation n'a pas pour implication que l'échange a été nul. Les agents ne se doivent rien, c'est-à-dire que l'échange a été équitable et que les agents peuvent continuer à communiquer entre eux équitablement. Cet échange a tout de même été la possibilité de la relation entre les agents[56].

On notera cependant que l'analyse empirique des phénomènes d'échange ne croise pas immanquablement des processus qui tendent à s'annuler mutuellement. L'anthropologie a bien montré que les échanges tendaient plutôt à se relancer les uns les autres, à se développer en spirale puisque la personne qui reçoit tend à rendre davantage qu'on lui a donné et ainsi de suite, don et échange constituant alors les deux aspects d'un phénomène plus général. Mais dans de tels phénomènes, l'équation économique est loin d'épuiser l'explication de tout ce qui entre en jeu.

Il est fort probable que les causes du développement économique, dans certaines cultures, se trouvent, à quelque degré, dans ce mouvement éminemment relationnel, où l'agent social doit rendre plus qu'il n'a reçu — et ainsi de suite — ou subir la condescendance de son donateur, plutôt que dans une prétendue ambition qui consisterait pour l'individu à toujours vouloir satisfaire des besoins plus grands.

Tenter d'expliquer les rapports sociaux à partir d'une typologie des comportements des acteurs individués soulève régulièrement des difficultés. On ne voit pas comment l'acteur peut se confondre avec l'ambition, par exemple, ailleurs que dans une culture donnée, autrement que dans une relation sociale. Des catégories comme l'altruisme ou l'égoïsme, auxquelles renvoie malheureusement Racine, ont généralement pour fin beaucoup plus de juger d'un comportement que d'expliquer la situation sociale dans laquelle se découvre le type de comportement. Elles donnent l'impression que l'acteur se présente au début d'une relation déjà constitué de tout ce qu'il sera au cours de la relation, comme s'il pouvait définitivement être, comme s'il ne pouvait pas se définir à travers les différents moments de la relation. Cette position théorique a le grand défaut de la philosophie libérale. Elle pose les êtres sociaux comme s'ils n'étaient pas toujours en société, dans des rapports sociaux; elle les imagine comme des espèces de monades toujours déjà constituées. L'acteur n'est pas *a priori* altruiste ou égoïste, pas plus qu'il ne choisit entre l'une ou l'autre de ces attitudes[57]. Il se révèle dans une relation et son être ne peut correspondre à une catégorie typique que par un effort caricatural. Les comportements humains sont toujours plus complexes que les catégories dans lesquelles les sciences positives veulent les enfermer, surtout quand elles ont besoin d'eux pour comprendre les phénomènes relationnels sans les analyser en eux-mêmes, quand elles se contentent de saisir les rapports sociaux en posant les acteurs comme causes et effets de ces rapports. Il faut dire toutefois que les catégories psychologiques, chez Racine, n'ont pas de fonction théorique dans le corps même des développements. Elles laissent, la plupart du temps[58], ces développements intacts. Elles servent simplement à situer certains processus dont l'explication se trouve dans la construction même des processus. Elles sont comme une invocation qui permet à l'auteur de ne pas détacher complètement sa réflexion des habitudes dominantes de la sociologie.

Il semble manquer aux phénomènes de circulation de Racine le cadre social global hors duquel on ne voit pas pourquoi ils se dénouent de telle ou telle manière. Il présente le prêt, par exemple, de la façon suivante :

X prête a *à Y*

a) X détient initialement a *seul*

$$X_a \xrightarrow{a} Y_b = X_0, Y_{ab} \text{ suivi de } Y_{ab} \xrightarrow{a} X_0 = X_a, Y_b.$$

Le premier processus est inégalitaire en faveur du récepteur, le second est égalitaire en faveur du prêteur. Le processus composé est égalitaire (maintient l'égalité).

b) X détient initialement a et b

$$X_{ab} \xrightarrow{a} Y_0 = X_b, Ya \text{ suivi de } Y_a \xrightarrow{a} X_b = X_{ab}, Y_0$$

> *Le premier processus est égalitaire en faveur de Y, le second est inégalitaire en faveur de X. Le processus global maintient l'inégalité en faveur de l'agent prêteur*[59].

Cette formulation permet de voir circuler les biens. Mais semble lui faire défaut le réseau social qui fait que «a» passe de X à Y pour revenir de Y à X. Sans un système de contraintes (politiques, policières, morales, culturelles...), on ne voit pas pourquoi «a» irait à Y ou retournerait à X. Et d'autant moins que «du point de vue de la seule différence qualitative des produits, l'échange [...] suppose toujours un état intermédiaire non équidistributif en défaveur de celui qui cède d'abord son produit»[60]. Ces contraintes peuvent être inhérentes à X ou à Y comme elles peuvent agir sur eux de l'extérieur. X peut avoir recours à des forces coercitives dont il est le commandant en propre ou appartenir à une société qui assure ces forces à des citoyens qui se commettent comme il le fait. Sans horizon historique et social, l'explication apparaît incomplète. Une théorie de l'échange satisfaisante ne peut pas omettre les forces de coercition structurelles, les pouvoirs qui appartiennent aux formes de la circulation des produits sociaux.

Avec Racine, on voit bien les produits changer de main, mais on ne voit pas les usages des biens, dans les médiations, par exemple, où la détention peut servir à l'augmentation de la valeur ou à l'équilibre social. Après Racine, il faut étudier les possibilités d'effets des phénomènes que lui-même décrit : les conflits, l'harmonie, les profits. Il faut fusionner la circulation matérielle et la circulation symbolique qu'il a détachées l'une de l'autre. Sans retomber dans un vocabulaire mystique, il faut apprendre à ne pas absorber les jeux de la circulation des produits sociaux dans la notion de bénéfice. La notion facilite la formalisation, bien sûr, — comme le fait en économique l'idée d'une raison économique dont elle est la réplique — mais elle réduit aussi la réalité, l'appauvrit. En fait, il faut souder ses propres commentaires sur les grandes écoles des sciences sociales et sa tentative de formalisation de la circulation des produits sociaux. Il faut insérer les abstractions de sa théorie de l'échange dans les cadres généraux des grandes sociologies, utiliser les unes et les autres pour renouveler le questionnement.

18. Habermas et le pouvoir comme médiation

[L]e pouvoir est inséparablement lié à la négociation : c'est une relation d'échange, donc de négociation, dans laquelle deux personnes, au moins, sont engagées.
Michel Crozier et Erhard Friedberg[61]

Le pouvoir représente une catégorie importante de la compréhension des relations sociales. La seule expérience de la vie en société fournit déjà l'habitude des rapports de force — habitude dont l'analytique se modèle aux images des idéologies ambiantes. De cette expérience émane sans doute l'intuition qui enjoint à l'interprète des phénomènes sociaux de dépeindre les visages, les gestes et les aptitudes de l'autorité.

L'image la plus simple du pouvoir est sans doute celle de son incarnation. L'objet ainsi matérialisé, on peut alors l'étudier dans ses apparences. Et puisque le pouvoir ne se pose que relationnellement, on n'a plus, pour en mesurer l'impact, qu'à analyser ses effets sur un autre objet. Grâce à cette pseudo- concrétisation, on étudie le pouvoir sans l'étudier, en analysant les propriétés de l'objet incarnant et celles d'un autre objet, dont la place n'est conçue que par référence au premier. Le pouvoir n'est pas lutte de pouvoir en contexte; il est capacité de faire agir selon une volonté ou conformément à des intérêts. Le pouvoir n'est pas relationnel en tant que telle: il est en un être qui, lui, se situe, parce qu'il est question de pouvoir, par rapport à un autre. Puisqu'il est en un être, que les qualités de cet être donnent accès au pouvoir lui-même, le contexte ne fait pas effectivement partie de l'analyse du pouvoir — si ce n'est dans certains ouvrages où les auteurs doivent reconnaître que des contextes différents modifient les aptitudes de certaines incarnations. S'il en fait partie, c'est en tant que cet être constitue l'essence du contexte; mais il devient alors investi d'une telle puissance que ce sont les propriétés relationnelles du pouvoir qui s'évaporent tout à fait.

L'idée de relation est aussi essentielle à la compréhension du social que celle de pouvoir. Mais à trop insister sur les possibilités logiques des rapports sociaux, à les désubstantialiser catégoriquement, leur théorie ne semble plus être à même de trouver de signification que dans la mesure où elle se matérialiserait dans un contexte dans lequel des pouvoirs émergeraient.

Les notions de pouvoir et de relation doivent théoriquement coexister. Et toutes deux doivent s'adjoindre l'idée de contexte.

Conscient de l'immanence relationnelle du pouvoir, Habermas en a fait un médium. Mais ce médium, chez lui, est moins intermédiaire entre deux acteurs liés l'un à l'autre par leurs jeux de pouvoir que moyen auquel peut recourir l'être qui élabore une stratégie pour parvenir à des objectifs visés et qui, pour atteindre ces fins, doit faire agir d'autres êtres ou agir sur eux. Le pouvoir, ici encore, bien qu'introduit dans son essence relationnelle, reste implanté dans une volonté à laquelle, d'ailleurs, on redonne toutes les propriétés rationalisantes que le libéralisme avait déjà conçues pour elle. En fait, le pouvoir s'associe moins à la relation qu'à la raison et au stratège. Il peut être détenu. C'est d'ailleurs pourquoi, il est, chez Habermas, médium au même titre que l'argent.

> *Des médiums comme l'argent et le pouvoir partent d'obligations empiriquement motivées; ils codifient le commerce rationnel en vue d'une fin avec des valeurs quantifiables et calculables, et rendent possible une influence stratégique généralisée sur les décisions d'autres participants de l'interaction, en* contournant *les processus de formation d'un consensus par le langage*[62].

Le pouvoir constitue avant tout un moyen dont peut faire usage la personne quand le lui recommandent des «obligations empiriquement motivées». Il est mi-positiviste, mi-webérien[63]. Mais Habermas, dans sa lucidité, en fait malgré tout un réel objet de médiation en lui conférant le statut d'une espèce de langage. En ce sens, en tant qu'il est facteur de la codification des rapports sociaux, un peu comme le langage, il ne peut que se distribuer entre les acteurs sociaux, et il est par conséquent absurde d'imaginer qu'il puisse appartenir à quelqu'un. Un individu ne peut pas s'approprier le langage pour en persuader un autre; il ne peut que tenter de convaincre une autre personne en utilisant une langue qui les réunit tous deux. Le langage est moyen non pas en tant qu'un acteur motivé peut le prendre pour aboutir à ses fins mais en tant qu'il est instrument de communication entre deux êtres. Il n'est pas le moyen d'un être; il est le moyen des rapports entre des êtres.

Habermas entretient cette double connotation où le médium se trouve à la fois instrument d'action pour la raison et facteur de relation. C'est grâce à cette ambivalence que l'action[64], puis l'agir communicationnel[65], puis l'interaction[66], puis finalement soixante-quatre éléments «que doit prendre en compte une théorie de la société»[67] se métamorphosent tous en médiums. Dans une théorie générale de la société qui s'édifie sur l'activité communicationnelle, où rapports sociaux et rationalité s'entremêlent, se confondent dans une nature identique, tous les facteurs sans lesquels la société est inimaginable revêtent une même nature. Le médium devient quelque chose d'extrêmement général, la quasi-totalité du social. La société ayant été réduite à l'agir communicationnel, l'agir communicationnel ramenant tout le social à la rationalité communicante, insistant sur la raison mais en reconnaissant l'essence relationnelle, le médium devenant le haut lieu de l'ambivalence entre raison et relation, tout ce qui est social devient médium. L'interaction elle-même, qui est déjà relation entre des êtres, perd sa complexité pour devenir médium. De relation qu'elle était, elle devient élément d'une autre relation puisque le médium ne peut se concevoir que comme moyen entre deux êtres. L'interaction, qui suppose une médiation, devient médiation d'une relation supérieure.

La conception habermassienne de médium reflète l'ambiguïté de sa vision de l'agir communicationnel. Cette ambivalence, à son tour, est symptomatique de la rupture qui se crée entre communication et échange. Ces deux réalités n'ont rien à voir l'une avec l'autre. Elles ne se glissent pas toutes deux dans une problématique de l'interrelation, de la dialectique des rapports sociaux. Seule la communication parvient à servir le dilemme de la théorie de l'agir communicationnel. Car elle seule peut se placer au carrefour de l'action-raison et de l'action-relation. Puisque Habermas n'admet pas la non-rationalité des rapports sociaux, ou plutôt puisqu'il lui faut à tout prix rationaliser les relations sociales, ou encore puisqu'il lui est impossible de concevoir une théorie du social qui ne passe pas par la raison, l'échange ne peut occuper aucun espace théorique. D'ailleurs, dans une théorie de l'agir communicationnel, il n'y a pas, à proprement parler, d'échange, ni même d'information; il y a intercompréhension. L'enjeu n'est pas celui des relations sociales; il est celui des raisons. La fusion ne se situe pas au niveau des rapports sociaux mais à celui des raisons.

Le pouvoir ne participe pas des échanges sociaux. Un échange social n'est pas intrinsèquement une relation de pouvoir. L'échange est pur, quasiment apolitique. Il ne touche qu'à la diversité horizontale des constituantes de la société. Le pouvoir est tout autre : il a pour implication la division verticale. «La différenciation segmentaire, qui passe par les relations d'échange, et la stratification, qui passe par les relations de pouvoir, caractérisent deux *niveaux* distincts de *différenciation du système*»[68]. La différenciation sociale sous toutes ses formes n'a pas toujours pour corollaire des relations d'échange dans lesquelles se dégagent des jeux de pouvoir. Échange et pouvoir sont de deux ordres et influent de façon radicalement distincte sur la société. Le pouvoir s'ajoute à l'échange qui représente comme un point zéro de l'organisation sociale. Le pouvoir est tellement second, tellement inessentiel dans l'idéalisme habermassien que peut même être envisagée, moitié méthodologiquement, moitié idéologiquement, une économie sans politique, non pas en tant que l'État devrait se dissocier des rapports économiques pour en favoriser le développement naturel, comme dans la théorie néolibérale, mais en tant que le pouvoir pourrait ne pas être là, ne pas avoir été là. «L'autorité de l'État, la souveraineté politique en général, sont finalement relativisées par l'ordre juridique privé, dès le moment où la monnaie est institutionnalisée en droit comme médium pour réguler les relations économiques non politisées»[69]. Mais l'échange n'est pas tout à fait le marché économique. Il est en quelque sorte le marché sans le pouvoir. Et puisque le pouvoir ne participe pas des relations, dans une société le moindrement évoluée, il est l'économie sans l'être, se rapportant à la distribution du produit social des «sociétés de classes constituées par l'économie»[70]. Il renvoie moins à la hiérarchisation qu'au simple fait de la division.

L'échange est médium comme le pouvoir, définissable quelque part entre relation et action rationnelle. Comme l'interaction, il est relation médiatisée montée elle-même en médium[71]. Lui-même médium, il ne peut devenir fonctionnel que s'il intègre un autre médium. Dans ce cas, il semble s'approcher d'une notion plus foncièrement relationnelle et plus manifestement contextualisée.

> *C'est seulement lorsque la monnaie devient un* médium d'échange inter-systèmes *qu'elle engendre des effets formant structure. Comme* sous-système régulé par la monnaie, *l'économie ne peut se constituer que dans la mesure où elle règle l'échange avec ses environnements sociaux en passant par le médium de la monnaie*[72].

Mais cet enchâssement de médiums devient surperflu. Il ne semble plus tenir qu'à des préoccupations périphériques. On se demande en quoi il peut être utile de hiérarchiser les médiums quand il est acquis que c'est la «médiumisation» elle-même du social qui doit être expliquée et que le social ne peut être finalement que dans l'intégralité de ce qui le constitue. L'enchâssement n'a pas pour référence l'objet d'étude; il renvoie à des préoccupations idéologiques. Les médiums s'imbriquent, se soumettent parce que la raison fait foi du monde, parce que le monde doit bien avoir été beau, parce qu'il est appelé à une grande beauté. Et cette beauté a pour origine le non-pouvoir dans la généralisation de la compréhension. C'est en partie cet arrière-fond qui empêche Habermas de découvrir le pouvoir qui se joue dans les relations d'échange, de découvrir que l'inégalité ou la force de l'échange sont causes de pouvoir, que le pouvoir ne peut lui-même se passer d'échange. C'est cet horizon lointain qui l'empêche de traiter les marchés comme des systèmes d'échange. C'est lui encore qui l'oblige à soumettre une théorie générale du social à une théorie de l'évolution, à une théorie de l'évolution qui procède par sauts de médiums[73].

19. Économie : communication et pouvoir

L'économie dans son sens originel était à la fois une pratique (l'administration d'une maison, d'un foyer domestique, d'un domaine) et une morale, art de vivre en harmonie dans la cellule sociale, en harmonie avec ses proches et avec la nature. On ne prend plus la peine aujourd'hui d'examiner toute la richesse de ce sens originel et en particulier la nature symbolique des échanges qu'il impliquait, car c'est au niveau de l'État que s'est développée l'économie politique.

Jacques Attali et Marc Guillaume[74]

Une vision générale de la société ne peut pas exclure le point de vue économique. L'économique, par contre, ne peut pas rendre compte de toute la société (bien que, tout comme la psychologie, d'ailleurs, elle a déjà pensé recouvrir tout le territoire des sciences sociales). Mais la science économique n'est pas spécifique en cela : toute société, on l'a vu, est un composé d'une multitude de caractéristiques, psychologiques, politiques, historiques par exemple, et ni les sciences psychologiques, ni les sciences politiques, ni les sciences historiques ne peuvent prétendre à l'absoluité de leurs analyses. Une vision générale de la société devrait donc pouvoir être tout à la fois psychologique, politique, historique, économique, etc. Mais ces sociologies exhaustives, intégrales — ces ménages à plusieurs — sont rarement heureuses et elles présentent couramment un dominant. Et le dominant dans les sciences sociales, c'est fréquemment l'économique. En tout cas, les grandes sociologies, à l'origine, ont toutes côtoyé l'économique, tantôt en se glissant en elle comme chez Marx, tantôt en se juxtaposant à elle (le regard un tantinet vers le haut) comme chez Weber et Pareto, rarement en la supplantant comme chez Durkheim. Un peu comme si, dans plusieurs sociologies, même si tous les secteurs de l'être sont importants, l'économie l'était un peu plus que les autres. La sociologie, dès sa fondation, a consacré à l'économique une place de choix qu'elle ne lui a retirée que pour se spécialiser, ici ou là, parfois, lentement.

Les différentes formes de la sociologie se sont souvent laissé séduire par les postulats de l'économie politique. La sociologie de l'action a adopté et adapté les principes de la rationalité de l'acteur économique; cela lui a permis de se pourvoir d'acteurs motivés ou orientés vers des fins. Certes, tout le rationalisme favorisait cette perspective, mais l'économique ajoutait à ce rationalisme comme une impression de science, de matérialité qui inspirait plusieurs penseurs de la société. La sociologie histoire a découvert dans les conflits économiques les moteurs du changement social; cela lui a permis d'étudier l'évolution des sociétés humaines, sans vraiment faire attention aux humains qui, de toute façon, étaient soumis aux lois de l'économie. La sociologie des systèmes, quand elle ne s'est pas élevée sur la base de l'équilibre du marché, a repris le principe de l'équilibre pour le transposer aux forces sociales. La sociologie a en quelque sorte aperçu dans l'économique des outils de réduction scientifique qu'elle a souvent empruntés pour ses propres analyses. Cette attitude a régulièrement favorisé son évolution, mais elle a aussi forcé des sociologies à mettre en lumière les abus des réductions économistes ou les prétentions des sociologues trop enclins à imposer à tout le social les catégories économiques. Cette critique a par ailleurs été facilitée par plusieurs économistes eux-mêmes qui ont bien eu conscience des limites de leurs postulats et des catégories de leur discipline. Plusieurs d'entre eux sont les premiers à reconnaître l'exagération du principe de la rationalité économique aussi bien parce qu'il ne commande pas tous les comportements économiques eux-mêmes que parce qu'il exclut une multitude d'autres comportements qui déterminent les facteurs économiques. Et puis il faut ajouter à cela, comme l'a observé Baudrillard, que les travaux de certains économistes ne se soucient que très peu des fondements de la théorie générale de l'économie et n'en produisent pas moins des résultats des plus éclairants. C'est probablement grâce à ces travaux et à ces critiques que des explications économiques se donnent maintenant beaucoup plus en termes de relations qu'en termes de rationalité, que la théorie économique se donne de plus en plus dans la théorie des jeux. Et ces principes systémiques sont précisément ceux qui s'imposent maintenant à la sociologie, même à la sociologie qui a toujours gardé ses distances par rapport à l'économique.

La réalité économique est fondamentale. La sociologie le reconnaît. C'est pourquoi il y a, dans le vaste ensemble des sociologies, des sociologies économiques. Elles sont de trois types. La première est de type plutôt positiviste, comme chez Smelser[75]. Cette sociologie économique, qui réaffirme les principes de la rationalité économique, n'a finalement de particulier que le fait qu'elle tient compte de variables économiques et sociologiques entre lesquelles elle établit des corrélations : le sociologue qui étudie, par exemple, le rapport entre l'augmentation des salaires et les conditions familiales fait de la sociologie économique. La seconde est de filiation marxiste, comme chez Fossaert[76]. Elle étudie la triple relation entre les propriétaires de moyens de production, les non-propriétaires de moyens de production et les moyens de production. Elle présente l'histoire comme une succession ou une imbrication à dominante de modes de production. La troisième se veut une socio-économique, comme chez Bancal[77]. Elle cherche à présenter aussi bien pour les agents, les groupes, les structures que les systèmes la constance de la liaison entre l'économique et le sociologique, mais elle a son point de départ (ou son point d'arrivée) dans une définition de la rationalité qu'elle emprunte à la théorie économique.

La sociologie, par ailleurs, et peut-être un peu plus l'anthropologie qu'elle-même, a déjà établi le principe fondamental de l'échange : dans une large mesure, il y a société pourvu qu'il y ait échange sous une forme ou sous une autre et les troubles sociaux trouvent leur explication dans les irrégularités de l'échange. Or cet échange est tout à la fois communicationnel, sociologique et économique, et il ne peut être bien compris que dans le système de ces éléments. L'étude même d'un des principes fondamentaux de la vie en société aurait alors pour objet davantage des relations que des raisons et elle donnerait elle-même, à rebours, les dimensions du social sans lesquelles le social et l'échange ne peuvent exister.

La sociologie rencontre donc fatalement la problématique de l'échange qui est celle, dans un système, dans des jeux, de la circulation ou de la non-circulation des biens, des idées, des personnes. Et c'est cet objet complexe qui s'impose maintenant à elle. Or, les catégories fondamentales d'échange et de système que découvre la sociologie sont aussi des catégories foncièrement économiques. Aussi, le mariage de la sociologie et de l'économique ne peut-il toujours qu'être bénéfique, prolifique. Mais il doit dorénavant se faire sur la base de ces catégories communes et non sur celles de la sociologie économique existante qui consistent surtout en des juxtapositions de notions économiques et de notions sociologiques. Et si ce mariage doit avoir pour assises des concepts communs, peut-être aurait-il avantage à inclure les domaines où sont aussi à l'oeuvre la théorie systémique et la théorie des jeux.

Traditionnellement, les théories économiques paradigmatiques consacrent quelque place au psychisme humain. Elles ne l'excluent pas. Elles semblent affirmer par là que l'efficience des lois économiques dépend des comportements des acteurs sociaux et de l'état d'esprit qui les anime, que les phénomènes économiques ne sont pas strictement économiques.

L'économie libérale classique définit une rationalité économique qu'elle pose au principe de la théorie de l'offre et de la demande, théorie sur laquelle se construisent la plupart des lois du système. La théorie marxiste parle de réification, de fétichisme mais surtout affirme, souvent en contradiction avec d'autres propositions[78], que la possibilité de transformer le système capitaliste est freinée par les croyances populaires. Le néo-libéralisme, s'il prône la séparation du politique et de l'économique, c'est précisément pour que s'applique la loi de l'offre et de la demande et que, donc, les acteurs économiques contribuent au développement de la société selon leur raison économique, qu'ils se motivent sans cesse à produire et à innover relativement à ce qui peut s'offrir et être demandé.

Cet ordre psychique est communicationnel. Une raison économique ne peut s'exprimer que dans le cadre de l'échange d'informations et de l'adhésion à des valeurs; l'idéologie suppose la transmission et l'acquisition de valeurs. Accoler les communications à l'économie, c'est donc entretenir un lien qui existe déjà, mais, dans la mesure de l'originalité et de la force des théories en communication, c'est renouveler et consolider l'explication des phénomènes économiques par le psychisme. Et si cette réunion permet de façonner les objets selon le double aspect qui la spécifie, c'est-à-dire si elle ne donne pas lieu à de simples juxtapositions d'analyses, la position qu'occupait le psychisme dans l'analyse économique, d'originelle qu'elle était, fera corps avec tous les développements. L'économique ne s'adjoindra pas le psychisme pour la seule raison qu'il ne peut pas ne pas participer des phénomènes étudiés, sans que cela modifie les mécanismes d'analyses économicistes; elle s'emparera de lui parce qu'il est de l'être des objets et pour analyser ces objets en tant qu'ils le contiennent. Mais les sciences des communications, ici, ne se contenteront pas de simplement réaffirmer la présence du psychisme dans l'ordre socio-économique; elles le modèleront au gré des exigences de leurs propres analyses.

L'explication économique doit être une explication communicationnelle. Mais comme celle-ci, elle est aussi une saisie du pouvoir.

En économique comme dans toutes les sciences sociales, la représentation dominante du pouvoir est celle de l'influence. L'influence est d'autant plus grande que l'agent possède ou contrôle des richesses en plus grand nombre. Plus est important l'ensemble des biens (ou des services) sur lesquels peut agir l'acteur, plus est forte son influence. L'influence est médiatisée par les biens, ou plutôt leur détention procure naturellement le pouvoir. Mais c'est là un présupposé. Peu d'études d'économique réfléchissent explicitement sur le pouvoir. La plupart d'entre elles utilisent de façon récurrente le concept — en tout cas rares sont les traités d'économique dans lesquels le mot est absent —; mais on en trouve peu dont la tâche consiste expressément à mettre en lumière les formes et les mécanismes du pouvoir économique. Si souvent employée que soit la notion, elle ne représente pas une catégorie foncièrement économique. L'économique l'évoque parce que les figures du pouvoir et les faits économiques sont contigus. L'économie politique y fait une plus grande place parce que l'étude du politique porte inévitablement sur les relations de pouvoir[79]. Dès que l'étude des phénomènes économiques se joint à celle d'autres manifestations du social, elle croise la problématique du pouvoir. Dans les visions générales comme celles de Marx ou de Weber, par exemple, on aperçoit des rapports de forces, des jeux de pouvoir. Mais l'équation richesse=pouvoir est partout la même[80]. Dans l'utopie marxiste, l'élimination du pouvoir coïncide avec l'universelle disparition de la propriété privée.

Dans l'économie politique, le capital est pouvoir; mais le sont aussi les forces aptes à agir sur le capital ou, plus généralement, sur les éléments de la structure à l'intérieur de laquelle prend forme le capital. Parmi ces éléments, l'État fait l'objet d'une attention particulière. À cause des nombreuses fonctions qu'il exerce et des multiples facettes de ces fonctions, l'État se présente comme l'un des plus hauts lieux de pouvoir. Grâce aux impôts qu'il perçoit et à ses autres revenus, il acquiert des biens. En cela, il est pouvoir parce qu'il possède des richesses. Mais ce que relèvent surtout les économistes, c'est son aptitude à contraindre par des lois et son droit à faire usage de la force. Grâce à cette aptitude et à ce droit, l'État peut assurer le respect de la propriété et réguler les mécanismes de la distribution des richesses, notamment, dans une économie libérale, ceux du marché. Ce pouvoir de l'État est soit approuvé, soit décrié. Les personnes qui prêchent une économie libre l'estiment essentiel. Celles qui, au contraire, soutiennent l'idée d'une économie communiste, le critiquent et annoncent son éventuelle disparition. Elles dénoncent le lien qui s'établit, en régime capitaliste, entre les propriétaires de moyens de production et les dirigeants politiques, lien dont bénéficient les capitalistes mais qui ne sert pas du tout les intérêts des ouvriers. Dans une économie de transition entre l'époque capitaliste et l'ère communiste, le rôle de l'État, estime l'idéologie communiste, consiste à imposer la volonté des travailleurs en annulant progressivement la propriéte privée et en éliminant les différences de classes sociales. L'économie mi-libérale, mi-socialiste, elle, ne rejette en bloc ni l'économie de marché ni l'apport de l'État; elle accepte celle-là mais croit qu'il appartient à celui-ci d'en atténuer les méfaits. Le néo-libéralisme souhaite que l'État n'intervienne pas dans les affaires économiques, mais il attend tout de même de lui une présence effacée; il sous-entend que les autorités politiques ont pour tâche de veiller au bon fonctionnement du marché et au respect de la propriété privée[81]. Que la nouvelle école libérale pense à la non-intervention ou au rôle de législateur et de policier de l'État, dans les deux cas elle songe à son pouvoir, à l'influence qu'il peut exercer sur les événements sociaux.

Pour distinguer les visions marxiste et néo-libérale, on peut dire que, d'une certaine manière, les deux écoles prêchent la disparition de l'État, l'une de façon nette, l'autre de façon imprécise. Leurs raisons sont totalement opposées; mais elles tiennent néanmoins à un présupposé commun. Le marxisme souhaite cette disparition parce qu'il aspire à une époque de rapports sociaux égalitaires et que l'État est la consécration de l'inégalité sociale. Le néo-libéralisme réclame le retrait de l'État parce qu'il ne croit pas à la pure égalité des rapports sociaux, l'État freinant les essentielles manifestations de cette inégalité et créant des égalités factices. Le marxisme considère que le libre marché est une absurdité et que l'État ne peut ni ne pas participer de ce marché ni ne pas servir des intérêts. Le néo-libéralisme croit à la loi de l'offre et de la demande et affirme que l'État ne peut qu'empêcher cette loi de se concrétiser. Pour le marxiste, la conscience humaine est totalement liée à des facteurs socio-historiques de sorte qu'un changement social peut transformer cette conscience : dans une société sans État, sans propriété privée, les humains seraient plus généreux, moins égoïstes. Selon le néo-libéral, toute personne est dotée d'une raison qui la contraint à maximiser ses gains à un coût minimum; l'État n'a rien à voir avec la nature de l'intelligence. Dans les deux perspectives, les raisonnements ont pour principe l'idée selon laquelle toute la société a pour base ses rapports économiques, son mode de production. Là où le néo-libéralisme admettrait une fonction étatique, c'est relativement à la propriété. La propriété privée est un mal sous le regard marxiste, un bien dans l'oeil néo-libéral : dans le premier cas, l'État n'a pas à la préserver; dans le second, si.

L'État n'est pas le seul élément de la structure socio-économique auquel les économistes accordent un pouvoir. Les regroupements de travailleurs, de consommateurs, les classes sociales constituent aussi, à leurs yeux, des forces déterminantes, capables d'influer sur la répartition des richesses, les jeux du marché, ou même sur les interventions de l'État, capables encore de transformer des régimes économiques.

La vision économiste du pouvoir s'apparente beaucoup à celle qu'on trouve chez les spécialistes des sciences des communications. Le pouvoir est détenu et il est capacité d'agir sur quelque chose ou sur quelqu'un. La richesse le médiatise en économique. Dans les sciences des communications, il est médiatisé par les moyens de communication. Qui est riche ou qui possède des moyens de communication est puissant. Cette médiation est ainsi moins intermédiaire qu'élément d'expansion. Plus on en a, plus on est fort. Dans les deux cas, l'agent peut s'approprier le médiateur et, en même temps, la qualité de pouvoir que lui attribuent les spécialistes. Cette assimilation du pouvoir et de son médiateur empêche d'inscrire le pouvoir dans une problématique essentiellement relationnelle, car il n'est alors pas objet de rapports sociaux, ne sert pas à décrire, voire à expliquer les liens entre acteurs sociaux; il est plutôt utile à évaluer une position sociale en tant qu'elle lègue ou non de l'influence. Cependant, puisque l'idée de pouvoir renvoie à la capacité pour un être d'agir sur un autre, l'assimilation n'élimine pas la nature relationnelle du pouvoir. C'est parce qu'il ne peut pas ne pas être relationnel, d'ailleurs, que, assez proche de cette philosophie, Habermas fait de l'argent[82] et du pouvoir des médiums, consacrant par là cette parenté entre les perspectives en économie politique (pour laquelle la monnaie et le pouvoir constituent des objets) et en sciences des communications (qui s'intéressent tout particulièrement aux médiations). Mais cette parenté, à cause de la vision traditionnelle qui est répercutée aussi bien par l'économique que par les sciences des communications, empêche de traiter le pouvoir selon sa nature dialectique; elle oblige à le comprendre unidirectionnellement.

Les spécialistes des sciences des communications, parce qu'ils ont pour objet l'information, posent le pouvoir au niveau de la circulation des idées, dans le fait, par exemple, de la persuasion dans son sens classique. Les économistes le situent relativement aux biens, en tant que les biens sont pouvoir, en tant que le pouvoir est ce grâce à quoi on peut s'approprier les biens ou faire que les conditions de possibilité de cette appropriation se reproduisent. Or, la transmission d'informations, aussi bien que la persuasion, suppose un contexte dont les biens font partie. Or, encore, les biens ne s'acquièrent et les structures économiques ne se reproduisent que dans un contexte informatif. Cette intrication de l'économique et du communicationnel croise une représentation commune du pouvoir. Si le pouvoir rejoint à la fois l'économique et le communicationnel, en posant autrement le pouvoir, on peut s'attendre à retrouver cet enchevêtrement.

Que le pouvoir se conçoive relativement aux idées ou aux biens, il ne peut se dégager que sur un fond de personnes. Persuader, selon sa signification usuelle, c'est agir sur les opinions. Or les opinions sont forcément celles d'individus ou de collectifs. Les idées qui sont confortées ou modifiées sont indissociables des êtres qui les véhiculent ou dont les comportements sont déterminés par elles. Quand les économistes se représentent l'influence, ils voient en même temps des acteurs: ce sont ceux-ci qui, en vertu de leur position, parviennent à commander ou sont victimes de la puissance des autres ou des événements. Les rapports économiques sont des rapports entre agents économiques[83]. L'économie politique a implicitement pour objet les phénomènes économiques en tant qu'ils procèdent des rapports de force entre les humains, qu'ils ont pour cadre les regroupements humains, qu'ils sont de la cité (du *politikos*).

Dans la réalité anthropologique, les biens, les idées et les personnes constituent une espèce de totalité en tant que, concrètement, ils sont unis les uns aux autres. Compris autour de la notion de pouvoir, ils s'appellent mutuellement comme les dimensions du social qui agissent les unes sur les autres. Mais le pouvoir, ici, ne peut se donner que dans une optique relationnelle. Déjà à un premier niveau, chacun des trois aspects de cette anthropologie est lui-même relationnel et constitue un domaine de lutte de pouvoir : les biens se révèlent dans des relations économiques, les idées dans des relations communicationnelles, les personnes dans des relations sociales. À un deuxième niveau, les relations économiques déterminent les relations communicationnelles qui, elles, agissent sur les relations sociales qui, elles, enfin, conditionnent les relations économiques. Et ce mouvement se déroule aussi en sens inverse.

Figure 1
Trois domaines interreliés de relations

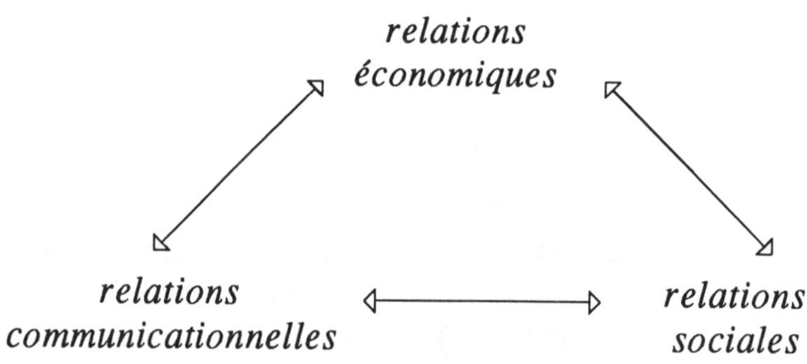

Dans sa théorie des instances, Marx avait déjà distingué les trois ordres idéologique, économique et politique. Dans leur structuration, il avait aperçu comme le substrat des modes de production. Sa critique de l'économie politique, toutefois — et principalement l'interprétation qu'en donna le structuro-marxisme —, a brisé cet atome en soumettant à l'ordre économique les deux autres. Un mode de production n'était plus une structure de ces trois ordres mais une forme édifiée sur une matière principielle : l'économie[84]. Weber n'a pas, quant à lui, relevé cet ensemble à trois éléments; s'il a parlé de société ou de politique, d'économie et d'idéologie, ce n'est pas en en faisant des facteurs premiers d'une théorie générale du social. Mais il est probablement, parmi les théoriciens et les théoriciennes de la société, la personne qui a le mieux assumé la dialectique de l'économique et de l'idéologique[85] dans les rapports entre les concepts d'une macrosociologie. Son merveilleux ouvrage, *L'éthique protestante et l'esprit du capitalisme*, en est une belle illustration. On ne peut que s'étonner que son analyse du pouvoir n'ait pas tenu compte de cette perspective interrelationnelle, quand, par exemple, elle a conclu à des phénomènes de charisme. À un troisième niveau, parce que le tout s'avère, en tout et pour tout, relationnel, parce que le pouvoir lui est partout inhérent, parce que, empiriquement, les éléments de l'être sont multidimensionnels, chacun des trois secteurs peut déjà contenir les deux autres. Cela est manifeste pour les relations économiques où les interactions ont lieu en tant qu'elles recèlent quelque qualité des relations communicationnelles et des relations sociales[86]. Les relations communicationnelles sont des relations sociales; elles ne sont pas toujours directement des relations économiques : l'enjeu peut très bien ne pas être économique. Mais on ne peut imaginer d'ordre communicationnel ou social qui ne se dégage pas sur fond économique et, donc, qui ne soit pas pénétré d'économie. Les relations sociales, enfin, sont communicationnelles puisqu'elles supposent des échanges d'information, entendue au sens large. Et dans la mesure où le social est économie, elles sont aussi des relations économiques.

Il n'y a pas d'expression du pouvoir qui ne soit pas communicationnelle. Il n'y a pas de pouvoir en dehors des relations.

Il n'y a pas pouvoir parce qu'il y a pouvoir. La formule est parfaitement redondante. Sa forme tautologique laisse inexpliqué l'objet dont il est question. Il n'y a pas pouvoir parce qu'on peut s'en emparer comme on se procure du capital. Il y a pouvoir parce qu'il y a relation. Une expression de pouvoir ne peut être que communicationnelle, à moins qu'elle n'aboutisse à l'anéantissement par un seul agent de tous les autres. Mais, encore là, cette démonstration de force a supposé une relation et elle informe son auteur de ses propres capacités, quoiqu'en les niant, puisque la relation dans laquelle elle s'est manifestée n'est plus. Exprimer du pouvoir, c'est informer un autre; et les réactions que suscite cette information constituent à leur tour des informations pour l'auteur de l'expression qui les a provoquées. Et ainsi de suite. Un agent complexe ou divisé peut, en exprimant quelque menace ou en l'exécutant, en plus d'en informer le destinataire direct, en informer simultanément des parties de l'ensemble auquel il appartient, de même qu'il peut informer des acteurs comparses ou étrangers. Mais quels que soient les agents qui prennent connaissance du pouvoir qui émane des relations, il reste que le pouvoir est fondamentalement communicationnel. La menace, la crainte, l'affront, la dissuasion ne s'inscrivent que dans le champ des communications. Contre la vision traditionnelle, Foucault a déjà mis en évidence le fait de l'ubiquité du pouvoir, s'exprimant dans une phrase lumineuse : «Le pouvoir est partout; ce n'est pas qu'il englobe tout, c'est qu'il provient de partout»[87]. Crozier et Friedberg ont eux-mêmes écrit: «tout est politique, puisque le pouvoir est partout»[88]. Cette dispersion, cette généralisation du pouvoir interdisent d'en comprendre les manifestations de manière exclusivement verticale et unidirectionnelle. Elles obligent à adopter une perspective systémique et relationnelle. Bourdieu écrit :

> *il faut se résigner à présenter sans plus attendre une description provisoire et approchée de cet univers complexe de relations objectives d'interdépendance (dans et par la domination croisée) entre des sous-champs à la fois autonomes et unis par la solidarité organique d'une véritable division du travail de domination. Cela au prix d'une rupture avec le mode de pensée substantialiste qui soutient aussi bien les dissertations théoriques de la tradition marxiste sur la «classe dominante» que des enquêtes sur les «élites» visant à donner une réponse empirique à la question de savoir «qui gouverne»: dans les deux cas, en effet, comme dans la tradition, chère aux historiens, de la prosopographie, on privilégie une* population, *c'est-à-dire des ensembles d'agents susceptibles d'être soumis à des partitions réelles (avec le découpage en «fractions de la classe dominante» ou en «secteurs» des «élites») et unis par des interactions ou des liens réels («les relations», par exemple) et directement observables*[89].

Bourdieu le voit bien : le pouvoir est distribué dans la société; il est à l'oeuvre dans des relations[90]; il se réalise dans des «croisements»; on ne peut pas parler de gouvernement si l'on entend par là une force qui a pleins pouvoirs sur la destinée d'un peuple (ce que Crozier a déjà parfaitement démontré). Mais Bourdieu hésite, oscille. Il associe la notion de pouvoir à celle de relation — pourvu, bien sûr, qu'on n'adopte pas une approche substantialiste —, et, d'un autre côté, il tend à en faire sinon un moyen à la manière de Habermas, du moins une réalité qui peut être détenue.

> *Le champ du pouvoir est un champ de forces défini dans sa structure par l'état du rapport de force entre des formes de pouvoir, ou des espèces de capital différents. Il est aussi, inséparablement, un champ de luttes pour le pouvoir entre détenteurs de pouvoirs différents, un espace de jeu où des agents et des institutions ayant en commun de posséder une quantité de capital spécifique (économique ou culturel, notamment) suffisante pour occuper des positions dominantes au sein de leurs champs respectifs, s'affrontent dans des stratégies destinées à conserver ou transformer ce rapport de force. Les forces qui peuvent être engagées dans ces luttes et l'orientation, conservatrice ou subversive, qui leur est appliquée, dépendent de ce que l'on peut appeler le «taux de change» (ou de conversion) établi entre les différentes espèces de capital, c'est-à-dire de cela même que ces stratégies visent à conserver ou à transformer (notamment par la défense ou la critique des représentations des différentes espèces de capital et de leur légitimité)*[91].

Le pouvoir se définit par référence à l'état du rapport de forces entre les formes de pouvoir, mais en même temps on lutte pour le pouvoir, comme si on pouvait l'acquérir, un peu comme la richesse. Et le fait que Bourdieu comprenne le pouvoir en termes de capital n'est pas étranger à cette ambiguïté. Le pouvoir est une réalité théorique que le chercheur découvre en construisant (en objectivant) des relations; mais il est en même temps matière, substance pour laquelle luttent les acteurs sociaux. C'est en jouant sur ces deux registres, celui de la théorie et celui de son objet, que Bourdieu en vient à dépasser la vision classique du pouvoir, quoique pour la ramener dans une perspective traditionnelle, limitant ainsi la portée du dépassement. À traiter du pouvoir dans son inhérence relationnelle et universelle, le concept semble vouloir disparaître, se transformer, en tout cas se séparer en diverses significations pour faire place à des signes mieux appropriés aux formes qu'il prend. Le fait théorique de la relationalité du pouvoir et l'objet des contestations, l'enjeu des relations deviennent des référents distincts. Et si Bourdieu les confond sous le même vocable, alors qu'il semble les dissocier théoriquement par les usages qu'il en fait, cela n'est probablement pas étranger au fait qu'il restreigne, ici, le champ du pouvoir à celui de la politique, et ce, même s'il reconnaît que les secteurs de pouvoir sont nombreux. En considérant que le pouvoir puisse être détenu, il le substantialise, il le dépluralise. C'est-à-dire qu'il réduit la portée théorique de la proposition selon laquelle le pouvoir est essentiellement divisé et relationnel. Mais plus encore, il en fait une réalité qui, acquise, dote d'une force politique. On lutte pour le pouvoir comme chez Touraine, dans un monde essentiellement politique, on lutte pour le contrôle de l'historicité. Mais dès lors que, à l'intérieur d'un paradigme, l'objet de la contestation est spécifié, l'idée même de pouvoir s'évapore, faisant place avec plus de précision, sans pour autant que le caractère abstrait du concept y perde, à un nouveau concept. Puisque dès lors qu'il y a relations il y a pouvoir, puisque le pouvoir est essentiellement divisible, car il n'existe pas en dehors du champ des relations qui, elles, ne peuvent être minimalement que binaires, le pouvoir ne peut pas être monopolisé — à moins qu'il s'annule. La métaphore économique n'est ici aucunement utile à sa compréhension. Le champ du pouvoir, par ailleurs, ne se réduit pas au nombre des secteurs à partir desquels la réalité peut être typifiée, si nombreux soient ces secteurs. On entendrait déjà par là qu'il puisse être détenu, ne serait-ce que partiellement. Les croisements du pouvoir, par ailleurs, ne sont pas dus au simple fait que différents secteurs viennent à se rencontrer. Chacun des secteurs, parce qu'il est lui-même tissé de relations, est déjà un terrain de luttes et, par conséquent, est déjà propice aux croisements du pouvoir. En outre, étant donné que, empiriquement, un secteur, bien que relativement autonome sous un autre rapport, n'est jamais confiné en lui-même, comporte quelque chose des autres secteurs, en lui se croisent les pouvoirs que Bourdieu accorde à chacun d'eux. Le pouvoir n'est pas pluriel seulement parce qu'il y a des secteurs; il l'est aussi parce que, dans ces secteurs, il y a des relations et des fusions de secteurs.

20. Les classes sociales

La vision verticale de la société que bon nombre de théoriciens et de théoriciennes ont adoptée a conduit plusieurs d'entre eux à diviser la société en classes. Au sommet de cette hiérarchie domine normalement une classe privilégiée dont les pouvoirs sont considérables[92].

Chacune des classes de la structure est dotée d'une conscience, mais la façon de la comprendre varie énormément selon les théories.

Par exemple, Marx impose son matérialisme historique à la conscience de classe alors que Weber laisse la classe interpréter sa propre situation; mais dans chacun des cas est discuté le rapport entre l'objectivité et la subjectivité. Marx préjuge de ce que doivent penser les classes parce que son matérialisme prédit l'avenir et que l'accomplissement de cette prédiction dépend, d'une certaine manière, de la *praxis* (en tant qu'être et connaître) des classes. La classe sociale, dans l'optique webérienne, revendique une plus grande part d'autonomie. Puisque la théorie de l'histoire ne l'astreint pas à une fin, elle n'a pas à retrouver un objectif prédéterminé; de cette façon, elle ne peut être victime d'aliénation en tant qu'elle imaginerait autre chose que l'idéal d'une théorie élaborée sans elle. La classe webérienne, toutefois, pense comme un sujet individuel; elle a une autorité dont la rationalité se confond avec la sienne. Marx n'a pas besoin de la raison pour rendre compte des consciences de classes; il confronte chacune d'elles à la vérité du matérialisme historique mais sans lui enlever son caractère collectif. L'approche *verstehen*, par une théorie de la rationalisation de l'action, libère donc la conscience des prétentions d'une théorie de l'histoire mais en l'asservissant à une rationalité qui lui fait perdre sa réalité collective. L'approche marxienne, elle, emprisonne la conscience collective — ne l'affranchissant de la théorie que pour l'emmurer dans l'aliénation — mais laisse intacte son intelligence collective, quand ce ne serait que du simple fait qu'elle ne réfléchit pas directement sur son mode d'être. La classe marxienne est un peu comme celle de Durkheim, spécifiquement collective, représentation, sauf que, pour Durkheim, elle n'a pas d'existence en dehors de sa représentation, ou plutôt, elle n'est pas si elle ne se conçoit pas collectivement. La classe sociale, chez Weber, est aussi subjective que celle que tracent les écrits de Pareto. La différence entre les deux vient du fait que, chez Pareto, elle est une addition de consciences individuelles alors que, chez Weber, elle est conscience collective individuée. Pareto, par ailleurs, naturalise sa classe, en tant que les personnes qui en font partie montrent des tendances innées communes — notamment à agir rationnellement dans la sphère économique et irrationnellement ailleurs —; chez Weber, cette naturalisation s'effectue moins sur la base d'inclinations ou de contenus de pensée que d'après la forme de la rationalité de l'action — selon, par exemple, qu'en telle circonstance l'acteur a agi rationnellement par rapport à une fin, relativement à une valeur, ou autrement.

Marx, Weber et Durkheim présentent tous une classe sociale pourvue d'une conscience. Ses propriétés objectives, chez Marx, lui sont attribuées par la théorie, chez Weber, elles lui viennent de l'intériorisation même de la classe. Chez Durkheim, on ne peut parler de leur objectivité que si elles sont devenues perceptibles, *a posteriori*, à une analyse positive, empirique. Chez Weber, la rationalisation de la classe ne rencontre la théorie qu'en tant qu'elles procèdent toutes deux de la même rationalité, non pas en tant que la vérité de la théorie établie en extériorité par rapport à l'activité puisse s'imposer à la multitude des théories que les acteurs historiques puissent construire à différents moments et en divers lieux. Chez Durkheim, la raison scientifique est absolument distincte de la conscience collective; elles n'ont tout simplement rien à voir l'une avec l'autre sinon en ce que celle-là peut parfois servir à éclairer celle-ci.

Quelles que soient les variantes dans la perception des consciences de classes ou des consciences collectives, il reste que maintes macrosociologies adoptent le concept de classe et lui associent celui de conscience.

Le recours au concept de classe n'a rien d'étonnant. Premièrement, les descriptions qui tentent de rendre compte de l'évidente inégalité du social trouvent dans cet usage le moyen de grouper les humains par catégories, de les *classer* selon des variables ou relativement à des objets théoriques. Le concept a abondamment été exploité par l'économie politique. Grâce à cette exploitation, il a acquis une dimension économique qui a, en quelque sorte, matérialisé la nature de l'être qu'il désigne. Mais parce que l'économie politique tente de prendre en considération l'environnement politique des réalités économiques, le concept, bien que renvoyant à un objet orné de propriétés économiques, a dénoté un phénomène politique. Cette double constitution de la classe sociale a rendu propices plusieurs interprétations. Deuxièmement, derrière l'idée de classe, il y a celle de classement, donc de forme, de structure. Une classe est forcément disposée par rapport à d'autres. Sa position n'est pas arbitraire : elle se comprend à l'intérieur d'un agencement mais aussi en fonction des critères de la répartition. Par conséquent, en usant du concept de classe, l'observateur postule que cette distribution comporte quelque logique. Troisièmement, même si le concept laisse entendre que la structure sociale témoigne d'une logique, il souligne en même temps l'importance de la distinction. Les classes sont ordonnées, mais le fait de la différence est incontournable, *a priori* posé. La société n'est pas pur ordre. La personne qui définit la société en termes de classe l'affirme implicitement. Quatrièmement, l'usage du concept de classe perpétue la version classique d'une société hiérarchisée, pyramidale, avec des élus au sommet et des victimes aux niveaux inférieurs; et cette image est apte à servir bon nombre de causes politiques.

Généralement, la théorie qui insiste sur la notion de classe sociale a tendance à délaisser celle d'ordre. Dans ses manifestations extrêmes, elle s'oppose carrément à une théorie de l'ordre social et peut même aller jusqu'à se faire apologiste du désordre.

Se représentant, par l'utilisation du concept de classe, une société différenciée, le théoricien ou la théoricienne tente de concrétiser davantage son objet en l'imprégnant d'une conscience. Si, pense-t-il, non seulement le concept désigne un objet mais, en plus, il correspond à la réalité idéelle, c'est qu'il existe vraiment. La conscience de classe trouve ici sa raison d'être. En fait, la conscience se pose en vertu de la classe; elle est seconde par rapport à elle. Une théorie qui ne relève pas de classes ne trouve pas de consciences de classes. Et c'est probablement parce que l'idée de classes sociales n'occupe pas une place de premier plan dans ses thèses que Weber n'a pas abusé, comme Marx, de la conscience de classe. Cherchant à reconstituer la pensée des ensembles sociaux, il ne découvrait pas automatiquement de classe. On voit bien là l'effet d'un système catégoriel sur l'analyse des phénomènes.

Un système catégoriel pour lequel la division sociale n'aurait pas à prendre la forme d'un classement n'aurait ni à rechercher une conscience de classe ni à en postuler l'existence. Ce système n'éliminerait pas pour autant l'idée de consciences collectives. S'il ne posait pas *a priori* les types sociaux ou s'il les posait en tant qu'abstractions, pour des fins analytiques, il n'aurait pas à déceler dans l'univers la conscience de ces types. La conscience ne lui apparaîtrait collective que comme manifestation et la théorie pourrait se mouler sur elle après avoir contribué à la dégager. Et si, de surcroît, le système catégoriel se préoccupait moins des types sociaux que des phénomènes d'échange autour desquels se dessinent des agissements, c'est moins les consciences collectives qui compteraient pour lui que les jeux entre ces agissements. En prenant pour point de départ non pas les classes mais les relations, sans nier le fait apodictique de l'inégalité sociale — qui ne se présente pas nécessairement sous l'aspect d'un classement —, la théorie se donnerait beaucoup de latitude pour définir la constitution de l'ensemble global. Et cette latitude aurait d'autant plus d'ampleur que le système catégoriel n'attendrait pas du pouvoir qu'il se juche à la cime de quelque structure stratifiante. Dans cette optique relationnelle, par ailleurs, la conscience ne pourrait se réaliser que dans l'analyse communicationnelle : car l'esprit d'un collectif, en intériorité, ne peut se réaliser que par la communication. Elle ne pourrait donc avoir été avant que ne fût la communication ou avant que ne fussent esquissés les paramètres de telle communication.

21. Échange : communication et économie

Le lien entre communication et économie peut être compris de différentes façons.

Si l'on distingue le champ économique du champ communicationnel en posant que dans celui-là s'échangent des biens (et des services) et dans celui-ci circulent des messages, ils peuvent apparaître, à un premier niveau, comme juxtaposés, liés simplement par le fait qu'ils se côtoient. La communication, ici, n'a de rapport avec l'économie qu'en ce qu'elle est utile aux échanges économiques. Les informations qui sont transmises simplifient ou activent les mécanismes de la circulation des biens. Les deux zones ne se frôlent que parce que la communication sert l'économie; en tant que domaines d'études, elles sont techniquement séparées l'une de l'autre par des objets dissociés. Si le primat n'est pas celui de l'économie mais plutôt celui de la communication — comme dans certaines approches de l'anthropologie culturelle —, la problématique peut être inversée : ce n'est plus la communication qui est au service de l'économie mais bien cette dernière qui devient prétexte à la première. Dans cette inversion, cependant, les deux champs restent coupés l'un de l'autre. À un second niveau, on peut apercevoir une union entre les deux secteurs en observant que ce qui est échangé fait figure de message. Présenter un certain objet, une certaine somme, c'est signaler quelque chose : indiquer son consentement, sa reconnaissance, son mépris, etc. De la même manière, les informations qui circulent peuvent se présenter comme foncièrement économiques, c'est-à-dire que leur signification peut n'être intelligible que par référence à la dimension économique qui leur est inhérente. La communication, alors, ne se révèle pas comme subordonnée à l'économie mais comme l'un des aspects de l'échange.

La part de la communication peut sembler plus ou moins importante selon les types de rapports économiques. Elle s'avère prépondérante lorsque les relations interpersonnelles sont directes. L'aspect communicationnel surdétermine alors l'échange. Sur la place du marché, offrir une somme trop faible pour un produit, c'est insulter le vendeur, trop proposer, c'est se rendre ridicule. Mauss a très bien illustré à quel point l'échange et le don sont lourds d'implications, à quel point les objets sont chargés de significations. Là où cette part est moins manifeste, c'est lors de l'achat dans ses manifestations les plus dépersonnalisées. Le consommateur choisit un article dans un magasin à rayons, le paye à la caisse et en fait usage. À la limite, l'acheteur peut n'avoir échangé aucune parole[93] avec qui que ce soit; la personne préposée à la caisse peut s'être contentée de lui indiquer du doigt le montant à débourser après qu'il s'est inscrit sur un cadran ou sur un ticket de caisse. Mais même dans un cas aussi extrême — bien que courant — le champ des communications participe de l'action économique, et de plusieurs façons. Le bien désiré comporte un prix; ce prix peut être indiqué; s'il ne l'est pas, l'acheteur, normalement, s'en enquiert; s'il ne se renseigne pas, il ne peut pas, de toute façon, ne pas être informé lorsque vient le moment de payer. La communication est-elle, ici, accessoire? On ne peut l'affirmer qu'en soutenant qu'il peut y avoir une action économique sans transmission d'information. Mais dans la mesure où cela est faux, dans la mesure où, pour acheter, vendre, donner, rendre, il est nécessaire que quelque information circule, la communication, loin d'être marginale, se révèle tout à fait intégrée. Si un événement ne peut survenir sans un autre, ils sont tous deux indissociables; dans les faits, ils n'en constituent qu'un seul. Or, la communication est omniprésente. L'information qui se soude à l'objet de consommation n'est pas réductible au prix, pas plus que la place de la communication ne se résume aux informations qui sont propres à l'événement particulier. Un phénomène économique n'a lieu que dans un champ social où la communication ne peut pas ne pas occuper quelque espace. L'objet, lui, porte un nom, il se pose par rapport à d'autres qui, eux aussi, sont respectivement dénommés; son usage suppose l'apprentissage de quelque directive, qui sera lue sur un emballage, dont instruira un commis, ou qui aura précédemment été assimilée. Déjà à ce stade, on le voit, le geste économique porte en lui le fait des communications, de sorte que même si un bien s'acquiert par le vol ou par l'intervention d'un commissionnaire — si désintéressée que soit la personne pour laquelle il intervient —, il ne peut pas ne pas être intrinsèquement communicationnel. Et plus encore, l'objet lui-même est signe, assiégé de valeurs — économiques et culturelles —, valeurs qui prennent forme dans l'usage qui en est fait mais aussi dans la position qu'il occupe, selon l'usager, dans un système d'objets valorisés. Sous cet angle, le simple achat dépersonnalisé n'est pas simple achat anonyme. L'acheteur n'agit pas hors d'un système de relations par rapport aux objets et par rapport à d'autres personnes où l'objet possède déjà une signification ou est appelé à en prendre une. L'achat est impersonnel seulement s'il est fait abstraction de toute la réalité économico-communicationnelle plus vaste qui est l'environnement réel de l'achat. Et s'il y a dépersonnalisation, dans ce système élargi, c'est plutôt en tant que les exigences des relations dissolvent les personnes qu'en tant que le système peut se passer des actions de personnes communicantes. Même dans une analyse à courte vue, la plupart du temps, l'achat n'est pas seulement l'appropriation d'un produit, la consommation n'est pas seulement son absorption. Un bien acquis peut être offert, peut être rendu, peut être étalé, peut être admiré. Et même s'il est consommé dans l'intimité, il prend néanmoins la signification que lui attribue l'acquéreur, et cette signification ne se précise qu'en fonction des relations du consommateur avec son environnement social, qu'il assume cette signification ou non, car même s'il ne l'assume pas, il se pose malgré tout par rapport à elle. L'achat qu'on serait tenté de qualifier de dépersonnalisé est-il échange? Au niveau purement économique, il l'est bien entendu : un bien est acquis contre une certaine somme. Au niveau communicationnel, il l'est aussi, ne serait-ce que parce qu'un prix a été indiqué et qu'un accord a été manifesté dans le simple fait de débourser la somme réclamée. Mais tout ce qui est échange économique ou communicationnel, dans cet achat, ne se limite pas à cet événement. L'événement n'a lieu que parce qu'il se situe dans un immense système où des biens, des idées et des personnes circulent. La systématisation de l'événement suppose un partage de valeurs, de notions, de symboles, des relations entre individus, des formules de négociations, et ainsi de suite. L'échange baigne dans la communication, les objets d'échange revêtent constamment un caractère significatif, sinon symbolique. En ce sens, la distinction entre une science des communications qui se chargerait des échanges de significations et une économique qui aurait pour terrain celui des échanges de biens matériels, bien qu'elle puisse être utile au découpage des sciences sociales et favoriser le développement des divers domaines, est loin d'être indiscutable.

On peut encore tenir pour adjacents les champs économique et communicationnel. Et c'est ce que font, avec beaucoup de bonheur, maints économistes et bon nombre de communicologues. Mais il n'est pas déraisonné de tenter de les comprendre dans leur intégration.

On peut différencier l'échange économique de l'échange communicationnel en faisant valoir que, dans le premier, l'agent se départit de quelque chose alors que, dans le second, ce n'est pas le cas. Dans plusieurs circonstances, le critère s'applique. Si un agent économique doit donner une bicyclette pour recevoir un cassettophone, il perd la bicyclette. Si un agent communicant fournit une information, il continue néanmoins de la détenir. Mais cette distinction est fragile et ne concerne que des secteurs limités en même temps qu'elle est symptomatique d'un type de regard. Pour ce qui est de la communication, l'exemple n'illustre que les situations où l'information n'est pas matérialisée dans un objet, où elle est effectivement détenue, au point de départ, par quelqu'un. Il décrit les cas où l'information précède la relation, où les informations ne prennent pas forme dans les relations. L'information matérialisée est économiquement échangée de la même manière qu'un autre produit — un livre, un enregistrement — est troqué contre un autre objet; une information qui n'est pas détenue en propre est tout simplement reproduite dans l'échange selon ses finalités. Mais ce jeu d'échanges peut être perçu autrement. D'abord, le rapport entre les produits économiques et les produits communicationnels peut être mis en lumière de même que la fusion des phénomènes d'échanges qu'il suppose. Ces phénomènes sont indivisibles. La vie en société ne peut pas se concevoir, sinon pour des raisons méthodologiques, sans une dialectique d'échanges économiques et d'échanges informatifs, si distincts l'un de l'autre soient ces deux systèmes d'échanges. De plus, ils ne sont pas sans affinités, même à les considérer isolément. La distinction initiale laisse entendre que le champ de la circulation de l'information en serait un de partage alors que celui de l'économie comporterait surtout des phénomènes d'échange au sens strict, puisque, dans le premier cas, la transmission aurait pour conséquence une communion alors que, dans le second, la circulation ne pourrait avoir pour effet que le sacrifice d'une chose pour l'obtention d'une autre. Cette vision est par trop restreinte. Il y a, si on les prend de l'intérieur, dans les rapports économiques, des partages comme il y a des relations économiques qui n'ont rien à voir avec l'idée de partage. Dans une coopérative, les membres bénéficient en commun de leur organisation. La transmission d'informations peut aussi avoir des fins mercantiles auxquelles l'idée, même technique, de partage est complètement étrangère. Elle peut encore avoir pour objectif d'aliéner un groupe; à ce moment, l'émetteur peut très bien ne pas partager l'idée qu'il diffuse pourtant.

Le champ des communications et celui de l'économie peuvent être analysés simultanément. Mais leur parenté est plus théorique qu'empirique. Ils ne sont pas comparables en ce qu'ils sont identiques, en ce qu'on ne peut pas les distinguer l'un de l'autre. Ils le sont parce que les deux domaines peuvent se construire autour de l'idée d'échange. Ils s'associent non pas parce qu'ils ne sont que la réplique l'un de l'autre, mais parce qu'il est posé qu'ils ne peuvent pas ne pas entretenir de rapport l'un avec l'autre dans une structure sociale.

22. Le renversement des catégories de l'économie politique

L'économie peut apparaître comme un processus linéaire dont l'origine est la *production*, le moment intermédiaire la *distribution* et la fin la *consommation.* La distribution dérive alors de la production, état principiel, mais assure tout de même la régénération du mécanisme en établissant une connexion entre consommateurs et producteurs, connexion grâce à laquelle la production, d'une part, n'est jamais définitivement accomplie et les consommateurs, d'autre part, trouvent toujours à s'approvisionner. Dans cette chaîne, l'échange ne constitue pas un maillon essentiel. Les produits ne sont pas échangés; ils sont répartis entre les consommateurs. Pour que la notion d'échange intervienne dans ce schéma, il est nécessaire de le complexifier. Les producteurs et les consommateurs doivent tous deux se dédoubler afin que leur nature respective participe simultanément de celle de l'autre. En outre, leur état doit être tel qu'il les condamne à l'échange, condamnation que prononcent, entre autres, la théorie de la division du travail, le principe de besoin, la théorie des besoins exponentiels[94], la théorie de l'utilité marginale et le postulat de l'augmentation de la valeur par l'échange. De linéaire qu'il était, le modèle devient alors systémique. Les agents du système produisent et consomment mais ne peuvent consommer tout ce dont ils ont besoin qu'à travers l'échange et ne sont en mesure d'échanger que parce qu'ils produisent. À cause de leur nature, ils activent ainsi tout le système. La consommation n'est plus la fin d'une série économique; la production n'en est plus le moment premier. Elles sont toutes deux points de départ et points d'arrivée parce qu'elles sont réciproquement fonction l'une de l'autre.

Mais cette économie n'a pas encore pour principe l'échange. Elle vient à l'échange. Elle ne part pas de lui. Elle y vient comme par scrupule, pour ne pas le mettre de côté, car l'échange est si manifeste, parce que la production appelle la consommation et que les agents échangent entre eux. Le fondement initial du système s'est subdivisé : il appartient encore à la production mais il réside également, maintenant, dans l'agent; l'économie ne s'est pas construite autour de l'échange; au mieux, elle se développe grâce à lui. L'économie n'est pas essentiellement relation; elle est production et elle a pour moteur les agents, qui, eux, doivent échanger. L'échange se juxtapose à la distribution, en devient une sous-catégorie ou se substitue à elle. Il est coincé, un peu comme l'était la distribution, entre la production et la consommation.

Ce modèle est rempli de qualités. En découlent un grand nombre de théories, toutes plus utiles les unes que les autres pour évaluer l'activité économique, qu'on songe aux théories de la répartition des revenus, aux analyses de gestion, aux théories de la consommation, etc.

Mais en se repliant sur lui-même, il se coupe de bon nombre d'événements qui non seulement déterminent les effets de phénomènes qu'il étudie mais en plus modifient la nature même de ces phénomènes. Il ne parvient pas à réaliser, par exemple, que la fin de la production peut ne pas se confondre avec la consommation, que le travail, en plus d'être élément de production, peut lui-même être objet de consommation.

> *Le travail révolutionne la société, à travers son abjection même, en tant que marchandise dont le potentiel excède toujours la pure et simple reproduction de la valeur.*
> *Aujourd'hui, non : le travail n'est plus productif, il est devenu reproductif de l'*assignation au travail, *comme habitus général d'une société qui ne sait même plus si elle a envie de produire ou pas. Plus de mythes de production, plus de contenus de production : les bilans nationaux ne retracent plus qu'une croissance chiffrée, statistique, vide de sens — une inflation de signes comptables sur lesquels on ne réussit même plus à faire phantasmer la volonté collective. [...] Mais il reste d'autant plus indispensable de reproduire le travail comme affectation sociale, comme réflexe, comme morale, comme consensus, comme régulation, comme principe de réalité. Mais principe de réalité* du code : *c'est un gigantesque* rituel des signes du travail *qui s'étend sur toute la société — peu importe si ça produit encore, ça se reproduit*[95].

En faisant de la production les assises de la théorie économique, l'observateur ne voit pas les agents échanger leur travail en tant que tel; il ne peut les voir échanger que les fruits de ce travail. En joignant *a priori* l'économie à la communication, les objets qui appartiennent à chacun des deux domaines d'études changent d'état. C'est ainsi que pour une économie politique du signe, par exemple, la production peut elle-même se transformer en élément des échanges symboliques qui traversent la société de toutes parts. Dans une économico-communication, les biens ne figurent pas seulement comme produits destinés à la consommation : ils se parent de tout ce que peut leur léguer leur aspect communicationnel; les humains n'échangent plus que parce qu'ils se définissent comme producteurs ou comme consommateurs : ils échangent parce que leur socialité les contraint à entretenir des liens dont l'essence déborde le cadre économique autant parce que les biens ne se réduisent pas à cette dimension que parce que les relations relèvent de plusieurs ordres. Si ce regard passe par le prisme de l'échange, il n'y a pas relation simplement parce qu'il y a production et consommation. Il y a relation parce qu'il y a société. Et dans cette société, les agents produisent et consomment. En produisant et en consommant, les agents ne revêtent pas une personnalité purement économique. Il n'y a pas activité économique parce que les agents ont des besoins, si dénaturalisés, si culturels soient-ils : il y a activité économique parce que la socialité et l'échange qui lui est inhérent ne peuvent pas se limiter au champ des idées, parce que, dans une société, avec les idées, circulent des biens (ou des services) et des personnes, parce que la société ne peut pas seulement vivre de la production, il lui faut en même temps se produire elle-même[96].

Quatrième partie

Modèle pour une analyse synthétique du social

23. Introduction

La société est intégrée. Cette intégration passe par une dialectique du pouvoir. Mais comment peut se comprendre cette dialectique si l'on prend pour objets, et tous à la fois, les domaines des biens, des idées et des personnes et qu'on cherche à les insérer dans une approche échangiste? La réponse à cette question permet d'avancer que, sur un plan théorique, l'échange n'est pas le propre des personnes, que les idées et les biens ont, eux aussi, tout comme l'acteur économique ou communicationnel, la faculté d'échanger, que leur rôle n'est pas exclusivement passif.

La société est intégrée. Cela signifie que des liens s'établissent entre ses composantes. Mais cela n'empêche pas que se révèlent des concentrations de biens, d'idées ou de personnes et donc, que les secteurs de circulation soient restreints. Comment, alors, vont pouvoir être analysés ces phénomènes de concentration si l'on veut tenir compte du principe de la société intégrée?

Dans cette dernière partie, donnant suite aux principes qui ont été développés depuis le début, on construira un modèle qui permettra d'analyser la société dans sa tridimensionnalité. Ce modèle proposera un certain nombre d'assemblages possibles des trois domaines. Il indiquera enfin que l'état de ces domaines dépend de la forme des échanges qui ont cours en chacun d'eux.

24. Circulation et relation

Les mots circulation et relation, bien qu'ils n'aient pas pour référents des réalités identiques, ne correspondent pas à des notions incompatibles.

Le concept de circulation, dans son acception rigoureuse, évoque une mobilité circulaire, une rotation ou même un va-et-vient; dans un sens plus flexible, il désigne les déplacements des choses ou des personnes au sein d'un ensemble ou entre divers points, quand il ne fait pas tout simplement référence à leur seule progression. Il renvoie donc au mouvement et à l'objet en mouvement.

Le concept de relation, lui, rappelle les facteurs qui relient deux éléments ou plus. Il souligne le fait que ces éléments sont en rapport les uns avec les autres. Il se distingue ainsi du concept de circulation en ce qu'il désigne moins ce qui est échangé entre les éléments, moins les manifestations de l'échange, que le fait que les éléments interagissent.

Tout échange est circulation mais toute circulation n'est pas échange. Dans une relation, les éléments interagissants échangent entre eux. Pour qu'il y ait relation, il faut que quelque chose circule entre les éléments.

En économique, l'étude de la circulation des biens consiste principalement en une réflexion formelle sur les processus d'échange. Cette réflexion est fondatrice en ce que maintes réalisations analytiques s'appuient sur ses conclusions. Mais elle est en même temps fragile, car elle parle de phénomènes dont les rapports avec la réalité ne sont que peu visibles. Sa perspective est microéconomique : il s'agit de spéculations sur les comportements des acteurs entre lesquels s'effectuent des transactions ou sur l'entreprise dans son application essentielle à maximiser ses rendements[1]. Il n'y a pas à insister sur les lacunes de cette microéconomie; la critique en a déjà été faite par plusieurs spécialistes. Qu'il suffise de citer ce passage de *L'anti-économie* :

> *Le développement de la microéconomie a été facilité par la simplicité initiale de sa modélisation : chaque agent est supposé se comporter de façon à rendre maximal un indicateur fonction de ses actions, sous les contraintes qui les limitent. Ainsi, en microéconomie, le seul objectif d'une entreprise est de rendre maximal son profit sous les contraintes techniques et financières qui l'enserrent.*
>
> *Or, chercher le maximum d'une grandeur sous certaines contraintes est un problème mathématique classique. Les diverses méthodes disponibles ont ainsi largement favorisé les progrès de la formalisation et conduit à des versions de plus en plus abstraites de la théorie de l'équilibre général. Mais ces nouvelles versions n'élargissent pas le champ de cette théorie et ne contribuent guère à la fonder sur des hypothèses plus réalistes. Elles restent limitées à une représentation des interactions de deux agents, les entreprises et les ménages dont rien ne fonde la conceptualisation*[2].

Les remarques ne portent pas sur la modélisation en tant que telle ni non plus sur l'abstraction en elle-même. Elles dénoncent le fait que ces opérations n'aient été réalisées que dans un assemblage de définitions qui a fini par rendre la théorie impénétrable aux objets qu'elle doit pourtant recueillir. L'abstraction et la modélisation sont essentielles à l'intelligence scientifique; mais il n'y a d'entendement d'une chose que dans la mesure où cette chose reste à la portée de l'entendement. En préjugeant de la nature de l'acteur, la microéconomie classique prédit un seul comportement économique et élabore toute une économique sans tenir compte de la relationalité des phénomènes économiques ni de leur socialité. C'est ce procédé que récuse tout projet soucieux de confronter à leur environnement les manifestations que relève la théorie économique.

Dans une approche marxiste, l'étude de la circulation des biens s'intègre à une analyse des procès de production où interviennent prolétaires et bourgeois. L'ouvrier échange contre sa force de travail une rémunération que lui présente le capitaliste. Mais cet échange est truqué; il s'inscrit dans un système d'exploitation. Car le revenu que touche l'ouvrier est au fond constitué de son propre travail, seule source possible, affirme Marx, de l'augmentation de la valeur. L'ouvrier confère de la valeur à la matière par la manufacturation; le capitaliste s'approprie le bien manufacturé, rend à l'ouvrier une partie de la valeur que celui-ci a attribuée au bien et conserve la différence. Les produits du travail circulent, dans le schéma marxiste, des producteurs vers les consommateurs, comme dans l'économie classique, à la différence que, là, les processus d'échange résultent moins de la raison économique que des contraintes du mode de production, lequel détermine la possibilité de la distribution de la richesse. Le modèle de Marx n'a pas pour point de départ l'inclination des acteurs. La quête du profit, par exemple, n'est pas chez lui tributaire de la nature des agents économiques; elle a pour cause une structure socio-économique. Il n'y a pas alors de microéconomie fondatrice d'un modèle macroéconomique. Marx ne construit pas l'économique sur la base d'un acteur; il construit un système dans lequel l'acteur n'a de place que comme catégorie, c'est-à-dire non pas en tant que «je». Son modèle, quoique utile pour débusquer les phénomènes d'exploitation, ne peut pas pour autant être institué en vérité, pas plus qu'aucun autre par ailleurs. Il a le mérite d'être systémique; mais il a cependant le défaut de ne pas pouvoir s'ajuster aux différentes manifestations de la structure sociale, de la distribution des biens, des changements sociaux. Il est à ce point obligé de mouler ses objets, tant son système de catégories se fait contraignant, qu'il en vient souvent à les défigurer, en ramenant, par exemple, les rapports sociaux au rapport dominant-dominé, en déclarant aliénée toute pensée non révolutionnaire, en annonçant l'ordre capitaliste...

L'étude de la répartition des biens est toute autre. Elle ne vise à la fabrication ni d'un modèle analytique ni d'un atome : elle ne tend pas à trouver le cadre explicatif du fait économique pas plus qu'elle ne cherche l'élément autour duquel surgit toute une économie. Elle ne se lance pas dans des abstractions. Son intention est de décrire, de préciser des formes, de mesurer des substances. Elle ne s'édifie pas en construisant un appareil théorique mais en accumulant des données. Elle maintient l'empirie bien en vue. Mais son regard ne se heurte pas à un être informe. Elle s'instruit des catégories d'un système théorique et les informations qu'elle acquiert ainsi délimitent ses observations. Son regard n'est pas, non plus, dépourvu de sensibilité. Elle maîtrise des instruments — notamment statistiques — grâce auxquels ses évaluations s'objectivent. Elle examine de la sorte des phénomènes de chômage, de consommation, de revenu selon telle ou telle catégorie sociale. Ses conclusions sont souvent d'ordre macroéconomique; elle parvient aisément à élaborer des plans d'ensemble.

Son approche microéconomique, son obsession de la propriété privée, autant pour la louer que pour la dénoncer, ont forcé l'économique à négliger un important objet : les biens (ou services) collectifs. Certes, jamais cette réalité n'a été plus manifeste que dans la société postindustrielle. Et c'est probablement le faible rôle qu'elle joua dans la structure économique de l'époque industrielle qui empêcha qu'on y porte attention. Mais ce rôle, quoique mineur, n'a pourtant jamais été nul.

Un bien collectif, par essence, fait appel à la notion de circulation : plusieurs y ont accès. Il fait aussi appel à celles d'information puis de décision : des autorités informées doivent le mettre à la disposition d'une population informée. Sa prise en considération oblige l'économiste, selon Jacques Attali et Marc Guillaume[3], à complexifier les processus économiques : du schéma concurrentiel qui trace la relation presque mécanique entre les producteurs et les consommateurs et où la communication n'est qu'implicite, on passe à un schéma dans lequel la dimension communicationnelle est explicite parce qu'elle ne peut pas ne pas être traitée tant elle tient à la nature même de l'objet.

Le premier schéma présente un «circuit court», celui des rapports, tels que perçus par l'économie classique, entre les producteurs et les consommateurs, en ce qui a trait aux biens privés. Attali et Guillaume estiment que, là, «les consommateurs échangent directement des informations avec le système productif par le moyen des prix»[4]. Le second schéma s'allonge. Le rapport entre le consommateur et le producteur se médiatise, prend une dimension socio-politique. Des consommateurs communiquent avec des représentants; des autorités politiques communiquent entre elles et décident en fonction de ce qui a été échangé entre les représentants et les consommateurs; des gestionnaires, auxquels on a prescrit des politiques, mettent à la disposition des consommateurs des biens collectifs et subissent directement l'influence de ces consommateurs[5].

Figure 2
Circuit pour la production de biens privés et circuit pour la production des biens collectifs

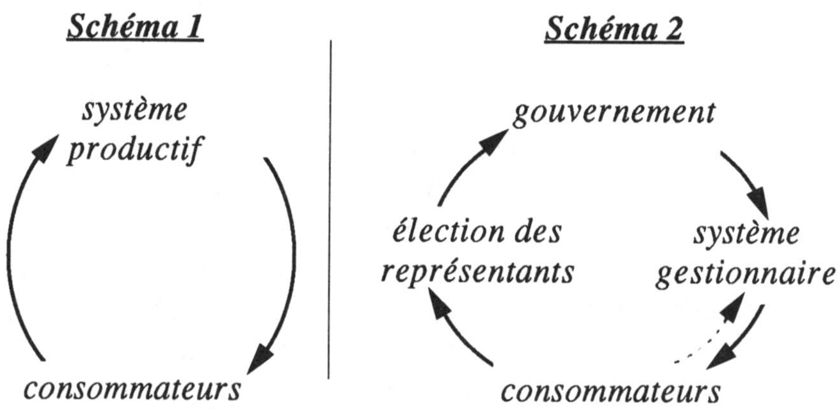

Dès que l'économie comporte sa dimension sociale, qu'elle ne peut plus la contourner, elle ne peut pas, non plus, faire abstraction de son aspect communicationnel. Une économique de la consommation privée qui s'intéresserait à la socialité de ses phénomènes ferait de même. C'est, en quelque sorte, cette socialité que les théories économiques ont voulu incorporer en théorisant sur la nature de l'acteur économique ou sur les phénomènes d'aliénation : puisque la raison de l'acteur décidait de ses comportements, il n'était pas besoin de l'analyser comme agent communiquant; puisque le non-propriétaire de moyens de production qui ne se faisait pas révolutionnaire ne pouvait être qu'aliéné, il n'y avait pas à comprendre le mode de communication qui s'implante entre lui et le capitaliste.

Mais Attali et Guillaume ramènent la problématique communicationnelle à celle des processus décisionnels. Or, ce n'est pas seulement parce que des décisions politiques et organisationnelles doivent être prises qu'il y a communication en économie, quand il s'agit des biens collectifs. La communication est aussi implicite à cette économie générale en tant que les biens croisent ou non les idées. Attali et Guillaume conduisent le problème sur un terrain spécial : celui où les économistes doivent savoir quoi faire ou quoi recommander. C'est la raison pour laquelle tout autre aspect communicationnel leur échappe. Leur problématique est celle d'une économie pragmatique : comment se prennent les décisions économiques? Mais cette problématique n'épuise pas toute la dimension communicationnelle des phénomènes économiques.

L'étude de la circulation des idées s'apparente à celle de la circulation des biens quand elle explique ses phénomènes par recours à la nature des acteurs. Elle en diffère toutefois par le fait qu'elle ne peut s'appuyer sur une définition unique de cette nature. Si, en économique, il suffit, pour fonder la théorie, d'avancer que tout acteur tend à optimiser sa satisfaction avec un minimum d'effort, dans les sciences des communications, il faut multiplier les dispositions des acteurs. Le principe d'une rationalité économique ne prévaut, dans les études communicationnelles, que lorsque sont appliquées les directives behavioristes. La plupart du temps, les phénomènes comme la persuasion, l'assimilation, la propagation, l'apprentissage s'expliquent par référence à d'autres natures.

Ces natures apparaissent généralement par couples aux composantes antinomiques (par exemple leader/suiveur). Elles se raffinent souvent dans des échelles, mais ces manipulations positivistes ne modifient pas leur être théorique. Leurs apparitions par couples n'a rien d'étonnant puisque les phénomènes de communication impliquent forcément au moins deux agents — à moins qu'on songe à une communication avec soi-même, quoique, encore là, cette introspection ne soit possible que si son auteur se dédouble psychiquement — dont les rapports de communication sont *a priori* déterminés par la différence des acteurs. L'échange, en économique, compte aussi au moins deux agents, mais il est là possible parce que ces agents sont semblables, alors que, dans les sciences des communications, il l'est, normalement, parce qu'ils sont non pareils. En économique, les rapports s'expliquent par l'identité de l'appareil psychologique principiel alors que, dans les sciences des communications, ils se comprennent par le caractère pluriel de ce même appareil. Mais le rôle de l'appareil psychologique est ici dissemblable. En économique, il justifie l'harmonie des échanges. Dans les sciences des communications, il donne raison à la variété des échanges. En économique, il fonde le caractère essentiel des échanges. Dans les sciences des communications, il rend compte de leur diversité, sans la fonder, comme si leur essence était toujours déjà donnée. L'économique n'étudie pas des effets d'échange de biens sur des agents. Elle postule que ces échanges ont pour effet la satisfaction des parties. L'échange de biens ne la préoccupe qu'en tant qu'il anime tout un système économique de production, de division du travail, de consommation dans lequel seuls des rôles génériques existent, des rôles qui, finalement, se croisent parce que la psychologie est la même partout. Les notions de besoin, puis de désir, qu'aime à relever la théorie de la consommation, avec laquelle elle explique parfois les variations de production, se subordonnent impitoyablement au principe de la raison économique. Par rapport à la problématique de l'échange, les comportements économiques sont seconds. En économique, l'essentiel de la psychologie est donné une fois pour toutes au point de départ. Les variations économiques ne sont pas affectées par elle, sinon dans leurs manifestations fortuites comme les changements d'orientation des consommateurs. Les sciences des communications étudient l'effet des échanges d'informations sur les agents. L'échange les intéresse moins que ses effets. Dans la mesure où les effets sont variés et qu'ils portent sur des agents, la pluralité de la psychologie humaine s'offre à elles comme explication de tout. Et dans la mesure où ses analyses portent sur l'effet de l'échange, et non sur l'échange lui-même, elles n'ont pas à rechercher une psychologie originelle, car leur objectif n'est pas de rendre compte d'un fait universel mais des conséquences d'un universel qui n'est pas réfléchi en tant que tel. Quand l'économique cherche dans les comportements des acteurs les causes des variations de production, elle glisse dans la psychologie comme les sciences des communications qui veulent saisir les effets d'une personnalité sur une autre dans la transmission d'information. La psychologie n'occupe pas le même espace dans les deux domaines de recherche parce que les problématiques sont différentes. À cause de cette différence, le caractère essentiel de la psychologie, dans les sciences des communications, lui vient de la pluralité qu'il déploie; en économique, de l'unicité à laquelle il ramène l'humanité. Une science des communications dont l'intention serait de fonder psychologiquement la possibilité des échanges d'idées se pourvoirait sans doute d'un facteur doté d'une raison semblable à celle de l'*homo economicus.* La personnalité économique est universelle et la circulation des biens en est tributaire. La personnalité communicationnelle est plurielle et la circulation des idées trouve en elle sa cause. L'économique requiert une personnalité pour fonder l'échange; les sciences des communications pour en saisir les effets. C'est un peu pourquoi les analyses de la circulation des idées sont généralement plus empiriques que théoriques, que l'approche positiviste leur sied confortablement, que leurs conclusions prétendent communément à l'universalité.

La circulation des idées peut aussi être étudiée d'après les qualités des messages. Une idée pourra être d'autant plus propagée qu'elle possédera telle ou telle caractéristique. Elle peut de même être analysée en fonction des mécanismes de transmission, selon, par exemple, que le média possède telle ou telle qualité. Enfin, elle peut être abordée relativement au système socio-économique, un peu comme la circulation des biens. Dans tous ces cas, la dimension psychologique est moins importante que dans les cas précédents parce qu'elle n'est pas traitée en tant que telle. Mais elle flotte néanmoins à l'horizon des analyses.

L'étude de la répartition des idées est normalement articulée à un modèle théorique, de façon semblable à l'analyse de la répartition des biens. Mais cette articulation est de deux types : ou bien il s'agit de découvrir des opinions selon des variables démographiques, plus ou moins fondées théoriquement, par une observation empirique; ou bien il s'agit tout simplement de déduire cette distribution, immédiate ou éventuelle, d'une vision d'un ordre des choses et d'une estimation des facultés de cet ordre.

La question de la circulation des personnes peut se poser dans un cadre moral. L'interrogation porte alors sur la liberté,

sur ses fondements philosophiques ou idéologiques, sur ses droits juridiques ou politiques. En sociologie, l'étude de la circulation des personnes recoupe celle de la mobilité. Les spécialistes de la stratification analysent constamment les facteurs de l'évolution des individus dans des sociétés données. Ils découvrent que ces individus passent ou non d'une strate à l'autre de façon ascendante ou descendante, se déplacent ou non, de façon horizontale, à l'intérieur d'une même strate. Ces spécialistes contrôlent habituellement des variables comme l'âge, le sexe, le niveau d'éducation, l'origine familiale, la région... En marge de ces travaux empiriques, des spécialistes tentent d'expliquer l'état de la mobilité ou de l'immobilité sociale par le type d'organisation de la société donnée. Dans un schéma positiviste, les études de la mobilité sociale constituent étrangement des travaux sur la répartition des personnes. Elles permettent de les classer par proportions, dans des sociétés globales, en fonction de certains critères. Le fait de la circulation est induit des observations; il n'est pas étudié en tant que tel : si la proportion des femmes dans telle strate varie dans le temps, on peut conclure qu'il y a mobilité. Le fait mobilité ressortit de la différence de deux proportions. La notion d'échange est associée à celle de personne, en anthropologie, dans le contexte d'études sur des sociétés primitives. On ne trouve que rarement cette association dans le cadre de la sociologie des sociétés contemporaines. L'anthropologie fait cette association, notamment dans les analyses de phénomènes matrimoniaux, parce que, dans les négociations entre agents, les personnes font effectivement partie des échanges. Dans les sociétés complexes contemporaines, les acteurs sociaux ne sont pas manifestement objets d'échange, ce qui, du point de vue de la société, les assimilerait aux biens, et, donc, à des

marchandises, confusion qui ne pourrait que se révéler inacceptable. Les époux ne se négocient, la plupart du temps, que très subtilement. Ils ont même tendance à se négocier entre eux. Ils ne sont que rarement l'objet des transactions de leur famille d'origine. Mais cela ne signifie pas que l'échange des personnes, même à ce niveau empirique, ne participe pas des rapports sociaux. D'abord, que l'échange soit discret ou non, il demeure échange. Un parent occidental contemporain qui parle avec sa fille d'un éventuel mariage avec tel jeune homme ne discute pas formellement avec le parent de ce possible époux. Il ne marchande pas une fille qu'il a en propre contre un fils que posséderait dans une autre famille un autre parent. Il n'en demeure pas moins que cette conversation porte sur la circulation des personnes. Le parent encouragera sa fille à prendre le jeune homme pour époux selon qu'il estimera que ce jeune homme promet de rendre sa fille heureuse, estimation qui est faite en fonction d'informations sur la famille d'origine du jeune homme, sur son niveau d'éducation, sur sa santé, sur ses qualités morales, etc. Cet encouragement signifie, au fond : tu as ma bénédiction, mon enfant; ce jeune homme m'apparaît digne de toi, digne de notre famille. Le parent est prêt à accorder à sa fille le droit moral d'épouser un homme qui rapportera des bénéfices de tous ordres. Et cette opinion du parent, normalement, ne laisse pas l'enfant indifférent, qu'il s'y conforme ou non. La fille n'est pas possédée au même titre qu'un bien. Elle est néanmoins échangée. Le parent ne dit pas à un autre parent : je t'échange ma fille contre ton garçon. Il dit : tu as raison, ma fille, de t'échanger toi-même contre ce jeune homme. Et si les éventuels époux conviennent eux-mêmes de leur alliance, ils s'entendent sur leur mutuel échange où chacun se donne à l'autre contre l'autre. Dans d'autres circonstances, les personnes se négocient plus

explicitement : quand, par exemple, des municipalités rurales exigent des autorités qu'elles prennent des mesures afin que soit enrayé le déplacement de leurs habitants vers les centres urbains, quand un syndicat demande qu'on modifie la situation qui provoque une diminution du nombre de ses membres ou lorsqu'il réclame que l'employeur arrête d'embaucher des travailleurs à temps partiel, quand le politicien implore les électeurs de l'appuyer parce qu'il se considère comme meilleur qu'un autre et parce qu'il améliorera leur sort.

En économique et dans les sciences des communications, de la notion de circulation découle celle d'échange. L'échange, lui, se comprend essentiellement en fonction d'agents, qu'il s'agisse d'êtres plutôt abstraits, comme en économique, ou plutôt concrets, comme dans les sciences des communications. En sociologie, on conçoit plus aisément la circulation ailleurs que sur fond d'échange. Quand, toutefois, la circulation naît de l'échange, là encore, elle se comprend relativement à des agents. Cette inéluctable apparition des agents s'explique par le fait que, dans le discours même des agents, se révèle un objet d'échange. L'échange est ici moins une catégorie théorique qu'un donné. Il est moins l'élément d'une construction théorique qui aborde un réel que la fabrication même du réel. Ce sont les agents qui donnent l'échange et c'est pourquoi il ne se révèle pas sans eux. Cette façon de lier les phénomènes d'échange aux échangistes a pour conséquence d'en réduire la portée et d'en aliéner l'interprétation : l'objet se limite alors à ce que disent de lui les agents eux-mêmes et l'explication arrive difficilement à façonner son objet en fonction de ses outils d'objectivation. On peut alors se demander si, théoriquement, l'échange peut être interprété hors de la présence des agents, sans que soit pour autant niée l'existence des acteurs sociaux. On peut noter immédiatement qu'une analyse intégrée du social pour laquelle les personnes constituent un objet, bien qu'elle soit contrainte d'étudier des acteurs, n'est pas obligée de ramener l'échange à ce que croient de lui des objets échangistes. L'analyse de la circulation des personnes ne se confine pas dans l'étude du rôle des échangistes. La question qu'il importe de poser est si l'on peut étudier l'échange en dehors des discours sociaux. Il faut à cela répondre par oui et par non. Par non, parce que le social est intégré, fait de la circulation des biens, des idées et des personnes; dans cette intégration, le discours ne peut donc pas ne pas constituer un élément essentiel. Par oui, parce que tout ce qui est échangé dans la société, dans l'optique d'une théorie qui met l'échange au principe de la vie en société, peut relever des discours sociaux sans faire l'objet d'une négociation. Les affirmations des acteurs sociaux, bien qu'ils donnent accès à la totalité du discours, ne présentent pas la totalité du discours social. Cette totalité les transcende. Dans la société, s'échangent beaucoup plus de choses que la société en négocie, que les acteurs sociaux en discutent. En fait, ce qui est objet d'échange d'après le discours entre deux agents n'est qu'une partie de tout ce qui s'échange dans la société. Ce que les acteurs négocient consciemment n'est pas la totalité de ce qu'ils échangent. La problématique de l'échange déborde le cadre de ce que les transactions entre agents révèlent empiriquement. En ce sens, s'il n'y a pas d'échange sans agents, l'agent ne peut être qu'un construit théorique au même titre que l'échange lui-même. Ce n'est pas une abstraction comme celle de l'agent économique, parce que l'échange, là, ne peut surgir que de ce qui se négocie entre agents, si abstraits soient-ils; la société n'est là que la somme ou le système de ce qu'échangent ces êtres abstraits; l'échange est là réductible aux objets des négociations entre agents. Ce n'est pas, non plus, un être concret comme celui des sciences des communications, car cet être concret est au fond le même que celui de l'économique à la différence qu'il incarne plusieurs personnages. L'échange ne se détecte là encore que dans ce que stipulent les messages à un premier niveau. Ce n'est pas, enfin, l'acteur de l'anthropologie, l'oncle de Lévi-Strauss, par exemple, si abstrait, si construit soit-il, parce que cet oncle négocie effectivement, parce que l'objet d'échange se trouve vraiment dans le discours de l'oncle, parce qu'il n'y a pas d'échange en dehors de ce discours, même si Lévi-Strauss accorde une place importante à l'inconscient, même s'il reconnaît le caractère transcendant et théorique des structures.

En économique, dans les sciences des communications et en sociologie, l'analyse de la répartition, quoique raccrochée à une réflexion théorique, revêt communément un aspect empirique. L'étude de la circulation, elle, oscille plus spontanément entre l'observation empirique et la spéculation. La psychologie est inhérente à l'analyse de la circulation des biens et à celle de la circulation des idées; elle l'est moins à celle de la circulation des personnes. Cette inhérence n'est donc pas essentielle au fait de la circulation. Il semble qu'il faut l'attribuer à la forme de l'analyse et au type des problématiques. On peut supposer qu'un autre questionnement, plus préoccupé par les relations elles-mêmes que par les effets et les conséquences de ces relations, n'aura que très peu besoin d'un dispositif psychologique des agents sociaux. Quoi qu'il en soit, l'analyse de la répartition a tendance à présenter une image statique de la société; ce n'est pas qu'elle tienne à cette image; c'est qu'elle est contrainte par ses méthodes, lesquelles l'obligent à présenter un système de classes plutôt qu'un procès de classification. L'analyse de la circulation, elle, montre un monde en mouvement, une dynamique sociale.

L'opposition entre ces deux analyses n'est pas absolument insurmontable; elle résulte davantage des techniques et des objets d'analyse que des positions des analystes. Et puisqu'elle n'a pas pour cause des partis résolument pris, on retrouve souvent quelque dynamique dans un plan statique. Quand, par exemple, la circulation des idées s'étudie selon les personnalités, les types retenus donnent une impression de fixité, mais on sait bien que ces types s'animent réciproquement. La dynamique des rapports s'enferme alors dans la statique des personnalités. L'inverse est aussi vrai. La statique peut s'ouvrir sur la dynamique, comme dans l'analyse de la mobilité sociale où l'on établit des mouvements entre deux périodes d'observations alors que chacune de ces périodes est en elle-même figée dans une structure. Dynamique et statique ne sont pas foncièrement irréconciliables. Dans les faits, elles participent l'une de l'autre. Ce qui, assurément, force, quand on adopte l'une ou l'autre optique, à maintenir l'autre à l'horizon de son travail. Elles sont contradictoires simplement en fonction des questions qui sont posées et des instruments d'analyse qui sont utilisés. La répartition et la circulation constituent deux champs distincts et essentiels d'analyse. À travailler à l'intérieur de chacun d'eux, on découvre comment la société est divisée, structurellement, synchroniquement, et comment elle se divise, progressivement, diachroniquement. Logiquement, les deux approches sont exclusives l'une de l'autre, en ce sens qu'on ne peut analyser et comprendre de façon simultanée synchroniquement et diachroniquement, structurellement et évolutivement. Les Lévi-Strauss, les Touraine et les Bourdieu, entre autres, ont tous souligné ce paradoxe. Cela n'empêche pas de juxtaposer les approches ou de montrer les conséquences des faits relevés avec l'une d'elles sur ceux que découvre l'autre.

25. Concentration

Une société est minimalement une structure composée de biens (et des services), d'idées et de personnes.

Figure 3
Éléments de la structure sociale

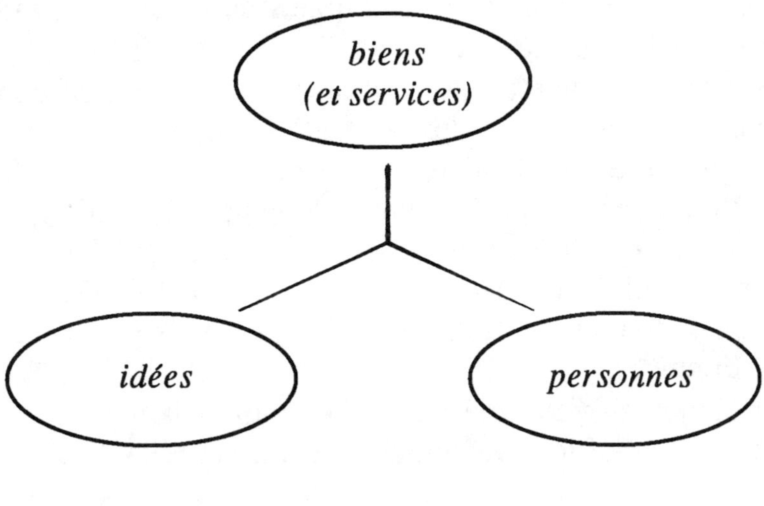

Ces éléments représentent des domaines de circulation interreliés.

Figure 4
Trois domaines interreliés de circulation

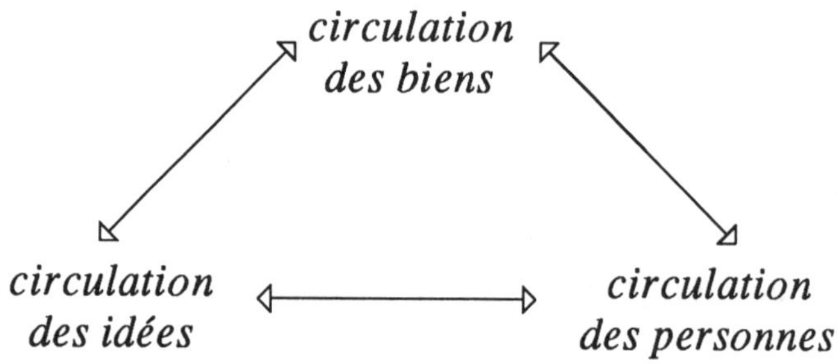

Ces domaines forment des champs relationnels, des secteurs d'échanges, de même que leurs objets participent du procès global des échanges sociaux. En eux s'effectuent des échanges; une société est constituée de l'intégration de ces domaines, intégration qui se réalise elle-même par des échanges entre les domaines.

À l'intérieur de chacun de ces domaines, les objets, bien que circulant, sont concentrés (+), déconcentrées (-) ou mi-concentrés mi-déconcentrés (±). Ces trois possibilités, jointes aux trois domaines, présentent 27 combinaisons possibles (voir Figure 5).

Quel que soit le type de concentration, il implique des relations à l'intérieur du domaine et entre chacun d'eux.

25.1. La concentration des biens

Normalement, l'économie politique considère que la concentration des biens est relative au nombre de personnes qui en disposent. Ce résultat s'obtient de différentes façons.

On peut mesurer la répartition de la richesse, par exemple, avec une courbe de Lorenz. On établit alors la corrélation

Figure 5
Ensemble des combinaisons des types de concentration pour les trois domaines intégrés de circulation

	biens (services)	idées	personnes
1	+	+	+
2	+	+	±
3	+	+	-
4	+	±	+
5	+	±	±
6	+	±	-
7	+	-	+
8	+	-	±
9	+	-	-
10	±	+	+
11	±	+	±
12	±	+	-
13	±	±	+
14	±	±	±
15	±	±	-
16	±	-	+
17	±	-	±
18	±	-	-
19	-	+	+
20	-	+	±
21	-	+	-
22	-	±	+
23	-	±	±
24	-	±	-
25	-	-	+
26	-	-	±
27	-	-	-

entre le revenu des personnes et le pourcentage des ménages et l'on confronte ce rapport à un idéal. Si, en différents points, la proportion des ménages et celle des revenus étaient identiques, on conclurait à une situation d'égalité (puisque 20% des familles disposeraient de 20% des revenus, 40% de 40%, 60% de 60%...).

Figure 6
Courbe de Lorenz

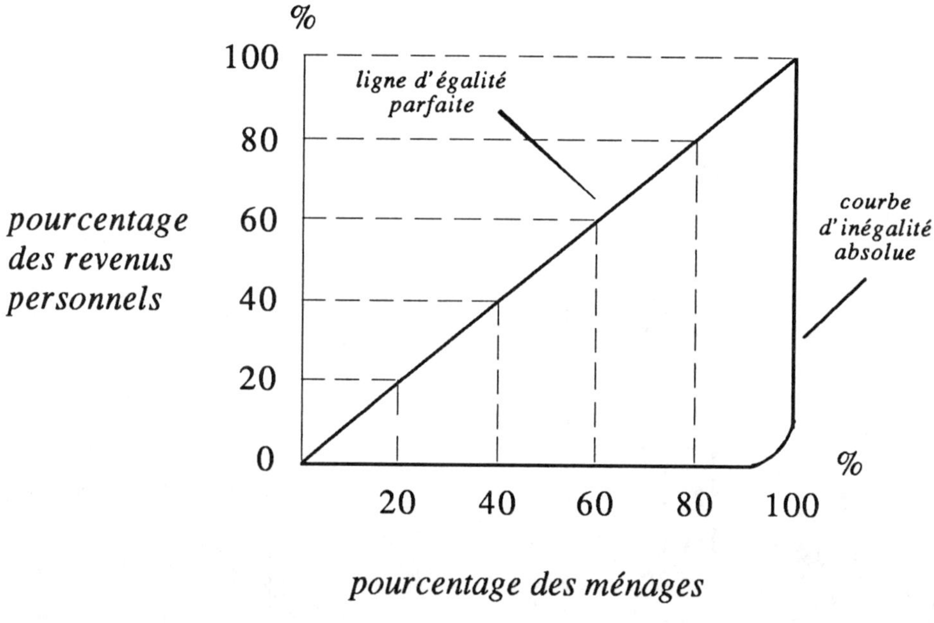

Dans ce genre d'analyse, on exploite abondamment les variables revenu et ménage[6]. Il y a à cela quelques raisons. D'abord, le revenu représente probablement l'indicateur le plus important de la richesse. Ensuite, il est pluriforme, composé de salaires, d'intérêts, de loyers, de rentes, de dividendes; il n'est donc pas exclusif. Troisièmement, il constitue en lui-même un bien (ou un sevice) ou donne accès aux biens (ou services). Quatrièmement, il est généralisable. Enfin, il est souple, pouvant être ajusté, pondéré. Le terme ménage, lui, recèle une certaine neutralité : d'une part, il ne préjuge pas de la composition de la cellule familiale; d'autre part, il s'avère théoriquement peu chargé, beaucoup moins, par exemple, que la notion de classe. À cause de sa neutralité, il arrive à désigner une formation presque atomique qui peut aisément être généralisée. Le concept de ménage, en outre, déborde celui de famille, il touche à tout ce qui concerne la domesticité, son organisation, ses biens. Ces deux variables possèdent des facultés manifestes. Elles ne sauraient pourtant être prises pour des indicateurs ultimes. D'abord, parce que, si extensibles soient-elles, elles n'épuisent pas les objets sociaux ni ne peuvent être considérées comme universellement adéquates. La richesse, par exemple, peut aussi se mesurer par les propriétés, par l'accès aux services. À côté des ménages, les sociétés comptent des groupes sexuels, des occupations, des ethnies... Ensuite, parce que leur neutralité les place dans une espèce de vide analytique : elles parviennent ainsi à servir plusieurs interprétations mais sans réellement participer d'aucune.

Par ailleurs, ces études descriptives tendent à donner de la société une image stagnante. Elles le font en la fixant dans des catégories immuables. Elles le font en arrêtant l'observation sur un moment bien circonscrit, tellement délimité qu'on le dirait déhistoricisé. Elles le font aussi en isolant ces catégories les unes des autres, ne les réunissant que pour établir des corrélations, le plus souvent statistiques, ne recréant pas, en procédant de la sorte, les liens dynamiques entre les diverses composantes. Cette approche, bien qu'utile pour brosser un tableau de la répartition de la richesse, coupe, en rapportant les richesses aux personnes, d'une perspective relationnelle, où les biens pourraient apparaître dans leurs mouvements.

L'analyse descriptive de la concentration des biens permet habituellement de mettre en lumière des phénomènes d'inéquité économique qui ne peuvent que difficilement être contestés. Plusieurs recherches, reprenant des catégories d'études descriptives théoriquement neutres, utilisant celles qui ont été fabriquées au sein d'une tradition théorique ou construisant les leurs, se consacrent à trouver les explications de cette inéquité. Mais ces catégories finissent souvent par trop solliciter leur objet. Quand le ou la méthodologue recourt librement à elles, il les impose au monde sans autres contraintes pour lui que celles de sa méthodologie; l'objet prend, sans discuter, la forme de la catégorie dont l'existence est antérieure. Quand les catégories procèdent d'un système théorique plus ou moins malléable, elles obligent encore l'objet; bien que les explications ne soient pas forcément *a priori* données, l'objet doit se découper de telle manière qu'il s'adapte à l'élément de l'explication. Le caractère astreignant des appareils catégoriels ou théoriques n'a rien en lui-même de répréhensible, sinon dans ses manifestations abusives. On ne soutient plus sérieusement, aujourd'hui, une épistémologie positiviste. Cependant, dans les analyses de la concentration des biens, la variable discriminante a souvent de la difficulté à rejoindre l'objet. Placée dans le vide théorique, donc appartenant à une enquête déchargée de l'obligation d'interpréter ce qu'elle relève, son objet ne peut résister, ne peut rien recommander à la théorie. Liée à une théorie, elle est façonnée par elle; la fonction de l'observation ne consiste alors qu'à évaluer l'importance de la discrimination; l'objet ne revient à la théorie que pour signaler l'ampleur de son rôle de dénominateur; il ne se façonne pas au carrefour de la théorie et du monde qu'elle interpelle.

Dans le cas où la théorie s'impose de mettre en évidence les rapports entre les phénomènes de circulation des biens et ceux de circulation des idées, elle ne peut, même lorsqu'il lui faut décrire les faits de la concentration des biens, se doter de catégories qui ne prennent pas en considération les consciences ou qui se contentent de poser comme implicites, normalement en regard de la théorie elle-même, ces consciences. Or le lien entre les formations sociales et les consciences de ces formations ne peut pas consister, sinon au seul niveau formel, en une conclusion purement théorique. Même dans la tradition marxiste, les sociologies de pointe, comme celles de Bourdieu ou de Touraine, quoiqu'elles réaffirment le caractère essentiel du conflit de classe dans les structures sociales, se donnent pour tâche de décrypter les diverses manifestations de la culture. Les idées collectives, ici, ne sont pas simplement déduites des catégories sociales, elles les remodèlent.

25.2. La concentration des idées

Les sciences des communications s'intéressent moins aux concentrations d'idées qu'à celles des médias; elles s'occupent donc des moyens grâce auxquels les idées peuvent se répandre. La problématique de la concentration des idées n'est cependant pas absente de ces préoccupations. Dans ces études, en effet, on établit généralement le lien entre les propriétaires des médias et leurs intérêts plus ou moins objectifs, selon des principes théoriques, et l'on considère que les médias ont pour mission de propager l'idéologie susceptible de préserver les privilèges des classes dominantes, dont font partie les propriétaires des médias.

En marge de ces travaux, des analyses de contenu, de type qualitatif ou quantitatif, repèrent des idées et les distinguent selon le média, le canal ou l'énonciateur.

Certains travaux de sociologie[7], de sociologie de la culture notamment, appuient, développent ou reformulent ces analyses de contenu en mettant en évidence les attitudes et les positions des différentes formations qui composent une société.

Que les formes idéelles soient déduites de positions théoriques ou qu'elles surgissent d'analyses empiriques, la plupart des études trouvent plusieurs concentrations. La diversité des concentrations s'explique, en faisant allusion à des intérêts économiques ou non, par référence soit à la notion de conflit, soit à celle de nécessité de la pluralité — où est simultanément évoquée la détermination essentiellement plurielle de la nature ou de l'histoire. Les aspects de la diversité sont ainsi antinomiques ou non, c'est-à-dire que les spécificités idéelles ou bien reflètent et reproduisent le caractère fondamentalement conflictuel de la société, ou bien ne témoignent que de la diversité des constituantes de l'ordre social. Dans le premier cas, la société subsiste comme tout en atténuant l'importance des oppositions qui la menacent comme système; dans le second, les oppositions, quoique essentielles, n'affectent pas fondamentalement le système social. Dans le premier cas, le conflit est tel qu'il ne saurait ressortir de consensus de la structure idéelle à moins que ce ne soit superficiellement; dans le second cas, parfois un consensus pourra être dégagé par delà la diversité, parfois non, mais même si cela n'est pas possible, les différences, voire même les oppositions, ne seront pas tenues pour des facteurs latents de destruction du système. Dans le premier cas, l'intervention d'une des parties se manifeste comme lutte, se conçoit en termes d'opposition; dans le second, elle peut être comprise par rapport à soi et l'intérêt particulier ne pas apparaître comme contraire à d'autres intérêts, elle peut revêtir l'apparence d'une lutte, les enjeux peuvent même supposer la perte d'une des parties, mais, même dans ces occasions, la notion de lutte n'appelle pas celle d'un système global essentiellement conflictuel, ou encore la notion de conflit, si elle est posée pour essentielle, ne l'est pas en tant que les luttes s'effectueraient toutes en un lieu commun. C'est que dans le premier cas, à la différence du second, la lutte met nécessairement en jeu des classes sociales. Si, dans le second cas, une partie impliquée est prise pour une classe, sa nature de classe ne lui vient pas de sa position dans un mode dominant de production. La notion de système convient plus communément à la première approche qu'à la seconde. Car, le conflit étant là posé comme principiel, la société étant définie en termes de classes, l'enjeu renvoyant aux positions mêmes de ces classes, le tout ne peut que constituer un système, le système des rapports de classes. Mais cette notion n'est pas forcément exclue de la seconde approche. Car dès lors que des conflits sont analysés, ils ne peuvent se révéler que dans une structure où agissent au moins deux parties. Dans la mesure où cette approche se penche plus sur le sujet que sur les rapports entre les sujets, sur l'action que sur les rapports entre les actions, comme chez Boudon par exemple, elle tendra à exclure la notion de système. Mais dans les circonstances inverses, comme chez Crozier, elle en viendra à récupérer la notion de système, montrant bien que l'acteur ne peut que prendre en considération un ensemble de facteurs dont les autres acteurs font partie. Bien sûr, le système n'est pas, dans la première approche, chez Bourdieu ou chez Touraine, le même que chez Crozier; mais il n'en demeure pas moins là un facteur de la compréhension de l'intervention sociale. C'est son envergure et son rôle par rapport à l'action qui varient. Dans une sociologie conflictuelle, comme celle de Bourdieu, les positions sont cause de la concentration des idées aussi bien parce qu'elles coïncident avec différents capitaux culturels que parce qu'elles commandent différentes attitudes. Dans une sociologie conflictuelle, comme celle de Touraine, les idées se concentrent, dans l'action conflictuelle, autour d'agents de classes opposées, pour le contrôle des orientations culturelles de la collectivité. Dans une sociologie où le conflit polarise moins la société globale, comme celle de Crozier, les concentrations se subdivisent en fonction de la diversité des intérêts et des systèmes qui se dessinent autour des ces intérêts. Dans une sociologie plus libérale, comme celle de Boudon, les idées se développent dans la multiplicité des actions mais se regroupent, quoique jamais complètement, dans l'ordre social, inévitablement incomplet.

Dans les polémiques entre ces sociologies, il y a d'importants désaccords[8]. Mais ces mésententes n'obligent pas une théorie de la société intégrée à prendre partie pour une sociologie à l'exclusion des autres. D'abord une théorie de la société intégrée aperçoit en chacune d'elles la reconnaissance de l'importance des relations, que l'ordre relationnel soit constitué en extériorité par rapport aux agents, quand la théorie montre comment ils agissent les uns par rapport aux autres, ou en intériorité, quand la théorie illustre comment l'acteur interprète lui-même son action en fonction des autres. Ensuite, une théorie de la société intégrée constate que chacune de ces sociologies manipule en même temps que des formations sociales, des formes idéelles. Mais ce qui, surtout, lui permet de s'affilier à elles toutes, ce sont les faits, d'une part, que leurs discordances ne la touchent pas et que, d'autre part, sa problématique recoupe chacune d'elles. En effet, une théorie de la société intégrée n'a pas à déterminer si la société est composée de classes ou non, si elle est ordre ou non, conflit ou non, système ou non, action ou non. Elle affirme qu'elle n'est caractérisée par aucun des termes de ces alternatives s'il faut exclure celui qui lui est opposé. Car elle ne pose pas, sous ce rapport, de jugement global sur la société. Elle affirme bien que la société est échange, que la structure sociale consiste en une forme quelconque des relations entre les biens, les idées et les personnes. Mais cette affirmation contourne, pour ainsi dire, les autres problématiques. Le jugement est global en ce qu'il porte sur toute la société, non pas en ce qu'il révèle en quoi consiste ni l'organisation sociale, ni l'action. Une théorie de la société intégrée n'a pas besoin, compte tenu de son questionnement à elle, de se construire sur la base de la classe, de l'ordre, du conflit, du système ou de l'action. Ce sont là des catégories qui donnent sur la société une perspective qui n'est pas la sienne. Ces catégories, notamment, participent d'une polémique à laquelle elle ne peut qu'assister, bien qu'elle s'en instruise infiniment. L'échange est, pour elle, essentiel, comme le sont, certes, ailleurs, la classe, le conflit, le système ou l'action. Mais à la différence des autres catégories, il ne se pose pas comme négation logique d'autres catégories fondamentales. D'abord parce qu'il est, au point de départ, d'une épistémologie constructiviste, qui, donc, admet, dans certaines conditions, d'autres constructions, mais surtout, et d'un point de vue moins lointain, parce qu'il réussit très bien à cohabiter avec ces autres catégories. Que la société soit ordre ou conflit, une théorie de la société intégrée croit qu'elle ne pourra se reproduire que grâce à des échanges. Elle pense que des rapports de classes ne peuvent être que des rapports d'échange. Elle s'attend à ce que les systèmes fassent état de relations d'échange. Elle suppose que l'acteur est toujours en position d'échange. Bien sûr, elle se fait, relativement à ces concepts, beaucoup moins restrictive que les théories dans lesquelles ils prennent leur signification réelle. Cependant, étant donné qu'elle ne trouve pas de raison de s'ingérer dans ces débats, qu'elle trouve partout son profit, elle ne voit pas pourquoi elle devrait à ce point limiter l'interprétation des concepts qu'ils en deviendraient inutilisables. Cette attitude, en outre, la détournerait de ses propres problèmes. Et puis, de toute façon, il lui apparaît que la fusion des importantes thèses dans lesquelles ces concepts prennent un sens défini n'est pas moins importante que la réaffirmation de leur signification originale. Et cette synthèse lui semble tout à fait possible du moment que chacune des parties reconnaît l'importance des facteurs idéels, qu'aucune ne présente plus la société dans une perspective téléologique, que toutes font la distinction entre la position extérieure du chercheur et le vécu intérieur de l'acteur social. Dès qu'on n'élève pas ces concepts en catégories essentielles, que, donc, on ne construit pas toute la théorie de la société sur leur base, on peut très bien trouver une structure à la fois ordonnée et conflictuelle[9], divisée en classes mais non intégralement ou sans que cela implique d'autres divisions, une société où les individus ne sont pas le pur produit de structures sociales mais où les structures sociales ne les modèlent pas moins, on peut très bien croiser des moments où des discours généralisés se lient à des discours conflictuels. Une théorie de la société intégrée envisage toutes ces possibilités. Elle envisage même qu'il puisse y avoir des concentrations d'idées sans que pour autant il soit possible de repérer une catégorie sociale correspondante. Elle porte en elle une telle souplesse, une telle ouverture, parce que sa catégorie principielle, l'échange, n'est pas tributaire d'une théorie qui a pour point de départ une catégorie sociale qui prend partie pour l'harmonie ou l'antinomie des rapports entre les agents sociaux ou pour l'adéquation entre les catégories sociales et les discours collectifs.

25.3. La concentration des personnes

Les phénomènes de concentration des personnes sont couramment étudiés partout dans les sciences sociales. En analysant comment les individus sont répartis dans la société, on étudie normalement selon quels facteurs ils sont ou non regroupés. Des observations chronologiques font état de modifications ou de persistances dans le temps; des observations synchroniques découvrent des variations ou des stabilisations selon de multiples variables. Il s'agit là de travaux des plus usuels.

En fait, la distribution des personnes constitue probablement l'une des réalités les mieux connues des spécialistes des sciences sociales. Ces sciences s'intéressent tout naturellement à ce qui rassemble ou distingue les humains. Dès lors qu'un critère est imaginé, par suite de conjectures théoriques ou au centre d'un ressentiment, les sciences sociales sont très bien équipées pour en mesurer la validité. Elles savent même que les idées ou les biens ne sont pas dissociables des groupes sociaux; elles n'affirment pas nécessairement pour autant, toujours et partout, que cette relation est absolue. La relation est reconnue en son principe; mais sa substance l'est moins. Les sciences sociales savent bien que le fait d'être femme, ouvrier, riche ou de posséder quelque autre caractéristique, et donc d'être de tel regroupement, ne peut pas ne pas influer sur les consciences. Elles arrivent même à repérer certains éléments de ces consciences, mais, la plupart du temps, ce repérage sert si peu à discriminer, repousse tellement d'exceptions, qu'il n'a d'utilité que partielle, décevante. Il semble que rares soient les facteurs de regroupements qui permettent de déterminer avec certitude les formes idéelles. Il appert également que cette indétermination vaut aussi bien dans le cadre des prédictions théoriques — lorsque, par exemple, le théoricien ou la théoricienne annonce que telle formation sociale doit penser telle chose — que dans celui des attentes du positiviste. Habituellement, les faits, ici, n'invalident ni ne confirment jamais complètement les théories ou les hypothèses. Ils indiquent par conséquent que le facteur de discrimination possède, comme cause, une vérité partielle. Ces découvertes sont toutes plus importantes les unes que les autres. Mais elles mettent en évidence la fluidité des discours collectifs et des regroupements humains. Or c'est dans cette fluidité que veut se glisser une théorie de la société intégrée. Elle le fera en ne déterminant *a priori* ni les formes des groupes sociaux, ni celles de leurs idées. Elle tentera de se poser toujours dans leur dialectique, non pas simplement en se contentant de réaffirmer le principe de l'interrelation des consciences et des collectifs, mais en admettant même que des formations sociales puissent n'entretenir avec le discours que des rapports indirects, où, par exemple, la communauté d'idées ne se manifeste pas de façon immédiate au groupe, ni même ne le caractérise par son uniformité. Son but sera beaucoup moins de montrer qui pense quoi que de construire la structure de la triple concentration des biens, des idées et des personnes, à travers le prisme de l'échange. Dans cette triple concentration, elle pourrait bien apercevoir des partages dans lesquels les formes discursives ne jouent qu'un rôle mineur. En ne cherchant pas en tant que telles des corrélations, en se posant constamment entre les biens, les idées et les personnes, elle ne cherchera pas des adéquations mais des formations. Car ce ne seront pas les idées qui lui annonceront les personnes ou les biens, les biens qui lui annonceront les idées ou les personnes, les personnes qui lui annonceront les biens ou les idées, mais l'ensemble lui-même qui se manifestera, le tout qui se constituera avec ou sans ses coïncidences. C'est elle-même qui montrera, au gré du flottement des objets, où se situent les ruptures et les partages, les échanges et les non-échanges. L'ensemble ne se laissera pas construire autour d'une catégorie, sociale ou discursive, *a priori*. Il se construira toujours dans le tout, comme ensemble de relations.

25.4. Les structures de concentration

Pour s'assurer de maintenir une perspective intégrée, au lieu de renvoyer chaque objet à chacun des autres, par exemple les idées aux personnes ou aux biens, dans des relations unidirectionnelles ou même dialectiques, l'analyse confrontera dialectiquement chacun des éléments à la dialectique des deux autres.

Figure 7
Relation unidirectionnelle ou dialectique entre deux éléments de la structure

«idées	→	personnes»	ou	«idées	←	personnes»	ou	même «idées	↔	personnes»
«biens	→	personnes»	ou	«biens	←	personnes»	ou	même «biens	↔	personnes»
«idées	→	biens»	ou	«idées	←	biens»	ou	même «idées	↔	biens»

Figure 8
Dialectique de chaque élément et de la dialectique des deux autres

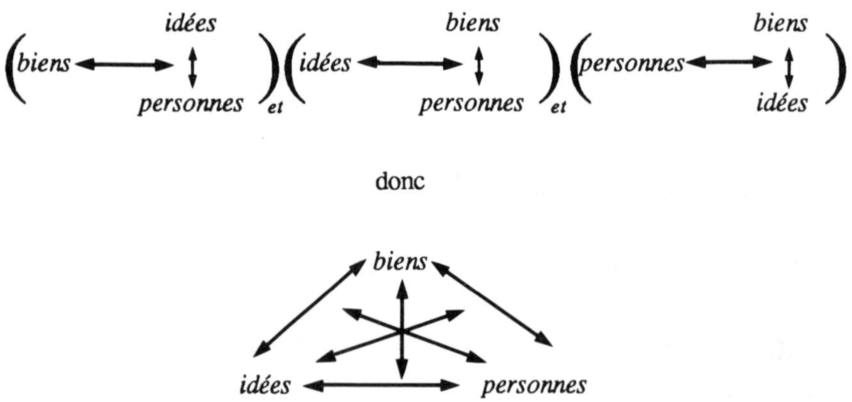

Par ce procédé, aucun des trois éléments essentiels de la structure sociale ne sera jamais étudié isolément. En aucune façon, donc la théorie ne pourra reposer sur une simple section du tout, ne pourra s'édifier sans que soit pris en considération un élément en l'absence duquel, finalement, aucune des autres ne pourrait jouer de rôle. On a déjà vu, il est vrai, que les éléments choisis pour la construction d'une théorie du social, bien qu'ils ne soient pas sans justification, recelaient quelque arbitraire. Par conséquent, d'autres éléments pourraient s'ajouter ou, encore, une toute autre structure pourrait être imaginée. On pourrait certes rétorquer ici qu'il n'y a pas de raison d'obliger à toujours jongler avec ces trois éléments. Et l'on aurait en partie raison. Cette obligation ne vaut pas universellement, elle ne vaut pas pour toute recherche quelles que soient ses fins. Elle ne s'applique que pour une théorie de la société globale qui pose comme axiomatique l'existence et la dialectique de ces trois éléments. Or, si ces trois éléments constituent une espèce d'atome, il devient impossible de comprendre l'un d'eux sans saisir son rôle par rapport aux deux autres. Et si tout est partout relation, il devient essentiel de toujours tout comprendre dans des lignes relationnelles.

Ce procédé permet d'éviter les pièges du positivisme; les rapports ne peuvent plus être livrés par de simples corrélations. De plus, il fournit à l'analyse un instrument taillé à la mesure de l'objet qu'il crée : il ne fragmente pas la dialectique.

Le fait de la concentration ne peut être donné qu'en fonction de quelque chose. Il n'y a pas de concentration dans l'absolu. Si l'on peut indiquer que tel type de bien appartient manifestement à tel groupe, c'est qu'on l'aperçoit moins dans d'autres; si l'on peut affirmer que telles idées sont principalement véhiculées par telle formation sociale, c'est qu'on les trouve en moindre proportion dans d'autres formations; si l'on peut dire que telle population apparaît surtout dans telle région ou dans une catégorie quelconque, c'est qu'elle est moins visible dans d'autres régions ou dans d'autres catégories. Le fait de la concentration, donc, puisque relatif, se révèle dans des relations. Par ailleurs, son explication par la simple corrélation avec un autre terme — voire même avec plusieurs, mais toujours dans des processus positivistes — fait surgir une variance inexpliquée qui entrave l'évolution réelle de la théorie. Les résultats des dialectiques partielles sont souvent similaires. Or, en renvoyant toujours les termes les uns aux autres, en veillant à ce que ces renvois se fassent dialectiquement, les phénomènes de concentration se révéleront eux-mêmes comme relations et auront toujours pour environnement la totalité du social qui les crée ou qu'ils caractérisent. Ainsi, le but de l'analyse ne sera plus de trouver la cause d'un phénomène mais bien de rendre compte des rapports entre les trois secteurs, c'est-à-dire de la circulation dans et entre les champs relationnels.

Intuitivement, la concentration des biens (et des services) est relative au nombre de personnes qui en font usage, qui en disposent (ou qui y ont recours). Plus est grand le nombre des personnes qui disposent d'une richesse donnée, moins elle est concentrée. Plus nombreuses sont les personnes qui ont recours à un service, moins il est concentré. La concentration d'une idée dépend du nombre de personnes ou de groupes qui véhiculent cette idée ou de la place qu'elle occupe dans une structure discursive. Plus l'idée est socialement utilisée, moins elle est concentrée. Plus est étendu l'ensemble social au sein duquel elle circule, moins elle est concentrée. Plus est restreint son rôle à l'intérieur d'une problématique sociale, plus elle est concentrée. Plus une idée est réductible à une formation sociale particulière, plus elle est concentrée. On parle de concentration des personnes selon qu'elles se trouvent en plus ou moins grand nombre dans telle ou telle catégorie sociale. On dit alors qu'elles sont plus ou moins concentrées dans tel type de zone d'habitation, dans telle catégorie salariale, et ainsi de suite. Les éléments peuvent être concentrés sous un rapport et déconcentrés sous un autre. En travaillant toujours avec les trois éléments essentiels, toutefois, ces contradictions, si elles surgissent, trouvent leur signification dans les relations mêmes grâce auxquelles le tout subsiste. Les paradoxes ne se manifestent pas à vide, simplement en fonction des variables qui les révèlent, plus ou moins arbitrairement. La contradiction ne se révèle pas du simple fait que deux variables indépendantes aient été associées, comme si sa vérité était absolue; elle vient de ce qu'une structure sociale la fabrique, pour elle-même. Elle apparaît donc là moins comme résultat absolument antinomique que comme signification dans un ensemble donné. Ces concentrations, aperçues intuitivement, montrent leur relativité par rapport à un objet particulier. Mais cela n'implique pas que leur explication soit déposée dans cet objet particulier. Cela ne veut pas dire que sa signification, et même sa nature, ne se découvre pas en regard du tout social. Cela ne veut pas dire que les biens et les idées ne soient pas concentrés les uns en fonction des autres. En fait, l'état de la concentration d'un élément ne peut être déterminé que par un autre, mais, dans une théorie de la société intégrée, sa réalité significative ne se révèle qu'en fonction du tout. Chacune de ces concentrations ne s'explique qu'en fonction des échanges dans la structure globale. Ce n'est pas qu'elle ne possède aucune autonomie; c'est que, quel que soit son état, il procède d'une structure intégrée. Ce qui fait que la taille de l'objet désigné par la structure est foncièrement liée au champ des échanges et aux phénomènes de concentration. L'objet social s'arrête là où l'analyse ne découvre plus de circulation, d'échange dans ou entre les trois domaines de la structure : celui des biens (et des services), celui des idées et celui des personnes.

26. Circulation et concentration

Les biens (ou services), les idées et les personnes sont plus ou moins concentrés et ils circulent de diverses façons. L'état de cette concentration et celui de cette circulation dépendent des relations entre les trois sphères et de celles qui sont inhérentes à chacune d'elles. Ces relations sont forcément dialectiques et leur nature peut être comprise par référence à la notion d'échange. Dans chacune des trois sphères et entre elles s'échangent plus ou moins librement des éléments. On peut ainsi étudier la situation de l'échange des idées et des biens entre les personnes. C'est là le phénomène le plus couramment observé. Mais on peut aussi analyser la manière dont s'échangent ou non les biens et les personnes entre les idées ou encore celle dont s'échangent ou non les personnes et les idées entre les biens. Car, dans ce modèle à trois dimensions, l'échange n'est pas le propre de l'acteur empirique; il caractérise aussi, et non passivement, les idées et les biens.

Les idées s'échangent des personnes. C'est le cas, par exemple, quand les acteurs alternent entre diverses opinions ou quand ils s'identifient à plusieurs discours sociaux. Moins est restreint cet échange, moins l'idéologie fractionne la collectivité.

Les idées s'échangent des biens. On le voit quand les discours sociaux recoupent différentes appropriations ou quand diverses richesses passent d'un discours à un autre. Plus les biens circulent entre les idées, moins l'ordre économique est déterminant de la structure sociale globale.

Les biens s'échangent des personnes. Cela se manifeste quand le rapport aux biens est variable, si tel type de propriété ou d'usage ne correspond pas systématiquement à telle catégorie sociale; cela se présente également quand ce rapport est peu défini, c'est-à-dire, par exemple, quand il ne révèle pas de façon récurrente d'usager privilégié. Plus cet échange est élargi, plus la structure sociale est verticalement et horizontalement ouverte, au sens où l'entendent les théories en stratification sociale.

Les biens s'échangent des idées. Ils le font quand les discours circulent entre les différentes richesses soit par alternance soit par dissémination. Et plus les idées circulent entre les biens, mieux sont partagés les éléments de l'ordre culturel.

Si la société est échange, des lacunes dans une de ses sphères d'échange ne peuvent qu'être compensées par un surcroît d'échanges dans les autres secteurs, et donc par les échanges entre les domaines. Si, par exemple, l'échange des biens est restreint, l'échange des idées ou celui des personnes doivent être étendus. Une société dans laquelle les biens, les idées et les personnes seraient concentrés et sur le même mode, c'est-à-dire où rien ne serait nulle part partagé entre les composantes, se révélerait des plus vulnérables.

Une concentration positive des biens (b+) est typique d'une société inégalitaire. La plupart des biens ne circulent alors qu'entre une faible proportion d'individus. Peu de biens circulent dans le reste de la population ou entre cette portion de citoyens et les mieux nantis. Dans cette société, l'usage des services coïncide sensiblement avec la consommation des biens. Mais il arrive que les méfaits d'une concentration des biens privés soient tempérés par une moindre concentration des services publics (s± ou s-). À une consommation privée restreinte se juxtapose une consommation publique plus étendue.

Une situation où les biens sont concentrés peut se présenter en fonction d'idées concentrées (i+), déconcentrées (i-) ou plus ou moins concentrées (i±). Dans une population donnée, les idées sont concentrées quand elles sont respectives à des groupes sociaux. Dans la mesure où elles sont partagées, elles sont déconcentrées; elles ne circulent pas, alors, en propre au sein de formations sociales particulières. Si une société compte plusieurs formations sociales et que des discours recoupent ces formations, elle est plurielle et ses idées sont déconcentrées. Cette société n'est pas pour autant unanime, ou idéellement homogène, à tous les niveaux. Des idées peuvent circuler entre plusieurs groupes sans que cela empêche que ces groupes se différencient, de quelque façon, par leurs idées. Des idées peuvent se distinguer sans pour autant être inconciliables. Plus les idées sont concentrées, moins les groupes auxquels elles appartiennent sont conciliables.

Les idées peuvent être réunies de différentes manières. Elles peuvent tout simplement se juxtaposer, n'entretenir les unes avec les autres que des rapports indirects, voire d'indifférence. Les idées coexistent sans s'affecter, parce que les groupes à l'intérieur desquels elles circulent sont indépendants. Elles peuvent nettement s'opposer mais à l'intérieur d'une structure discursive qui interdit les ruptures. Les idées se confrontent mais dans le respect général de valeurs supérieures. Dans le cadre d'une structure discursive contraignante, les confrontations donnent lieu à des fusions, où les parties se transforment pour donner lieu à une nouvelle réalité; elles donnent lieu aussi à des victoires et les parties vaincues ne peuvent alors que s'associer à celles qui les ont défaites ou reporter à plus tard la confrontation. Les idées sont ici concentrées à un niveau mais déconcentrées à un autre, plus élevé. Or, plus les idées sont concentrées et plus elles le sont à des niveaux supérieurs, plus est conflictuel l'ordre social.

Les biens et les idées peuvent être, les uns et les autres, concentrés. Dans ces conditions, ou bien la concentration des biens correspond à celle des idées («b+∧ i+», où b+ et i+ se superposent, c'est-à-dire où «b+ = i+»), ou bien elle s'en dissocie («b+∧i+», où b+ et i+ ne se superposent pas, c'est-à-dire où «b+ ≠ i+). Si la concentration des biens est adjacente à celle des idées, les circulations sont parallèles, les échanges de biens coïncident avec les échanges d'idées; la distribution inégale de la richesse est amplifiée par la division des idées, par l'échange négatif des idées, et cette division est d'autant plus accentuée que la concentration idéelle se manifeste à un niveau élevé. Si la concentration des biens et celle des idées ne se superposent pas, le déséquilibre de la richesse ne mobilise pas les idées. Les idées se concentrent alors en fonction d'autres éléments, relatifs, notamment, à la circulation des personnes. Cette concentration disjointe des idées favorisera sans doute la concentration des biens. Dans ces conditions, la circulation des biens ne correspond pas à la circulation des idées : l'échange restreint des biens n'est pas étroitement déterminant de l'échange restreint des idées — ce qui ne signifie pas qu'ils n'entretiennent pas de rapport objectif. Mais cette concentration des idées peut provoquer de l'instabilité sociale et s'accentuer, à cause du déséquilibre social que manifeste la concentration des biens. La révolution, ici, n'établira que rarement l'équilibre de la répartition de la richesse.

Les biens peuvent être concentrés sans que les idées le soient («b+∧ i±» ou «b+∧ i-»). Le déséquilibre de la richesse, ici encore, ne mobilise pas ou mobilise peu. Les biens s'échangent de façon restreinte. Des idées sont partagées, dans la société, malgré la concentration des biens. Cette situation favorise généralement la reproduction de la répartition inégale de la richesse. Des valeurs idéelles transcendent les groupes sociaux. Plus sont élevées ces valeurs, moins la société est exposée aux changements dus à la division sociale, plus elle peut se reproduire en dépit de ses divisions.

Des biens concentrés et des idées concentrées peuvent correspondre à une concentration des personnes. Dans cette triple

$$b+ \wedge i+ \wedge p+$$

où b+,i+ et p+ se superposent
c'est-à-dire où $b+ = i+ = p+$

concentration, le caractère conflictuel de la société s'avère des plus aigus. Les biens s'échangent entre des personnes qui partagent des idées; sont exclues de ces échanges de biens des personnes qui partagent des idées spécifiques, généralement opposées aux premières. Les biens ne partagent que très peu de personnes. Les idées n'échangent de biens que dans un cercle étroit; en fait, l'extension de la circulation des idées est ici inversement proportionnelle à la circulation des biens. Le déséquilibre de la richesse est tel que les personnes circulent, dans la société, en fonction des biens, et cette circulation s'anime de la circulation des idées. Dans des cas exceptionnels, cette triple concentration, bien que symétrique, pourra contribuer à la reproduction du déséquilibre de la richesse. Il faudra alors que les idées des consommateurs privilégiés se distinguent de celles des consommateurs lésés, voire des non-consommateurs, tout en ne se posant pas les unes par rapport aux autres, sans qu'elles aient de point de jonction. Les nantis penseraient différemment des pauvres sans que cela remette en question l'ordre des choses. Une triple concentration peut aussi être simultanée même si ses éléments ne se recoupent pas, et cela de quatre façons. Premièrement. La concentration des biens peut correspondre à celle des idées mais la concentration des personnes se détacher. Les idées circulent en fonction des biens.

$$b+ \wedge i+ \wedge p+$$

où p+ ne se superpose pas à la superposition de b+ et i+
c'est-à-dire où [b+ ≠ (b+ = i+)]

Les discours collectifs possèdent alors une autonomie relative. L'inégalité de la distribution de la richesse regroupe les idées sans mobiliser les personnes. Les personnes se concentrent alors en fonction d'autres critères. On observera une telle situation dans le cas, par exemple, où les idées mobilisatrices n'existent qu'à l'état latent, ne sont pas cristallisées, quand la démographie présente des diffé-rences ethniques ou régionales. Deuxièmement. La concentration des biens peut ne pas correspondre à celle des idées alors que la concentration des idées, elle, se superposera à celle des personnes. Autour d'idées se regroupent des personnes définies; des personnes définies font circuler entre elles leurs idées.

$$b+ \wedge i+ \wedge p+$$

où b+ ne se superpose pas à la superposition de i+ et p+
c'est-à-dire où [b+ ≠ (i+ = p+)]

Entre ces idées se dessinent des frontières qui circonscrivent en même temps des personnes. Les lignes de la concentration des biens, elles, ne se calquent pas sur ces frontières. Les idées peuvent déborder les biens en certains secteurs; elles peuvent se subdiviser de telle sorte que seules quelques parties d'entre elles croisent la concentration des biens; et ainsi de suite. Les idées caractérisent des personnes, et inversement; mais cette fusion ne se modèle pas sur la distribution des biens. Ce serait le cas, par exemple, d'une société dans laquelle les idéologies divisent la population et où les enjeux sont autres qu'économiques ou débordent largement cette problématique. Troisièmement. Des biens et des personnes peuvent être concentrés selon le même rapport sans que la concentration des idées les emboîte. Les biens et les personnes s'échangent en concordance.

$$b+ \wedge i+ \wedge p+$$

où i+ ne se superpose pas à la superposition de b+ et p+
c'est-à-dire où $[i+ \neq (b+ = p+)]$

Les idées ne participent pas de cette harmonie. L'échange ou le non-échange de biens regroupe les personnes mais les idées restent en marge, s'échangent sur un autre mode qui n'atteint qu'accidentellement la circulation des biens et des personnes. Une telle situation se présentera, par exemple, quand une forte tradition culturelle ne se laissera que difficilement altérer par une transformation de l'ordre démographico-économique. Quatrièmement. Les éléments de la concentration peuvent apparaître de façon totalement asymétrique.

$$b+ \wedge i+ \wedge p+$$

où b+, i+ et p+ ne se superposent pas
c'est-à-dire où $b+ \neq i+ \neq p+$

Les zones d'échange des biens, des idées et des personnes sont toutes trois limitées et en même temps décalées les unes par rapport aux autres. Les idées peuvent être concentrées en peu de points comme en plusieurs; elles demeurent irréductibles les unes par rapport aux autres. Si elles réfléchissent l'ordre de l'inégalité sociale, elles ne le font qu'accessoirement. La concentration des idées sera objectivement déterminée par l'inégalité sociale, mais le contenu des discours conservera une importante part d'autonomie. L'autonomie subjective de ces discours, en retour, contribuera au façonnement de la concentration des biens, à cause de son autonomie même. Des facteurs démographiques complexes, des discours collectifs autonomes et forts, organiseront les personnes plus ou moins indépendamment des biens et des idées. On observera un tel cas, par exemple, quand la richesse se révélera extrêmement concentrée, ou la pauvreté extrêmement généralisée.

La problématique du recoupement des domaines de circulation perd de son intérêt au fur et à mesure qu'on s'éloigne d'une situation de triple concentration. Quand les biens sont déconcentrés (b-), et donc qu'ils s'échangent de façon extensive, une question sur la superposition des idées par rapport aux biens devient vaine. À partir du moment où les biens circulent partout dans la société, les idées ne peuvent les recouper que dans la circulation généralisée. Sinon, elles ne les recoupent pas. S'il n'existe pas de division sociale relative à la distribution de la richesse, des idées concentrées ne peuvent donc pas se superposer à cet ordre. Si les circulations sont déconcentrées, il devient impossible de trouver comment leurs concentrations se superposent ou non. Etudier comment les domaines se recoupent dans la déconcentration est de peu d'importance quand on reconnaît que ce questionnement est finalement celui de la dialectique des trois domaines.

Au fur et à mesure qu'on s'éloigne de la situation de triple concentration, que, donc, l'échange tend à se généraliser et dans les trois domaines des biens, des idées et des personnes, la société devient moins divisible. Dans le cas ultime d'une triple déconcentration, les personnes s'échangent biens et idées, les biens s'échangent idées et personnes, les idées s'échangent personnes et idées.

$$b- \wedge i- \wedge p-$$

Les trois domaines se recréent. Ils se recréent parce qu'ils ne peuvent pas ne pas se déterminer réciproquement, parce qu'une société se construit sur leur dialectique. Mais ils ne constituent pas la pure réplique les uns des autres. Leur autonomie relative atteint là son apogée. En s'affranchissant de la problématique des biens, les idées tendent à s'échanger selon leur propre logique, quoique toujours en contexte et dans le cadre de leur historicité. En se libérant des obstacles à la circulation des idées ou des biens, les personnes sont plus à même de saisir leur vécu, leur monde, et d'établir les liens qui caractérisent ce vécu et matérialisent ce monde. Quand la circulation des idées et des personnes ne connaît pas de frontières, les biens se libèrent de la politique non critique et se déplacent en fonction de leurs usages, de leur concrétude, des aspirations qu'ils suscitent comme de celles qui les ont fabriqués. Quand les personnes s'échangent sans restriction, elles étendent leur univers, élargissent leur champ de communication en même temps qu'elles assument leur réalité sociale.

La société est intégrée : les biens, les idées et les personnes circulent en relation les uns par rapport aux autres; mais plus cette circulation est généralisée et moins elle est exclusive d'un domaine, moins l'essence de chacun des domaines est conditionnée par cette nécessaire interdépendance.

Conclusion

Conclusion

Dès le début de ce livre, l'échange s'est présenté comme catégorie fondamentale du social. Il est aussi apparu comme un élément susceptible d'établir des liens entre certaines disciplines des sciences sociales. D'une part, donc, il annonçait une société relationnelle et, d'autre part, il promettait de relier des champs d'analyse de la société. Cet échange avait déjà été théorisé, notamment par l'anthropologie et l'économique. Mais son aspect empirique restait dominant. Il s'agissait de l'échange qu'effectuaient concrètement les acteurs sociaux lors de transactions observables. D'une certaine manière, grâce à la vision qu'en donnait le langage pré-analytique, il précédait la théorie; la théorie trouvait un échange qui se livrait à elle. Au fur et à mesure que se mettaient en place les concepts d'une théorie de la société intégrée, cet échange fortement empirique tendait à s'éloigner, à se transformer. Les agents et leur conscience reculaient au gré de la progression de la notion de relation. Avec cette retraite des acteurs — dont le corollaire était l'évidence de l'impossibilité pour eux de suffir au fondement de la théorie générale —, c'est l'échange pré-théorique qui perdait de son relief. Dans son repli, la catégorie empirique *acteur* cédait du territoire à la catégorie abstraite *relation* et l'échange se révélait alors beaucoup plus en lui-même qu'il n'apparaissait autour des agents ou entre eux. Mais l'acteur a regagné une partie du territoire théorique où il régnait auparavant. Il s'est implanté dans un modèle aux éléments tous indispensables et égaux. Il a ainsi perdu son statut de fondateur pour adopter un rôle équivalent à celui de deux autres éléments : les biens et les idées. Dans ce modèle, l'échange s'est recréé pour s'ajuster aux rôles comparables que devaient jouer les trois termes du modèle. Le modèle s'est ainsi construit grâce au principe de l'échange mais, en se constituant, il a lui-même façonné l'échange pour en modifier l'apparence que lui donnait sa trop immédiate empiricité.

La théorie que propose ce livre choisit d'expliquer la société de façon intégrée. Elle fait ce choix parce qu'elle constate que plusieurs analyses effectuées au sein des diverses disciplines des sciences sociales se heurtent couramment à un problème commun : une partie de ce qui est expliqué dans un domaine de spécialisation dépend de ce qui est analysable dans un autre domaine. L'objet que ces domaines divisent par leur seule specialisation se révèle parfois indivisible. Elle fait également ce choix parce qu'elle croit en la vertu des approches synthétiques et parce qu'il lui semble que l'économique, les sciences des communications et la sociologie peuvent se fusionner étant donné qu'elles présentent toutes trois, quelque part, leur objet dans sa relationalité et qu'elles se développent elles-mêmes, en certains secteurs, comme relationnelles.

Cette théorie de la société intégrée, toutefois, ne prétend être ni exclusive ni exhaustive. Elle admet tout à fait que d'autres synthèses, tout aussi légitimes, puissent être réalisées; elles se fonderont sur d'autres principes, regrouperont d'autres champs. Le constructivisme auquel elle adhère l'empêche d'instituer une connaissance comme vérité absolue. Elle croit cependant que la synthèse qu'elle propose est justifiable et promet d'être féconde. Mais si satisfaisante soit-elle, et bien que synthétique, elle n'en demeure pas moins partielle, compte tenu de l'infini complexité de son objet, compte tenu seulement de l'ampleur du territoire des sciences sociales, de ses subdivisions et de ses acquis.

L'importance d'une théorie de la société intégrée se justifie, entre autres, d'après la définition qu'elle donne de la notion d'échange, d'après les critiques qu'elle fait des sciences de la conscience, d'après l'interprétation qu'elle offre de la notion de pouvoir. Sa fécondité, elle, reste à démontrer. C'est ce à quoi se consacrera un prochain ouvrage. Dans cet ouvrage, à l'aide du modèle qui a été ici construit, différents cas seront analysés.

Notes

Avertissements

1 *Le traitement objectif des sexes dans la recherche*, Conseil de recherches en sciences humaines du Canada, Ministère des Approvisionnements et Services, 1985.

2 *Pour un genre à part entière: Guide pour la rédaction de textes non sexistes*, Les publications du Québec, Ministère de l'Education, 1988.

Première partie

1 «Pour l'esprit préscientifique, l'unité est un principe toujours désiré, toujours réalisé à bon marché. Il n'y faut qu'une majuscule. Les diverses activités naturelles deviennent ainsi des manifestations variées d'une seule et même Nature. On ne peut concevoir que l'expérience se contredise ou même qu'elle se compartimente» (Gaston Bachelard, *La formation de l'esprit scientifique*, Paris, Vrin, 1975, p. 86).

2 Edgar Morin, *La méthode*, Tome 1 : La Nature de la Nature, Paris, Seuil, 1977, pp. 10-11. Pour ne pas donner l'impression qu'il prône l'universalisme ou qu'il prétend à cet universalisme, l'auteur précise : «[...] le problème insurmontable de l'encyclopédisme change de visage, puisque les termes du problème ont changé. Le terme encyclopédie ne doit plus être pris dans le sens accumulatif et alphabébête où il s'est dégradé. Il doit être pris dans son sens originaire *agkuklios paidea*, apprentissage mettant le savoir en cycle; effectivement, il s'agit d'en-cyclo-péder, c'est-à-dire d'apprendre à articuler les points de vue disjoints du savoir en cycle actif» (p. 19).

3 Thomas S. Kuhn, *The Structure of Scientific Revolutions*, second edition, enlarged, Chicago, The University of Chicago Press, International Encyclopedia of Unified Science, Foundations of the Unity of Science, vol. 2, n. 2, [1962] 1970.

4 «La psychologie des masses a pour fonction d'expliquer tous les phénomènes politiques, historiques, culturels, passés et présents» (Serge Moscovici, *L'âge des foules*, Bruxelles, Éditions Complexe, p. 307). On pourrait aussi citer certaines interprétations de l'économie politique ou de la sémiotique.

5 Ce que Anthony Wilden a merveilleusement illustré dans *Système et Structure: Essais sur la communication et l'échange*, Montréal, Boréal Express, [1972] 1980.

6 «Après avoir forcément un peu trop divisé et abstrait, il faut que les sociologues s'efforcent de recomposer le tout. Ils trouveront ainsi de fécondes données. — Ils trouveront aussi le moyen de satisfaire les psychologues. Ceux-ci sentent vivement leur privilège, et surtout les psychopathologistes ont la certitude d'étudier du concret. Tous étudient ou devraient observer le comportement d'êtres totaux et non divisés en facultés» (Marcel Mauss, *Essai sur le don : forme et raison de l'échange dans les sociétés archaïques* [1923-1924], *Sociologie et anthropologie*, Paris, P.U.F., [1923-24] 1973, p. 276).

7 Jean-Paul Sartre, *Critique de la raison dialectique* (précédé de *Question de méthode*), tome 1, Théorie des ensembles pratiques, Paris, Gallimard, Bibliothèque des idées, 1960.

8 Jean-Paul Sartre, *L'Être et le néant : Essai d'ontologie phénoménologique*, Paris, Gallimard, Bibliothèque des idées, 1943.

9 Marcel Mauss parle de «*système des prestations totales*» (*op. cit.*, p. 151. Souligné dans le texte). Après avoir établi les principes d'échange et de la totalité, Mauss écrit: «[En sociologie], nous, nous observons des réactions complètes et complexes de quantités numériquement définies d'hommes, d'êtres complets et complexes. Nous aussi, nous décrivons ce qu'ils sont dans leurs organismes et leurs *psychai*, en même temps que nous décrivons ce comportement de cette masse et les psychoses qui y correspondent : sentiments, idées, volitions de la foule ou des sociétés organisées et de leurs sous-groupes. Nous

aussi, nous voyons des corps et les réactions de ces corps, dont idées et sentiments sont d'ordinaire les interprétations et, plus rarement, les motifs. Le principe et la fin de la sociologie, c'est d'apercevoir le groupe entier et son comportement tout entier» (*op. cit.*, p. 276).

10 Claude Lévi-Strauss, *Les structures élémentaires de la parenté*, Paris, Mouton, [1967] 1973, p. 39.

11 «*L'état abstrait* où l'esprit entreprend des informations volontairement soustraites à l'intuition de l'espace réel, volontairement détachées de l'expérience immédiate et même en polémique ouverte avec la réalité, toujours impure, toujours informe» (Gaston Bachelard, *La formation de l'esprit scientifique*, Paris, Vrin, 1975, p. 8; souligné dans le texte).

12 *La politique*, Paris, Gonthier, Médiations, texte français présenté et annoté par Marcel Prélot, 1963, chap. V, pp. 53-55.

13 *Discours sur l'histoire universelle*, Paris, Sindbad, traduction nouvelle, préface et notes par Vincent Monteil, 1967-68, tome 1, chapitre I, pp. 85-87.

14 Yvon Gauthier, *Théorétiques : Pour une philosophie constructiviste des sciences*, Longueil, Préambule, Science et théorie, 1982, pp. 177-178.

15 Claude Lévi-Strauss, *La pensée sauvage*, Paris, Plon, 1962, *passim* mais plus particulièrement le chapitre «Histoire et dialectique». «Le propre de la pensée sauvage, écrit Lévi-Strauss, est d'être intemporelle; elle veut saisir le monde, à la fois, comme totalité synchronique et diachronique» (p. 348). «La pensée sauvage approfondit sa connaissance à l'aide d'*imagines mundi*. Elle construit des édifices mentaux qui lui facilitent l'intelligence du monde pour autant qu'ils lui ressemblent» (p. 348). Nous ne cherchons pas ici à opposer Lévi-Strauss à Sartre. Nous nous sommes, d'ailleurs, déjà exprimé sur cette question («Sartre et la sociologie : La notion de totalisation», *Philosophiques*, vol. 10, nº 1, avril 1983, pp. 53-73). Cependant, nous avons tendance à dire avec Lévi-Strauss que «La pensée sauvage est logique, dans le même sens et de la même façon que la nôtre quand elle s'applique à la connaissance d'un univers auquel elle reconnaît simultanément des propriétés physiques et des propriétés sémantiques» (p. 355). Mais précisément pour cette raison, nous admettons une différence entre la raison de l'existant en tant que tel et celle de la science, un peu comme le fait Sartre,

bien que nous ne retenions nullement l'idée d'une raison dialectique en tant que sublime réconciliation de la philosophie existentielle et de la théorie marxiste de l'histoire. Ce qui est à retenir dans la raison dialectique, c'est l'idée de totalisation. La pensée sauvage n'est pas fondamentalement distincte de la pensée de l'existant contemporain parce que le temps les éloignent. C'est pourquoi, d'ailleurs, la pensée de l'existant primitif et celle de l'existant contemporain nous apparaissent comparables. Dans la pensée primitive, l'écart entre la pensée scientifique et la pensée de l'existant est moins manifeste que dans la société contemporaine, conscience et science tendant maintenant à se dissocier l'une de l'autre. Certes la conscience, la raison dialectique, comme l'appelle Sartre, possède des propriétés de la science, de la raison analytique — celle-ci étant logiquement issue de celle-là d'ailleurs, l'influençant en établissant des vérités incontournables. Mais la conscience nous semble toutefois distincte de la science par l'impératif de totalisation et par la combinaison particulière d'informatif, d'affectif, de rationnel et d'irrationnel qui la caractérise. La conscience, c'est la forme particulière que prend le psychisme dans toute sa complexité. Ce psychisme ne peut pas être réduit aux dimensions de la science. À nos yeux, c'est seulement au carrefour de Sartre et de Lévi-Strauss, dans la fusion et le dépassement de chacun d'eux, qu'une solide position peut, en cette matière, être aménagée.

16 «Il n'y a pas de modèle de l'univers physique dans sa totalité pas plus qu'il n'y a de modèle de la société prise globalement. En même temps qu'on a une représentation plus ou moins morcelée, les autres dimensions ou éléments du champ des données fondamentales sont mis entre parenthèses. On a alors une représentation locale d'un groupe de phénomènes; cependant, le modèle cherchera à s'agréger les éléments extérieurs et à domestiquer un éventail toujours plus vaste de phénomènes. Une théorie dans cette perspective pourra être un modèle généralisé et c'est souvent le cas en sciences sociales et en sciences humaines» (Yvon Gauthier, *Théorétiques : Pour une philosophie constructiviste des sciences*, *op. cit.*, p. 174).

17 C'est la raison pour laquelle il faut traiter les faits sociaux «comme des choses» (Émile Durkheim, *Les règles de la méthode sociologique*, Paris, P.U.F., Bibliothèque de philosophie contemporaine, [1937] 1977, p. 27). «[...] la sensation est facilement subjective. Aussi est-il de règle dans les sciences naturelles d'écarter les données sensibles qui risquent d'être trop personnelles à l'observateur, pour retenir exclusivement celles qui présentent un suffisant degré

d'objectivité. C'est ainsi que le physicien substitue aux vagues impressions que produisent la température ou l'électricité la représentation visuelle des oscillations du thermomètre ou de l'électromètre. Le sociologue est tenu aux mêmes précautions» (*ibid.*, pp. 43-44.).

18 «*Il faut écarter systématiquement toutes les prénotions*» (Émile Durkheim, *Les règles de la méthode sociologique*, Paris, P.U.F., Bibliothèque de philosophie contemporaine, [1937] 1977, p. 31; souligné dans le texte). «Nous nous passionnons, en effet, pour nos croyances politiques et religieuses, pour nos pratiques morales bien autrement que pour les choses du monde physique; par suite, ce caractère passionnel se communique à la manière dont nous concevons et dont nous nous expliquons les premières. Les idées que nous nous en faisons nous tiennent à coeur, tout comme leurs objets, et prennent ainsi une telle autorité qu'elles ne supportent pas la contradiction. [...] Ces notions peuvent même avoir un tel prestige qu'elles ne tolèrent même pas l'examen scientifique» (*ibid.*, pp. 32-33).

19 «Le sentiment est objet de science, non le critère de la vérité scientifique» (Émile Durkheim, *Les règles de la méthode scientifique*, Paris, P.U.F., Bibliothèque de philosophie contemporaine, [1937] 1977, p. 34.

20 Simon Laflamme, «Dynamique et redites dans la sociologie de Max Weber», *Dialogue*, vol. 24, nº 3, automne 1985, pp. 399-409.

21 Max Weber, *Économie et société*, tome 1, Paris, Plon, Recherches en sciences humaines, [1956] 1971, pp. 22-23.

22 «Il arrive très rarement que l'activité, tout particulièrement l'activité sociale, s'oriente *uniquement* d'après l'une ou l'autre de ces sortes d'activité. De même, ces différentes sortes d'orientations ne constituent évidemment en aucune manière une classification complète des orientations possibles de l'activité, mais elles ne sont que de purs types, construits pour servir les fins de la recherche sociologique, desquelles l'activité réelle se rapproche plus ou moins, et — plus souvent encore — elle les combine» (Max Weber, *Économie et société*, tome 1, Paris, Plon, Recherches en sciences humaines, [1956] 1971, p. 23; souligné dans le texte).

23 «Cependant, s'il existe une science des sociétés, il faut bien s'attendre à ce qu'elle ne consiste pas dans une simple paraphrase des préjugés traditionnels, mais nous fasse voir les choses autrement qu'elles n'apparaissent au vulgaire...» (Emile Durkheim, *Les règles de la méthode sociologique*, Préface de la première édition, Paris, P.U.F., Bibliothèque de philosophie contemporaine, [1937] 1977, p. VII).

24 Émile Durkheim, *Les règles de la méthode sociologique*, Paris, *op. cit.*, p. 48.

25 «[...] partant de ce fait que le crime est détesté et détestable, le sens commun en conclut à tort qu'il ne saurait disparaître trop complètement. Avec son simplisme ordinaire, il ne conçoit pas qu'une chose qui répugne puisse avoir quelque raison d'être utile, et cependant il n'y a à cela aucune contradiction» (Émile Durkheim, *Les règles de la méthode sociologique*, Préface de la première édition, *op. cit.*, p. VIII).

26 «Nous avons affaire à une *sublimation* lorsque l'activité conditionnée par les affects apparaît comme effort *conscient* pour soulager un sentiment; dans ce cas, elle se rapproche la plupart du temps (mais pas toujours) d'une "rationalisation en valeur", ou d'une activité en finalité, ou des deux à la fois» (Max Weber, *Économie et société*, tome 1, Paris, Plon, Recherches en sciences humaines, [1956] 1971, p. 22; souligné dans le texte).

27 On peut, certes, psychanalyser la science. La *praxis* peut, certes, construire des visions du monde. Mais ce ne sont tout de même là que des usages par extension, pour ne pas dire des transpositions. Ne pas distinguer entre science et conscience rendrait inadmissible une psychanalyse ou, en tout cas, forcerait à psychanalyser la science comme la conscience, et, donc, à retrouver les manifestations des conceptions du savoir de la conscience dans la science. Nous croyons, soit dit en passant, que la science peut d'autant plus difficilement être psychanalysée que son discours s'éloigne de celui de la *praxis*. On ne peut plus «psychanalyser l'intérêt» dans un modèle physico-mathématique contemporain comme on entendait le faire des explications pré-scientifiques que dénonçait Bachelard. Il nous semble beaucoup plus souhaitable, à cet égard, de nous tourner vers une épistémologie qui parle d'«agent linguistique» et non de sujet plutôt que vers une psychanalyse.

28 Claude Lévi-Strauss, *Anthropologie structurale*, Paris, Plon, [1958] 1974, p. 95-96.

29 Lévi-Strauss: «L'échange des cadeaux de Noël, auquel, pendant un mois chaque année, toutes les classes sociales s'appliquent avec une sorte d'ardeur sacrée, n'est pas autre chose qu'un gigantesque *potlach*» (*Les structures élémentaires de la parenté*, Paris, Mouton, [1947] 1967, p. 65). Mauss: «La morale et la pratique des échanges usitées qui ont immédiatement précédé les nôtres gardent encore des traces plus ou moins importantes de tous les principes que nous venons d'analyser. Nous croyons pouvoir démontrer, en fait, que nos droits et nos économies se sont dégagés d'institutions similaires aux précédentes» (*Essai sur le don : forme et raison de l'échange dans les sociétés archaïques* [1923-1924], *Sociologie et anthropologie*, Paris, P.U.F., 1973, p. 228).

30 «[L]'étude du système de parenté, celle du système économique et celle du système linguistique offrent certaines analogies. Toutes trois relèvent de la même méthode; elles diffèrent seulement par le niveau stratégique où chacune choisit de se situer au sein d'un univers commun» (Claude Lévi-Strauss, *Anthropologie structurale*, Paris, Plon, [1958] 1974, p. 326).

31 «Dans toute société, la communication s'opère au moins à trois niveaux : *communication des femmes*; communication des biens et des services; communication des messages» (Claude Lévi-Strauss, *Anthropologie structurale*, Paris, Plon, [1958] 1974, p. 326; c'est nous qui soulignons). Ce reproche lui a maintes fois été fait. L'anthropologie moins androcentriste s'exprime plutôt en termes semblables à ceux-ci : «si un homme ne peut prendre une épouse dans les lignages où un père ou un frère ont déjà pris une épouse, cela veut dire qu'un lignage qui a fourni une épouse à un autre ne lui en fournira pas une seconde; en conséquence, cela implique *ipso facto* qu'une femme ne peut prendre un époux dans le lignage où une soeur de père, ou une soeur (définies elles aussi par référence au lignage patrilinéaire) ont déjà pris époux» (Françoise Héritier, *L'exercice de la parenté*, Paris, Gallimard/Seuil, 1981, p. 89). Cette vision est elle-même critiquable. Quoi qu'il en soit, il importe de souligner que Lévi-Strauss n'a pas nié que les femmes étaient, en toute logique, échangées autant que les hommes. Il a souligné que, politiquement, c'étaient les hommes qui échangeaient les femmes.

32 La notion de communication chez Lévi-Strauss a déjà été brillamment critiquée, entre autres, par Anthony Wilden (*op. cit.*, pp. 6-20).

[33] Michel Freitag a, avec perspicacité, critiqué le structuralisme : «À l'évidence que toute pratique sociale est structurée — directement ou indirectement — par le langage, on substitua [...] le postulat méthodologique — symétrique de celui de Durkheim — que toute la réalité sociale est structurée comme le langage, et que par conséquent il n'y a de réalité, en dernière instance, que de langage» (*Dialectique et société*, Montréal, Saint-Martin, L'âge d'homme, tome 1, p. 52).

[34] En présentant son «double postulat possible pour une science de la communication», Francis Balle écrit que la communication, «c'est plus que les seules techniques baptisées médias» mais que «c'est moins que la totalité des échanges sociaux» (*Médias et société*, troisième édition, Paris, Montchrestien, Université nouvelle, Précis Domat, 1984, p. 63).

[35] Il faut souligner ici les études pénétrantes de Gilles Houle, de Jacques Hamel et de Paul Sabourin où l'analyse montre bien à quel point les phénomènes économiques ne sont pas réductibles à leur dimension économique, entre autres : Jacques Hamel, Gilles Houle et Paul Sabourin, «Stratégies économiques et développement industriel», *Recherches sociographiques*, vol. 25, n° 2, mai-août 1984, pp. 189-209; Gilles Houle et Jacques Hamel, «Une nouvelle économie politique québécoise francophone», *Canadian Journal of Sociology*, vol. 12, n°s 1-2, 1987, pp. 42-63; Jacques Hamel, «L'économie francophone au Québec à la lumière de la théorie sociologique de la transition», *Sociologie et société*, vol. 22, n° 1, avril 1990, pp. 163-178.

[36] Jean Baudrillard, *L'échange symbolique et la mort*, Paris, Gallimard, Bibliothèque des sciences humaines, 1976, p. 101.

[37] Michel Foucault, *Les mots et les choses* ou *L'archéologie du savoir*.

[38] Jürgen Habermas, *L'espace public : Archéologie de la publicité comme dimension constitutive de la société bourgeoise*, Paris, Payot, [1962] 1986.

[39] Louis Quéré, *Des miroirs équivoques : Aux origines de la communication moderne*, Paris, Aubier/Montaigne, Res, Babel, 1982.

Deuxième partie

1 Robert E. L. Faris et H. Warren Dunham, *Mental Disorders in Urban Areas : An Ecological Study of Schizophrenia and Other Psychoses*, New York, Hafner, [1939] 1960.

2 Bonislav Malinowski, *Argonauts of Western Pacific*, New York, Dutton, 1961.

3 L'instinct sexuel de Sigmund Freud (*Essais de psychanalyse*, Paris, Payot, 1972 [textes originaux de 1920 et 1922]; «Instincts and Their Vicissitudes», P. Rieff (sous la direction de), *General Psychological Theory*, New York, Collier, 1963 [1915]) ou l'instinct au sens plus large chez William McDougall (*Introduction to Social Psychology*, New York, University Paperbacks, 1960 [1908]).

4 Mentionnons, en guise d'exemples, les titres suivants : T.W. Adorno, Else Frenkle-Brunsewick, Daniel J. Levinson et R. Nevitt Sanford, *The Authoritarian Personality*, New York, Harper, 1950; Leon Postman, Jerome S. Bruner et Elliott McGinnies, «Valeurs personnelles en tant que facteurs sélectifs dans la perception», extrait et traduit du *Journal of Abnormal and Social Psychology*, nº 43, 1948, pp. 142-154, par André Lévy, *Psychologie sociale : textes fondamentaux anglais et français*, Paris, Dunod, 1965.

5 Parmi ces psychologies sociales, celle de Willem Doise (*Expériences entre groupes*, Paris, Mouton, 1979; Willem Doise et Augusto Palmonari (dir.), *Social Interaction in Individual Development*, Cambridge University Press, Paris, Maison des sciences de l'homme, 1984) constitue sans doute l'une des plus irréprochables. Il ne faudrait pas négliger, non plus, celle de Michel Maffesoli, sur les groupes naturels (*Le temps des tribus : le déclin de l'individualisme dans les sociétés de masse*, Paris, Méridiens-Klincksieck, 1988). D'autres travaux, encore, annoncent un réaménagement intéressant du territoire de la psychologie sociale; on pense, par exemple, aux analyses de la dynamique des groupes de Max Pagès (*La vie affective des groupes : Esquisse d'une théorie de la relation humaine*, Paris, Dunod, 1968). Mais la réflexion la plus prometteuse sur ces rapports complexes de l'ordre psychique et de l'ordre social est certainement celle de Anthony Wilden (*op. cit.*); l'oeuvre de Wilden constitue un bel exemple de ce que peut devenir la psychologie sociale dès qu'elle prend en considération la dimension communicationnelle des rapports sociaux.

6 Erich Fromm, *The Sane Society*, Londres, Routledge et Keagen Paul, 1956. Traduit par André Lévy, *Psychologie sociale : textes fondamentaux anglais et américains*, Paris, Dunod, 1965, p. 36.

7 *Ibid.*, traduit par André Lévy, *op. cit.*, p. 38.

8 L.W. Hoffman «Moral Development», P. Mussen (sous la direction de) *Carmichael's Manuel of Child Psychology* (3e édition), New York, Wiley, 1970.

9 J. Wishner, «Reanalysis of «Impressions of Personality»», *Psychological Review*, nº 67, 1960, pp. 96-112; F. Heider, *The Psychology of Interpersonal Relations*, New York, Wiley, 1958; H.H. Kelley, «Attribution Theory in Social Psychology», D. Levine (sous la direction de) *Nebraska Symposium on Motivation*, 1967, Lincoln, University of Nebraska Press, 1967.

10 Freud ou McDougall, bien sûr, mais aussi John Thibaut et Harold Kelley, *The Social Psychology of Groups*, New York, Wiley, 1959; S. Schachter, «The Interaction of Cognitive and Physiological Determinants of Emotional State», L. Berkowitch, *Advances in Experimental Social Psychology*, vol. 1, New York, Academic Press, 1964.

11 M.J. Rosenberg, «Cognitive Structure and Attitudinal Effect», *Journal of Abnormal and Social Psychology*, nº 53, 1956, pp. 367-372; M. Fishbein, «An Investigation of the Relationships between Beliefs about an Object and Attitude toward That Object», *Human Relations*, nº 16, 1963, pp. 233-239; C.A. Insko, R.B. Blake, R.B. Cialdini et S.A. Mulaek, «Attitude toward Birth Control and Cognitive Consistency : Theoretical and Practical Implications of Survey Data», *Journal of Personality and Social Psychology*, nº 16, 1970, pp. 228-237.

12 A. Mehrabian, «Relationship of Attitude to Seated Posture, Orientation and Distance», *Journal of Personality and Social Psychology*, nº 18, 1968, pp. 26-30; P. Ekman, W. Friesen et P. Ellsworth, *Emotion in the Human Face*, New York, Pergamon Press, 1972; Berkowitz, L., «The Frustration-Aggression Hypothesis Revisited», L. Berkowitz (sous la direction de), *Roots of Aggression*, New York, Atherton Press, 1969; A. Bandura, *Aggression : A Social Learning Analysis*, Englewood Cliffs, N.J., Prentice-Hall, 1973.

13 R. Lippitt et R. White, «The «Social Climate» of children's groups», R.G. Barker, J. Kounin et H. Wright (sous la direction de), *Child Behavior and Development*, New York, McGraw-Hill, 1943; K. Lewin, «Frontiers in Group Dynamics», *Human Relations*, n° 1, 1947, pp. 143-153; L. Festinger, «Wish, Expectation and Group Standards As Factors Influencing Level of Aspiration», *Journal of Abnormal and Social Psychology*, n° 37, 1942, pp. 184-200.

14 Denise Jodelet, Jean Viet et Philippe Besnard, *La psychologie sociale : une science en mouvement*, Paris, Mouton, Les textes sociologiques III, 1970, p. 16.

15 Ce n'est pas l'isolation de variables en tant que telle qui est critiquable. Ce processus est tout à fait régulier dans le cadre de la méthode expérimentale. C'est le fait, pour la psychologie sociale, de ne pas travailler tout à la fois au niveau psychologique et au niveau sociologique, en reconnaissance des acquis respectifs de ces deux champs d'analyse et de leur nécessaire imbrication.

16 Préface à *La psychologie sociale : une discipline en mouvement* de Denise Jodelet, Jean Viet et Philippe Besnard, *op. cit.*, p. 31.

17 *Ibid.*, p. 32.

18 *Ibid.*, p. 32.

19 *Ibid.*, p. 33.

20 Voir, par exemple, *L'esprit, le soi et la société*, Paris, P.U.F., 1963 ou *Selected Writings*, A.J. Reck, Indianapolis, 1964.

21 Jürgen Habermas, *Théorie de l'agir communicationnel*, Paris, Fayard, L'espace du politique, tome 2, p. 11.

22 Cette découverte, la psychologie sociale la doit à sa propre évolution. Mais elle la doit aussi à l'évolution des autres disciplines. Des disciplines comme la sociologie, l'économie politique et les sciences des communications, quoiqu'elles aient été marquées par la psychologie sociale, ont, en retour, agi sur elle.

23 Ce qui, soit dit en passant, ne lui confère pas une paternité exclusive. Les sciences des communications, domaine d'interdisciplinarité par excellence, doivent leurs origines, en effet, à plusieurs disciplines dont, entre autres, l'ingénierie, les mathématiques, l'histoire, la sociologie, les sciences de l'éducation.

24 Préface à *La psychologie sociale : une discipline en mouvement*, *op. cit.*

25 Une semblable notion de tiers, trop peu exploitée — probablement à cause des limites que lui imposait le mariage de l'existentialisme et du marxisme —, a été avancée par Sartre dans sa *Critique de la raison dialectique* (*op. cit.*).

26 Serge Moscovici, *L'âge des foules*, *op. cit.*

27 Préface à *La psychologie sociale : une discipline en mouvement*, *op. cit.*, p. 33.

28 «Ces textes montrent clairement qu'un large consensus s'est établi autour d'une idée essentielle : groupes et masses vivent sous l'emprise des émotions fortes, des mouvements affectifs extrêmes. Et d'autant plus que leur font défaut les moyens d'intelligence suffisants pour maîtriser leurs affects. Un individu singulier, participant à une foule, voit sa personnalité profondément modifiée dans ce sens. Sans en avoir toujours conscience d'ailleurs, il devient un autre. À travers son «moi», c'est le «nous» qui parle» (Serge Moscovici, *L'âge des foules*, *op. cit.* p. 30).

29 *Ibid.*, p. 99.

30 *Ibid.*, p. 307.

31 *Ibid.*, p. 237.

32 *Ibid.*, p. 383.

33 *Ibid.*, p. 239.

34 Lire, par exemple, *ibid.*, p. 124.

35 *Ibid.*, p. 252.

[36] *Ibid.*, p. 210...

[37] *Ibid.*, p. 215.

[38] *Ibid.*, p. 215.

[39] *Ibid.*, p. 26.

[40] *Ibid.*, p. 416.

[41] Lire, par exemple, *ibid.*, p. 54.

[42] *Ibid.*, p. 352.

[43] *Ibid.*, p. 110.

[44] *Ibid.*, p. 128.

[45] *Ibid.*, p. 133.

[46] Moscovici écrit: «[L'appareil psychique] se divise en deux parties : une partie consciente et une partie inconsciente. La partie consciente est propre à chaque individu, apprise au cours de la vie, et diverse, donc inégalement distribuée dans la société. Certains hommes ont une vie consciente plus riche, d'autres moins. Par contre la partie inconsciente est héritée, commune à tous, et également distribuée dans la société. La première est ténue et périssable, elle ne représente qu'une faible partie de la seconde qui est massive et permanente. Si la vie inconsciente pèse tellement sur nous, si elle nous domine à notre insu, c'est que nous l'avons reçue de nos ancêtres chargée d'un patrimoine d'instincts, de désirs et de croyances» (*ibid.*, p. 129). Ce n'est pas cette science typologique et ces discutables tergiversations qui font de la psychologie sociale une discipline autonome. Ce genre de spéculations finit par obliger à avancer des énormités du genre: «tout ce qui est collectif est inconscient, et tout ce qui est inconscient est collectif» (*ibid.*).

[47] *Ibid.*, p. 335. Et on pourrait ajouter beaucoup d'autres passages : «l'écrasement des tendances érotiques par le désir mimétique, l'obligation de toujours désirer ce que les autres désirent, ont pour effet évident l'ennui qui peut aller jusqu'à la dépression.

«Lorsqu'un point de saturation est atteint, on tente une sortie. On esquisse un retournement. Le moi qui avait la nostalgie de l'unité cherche à se concilier le surmoi. Si les deux instances se rejoignent, comme un enfant qui retrouve ses parents après une longue séparation, elles passent ensemble une lune de miel pendant laquelle l'être jubile. Le surmoi arrête de harceler le moi. Il le laisse à la fois s'aimer lui-même et s'identifier, sans intermédiaire, à tous les autres moi de la foule, fusionner avec eux» (*ibid.*, p. 367).

48 Jürgen Habermas, *op. cit.*

49 *Ibid.*, tome 2, p. 152.

50 Habermas écrit : «Si nous comprenons l'analyse du monde vécu comme un essai pour décrire ce que Durkheim a appelé conscience collective, en la reconstruisant à partir de la perspective interne des membres, le point de vue durkheimien pour considérer le changement de structure de la conscience collective pourrait aussi être instructif pour une enquête partant de la phénoménologie» (*Ibid.*, tome 2, p. 147).

51 «La société n'est pas une simple somme d'individus, mais le système formé par leur association représente une réalité spécifique qui a ses caractères propres. Sans doute, il ne peut rien se produire de collectif si des consciences particulières ne sont pas données; mais cette condition nécessaire n'est pas suffisante. Il faut encore que ces consciences soient associées, combinées, et combinées d'une certaine manière; c'est de cette combinaison que résulte la vie sociale et, par suite, c'est cette combinaison qui l'explique. En s'agrégeant, en se pénétrant, en se fusionnant, les âmes individuelles donnent naissance à un être, psychique si l'on veut, mais qui constitue une individualité d'un genre nouveau» (*Les règles de la méthode sociologique*, 16e édition, Paris, P.U.F., 1967, pp. 102-103).

52 «Voilà donc un ordre de faits qui présentent des caractères très spéciaux: ils consistent en des manières d'agir, de penser et de sentir, extérieures à l'individu, et qui sont douées d'un pouvoir de coercition en vertu duquel ils s'imposent à lui. Par suite, ils ne sauraient se confondre avec les phénomènes organiques, puisqu'ils consistent en représentations et en actions; ni avec les phénomènes psychiques, lesquels n'ont d'existence que dans la conscience individuelle et par elle» (*Les règles de la méthode sociologique*, *ibid.*, 1967, p. 5).

[53] «The expansion of rationality thus presumes a diminution of the hold of the life-world» (Anthony Giddens, *Social Theory and Modern Sociology*, Stanford, Stanford University Press, 1987, p. 232).

[54] Subjectif, objectif et social.

[55] L'approche compréhensive tente de marier l'action à la raison.

[56] Dans l'interactionisme symbolique, les rapports humains renvoient à des manifestations des raisons subjectives.

[57] «Dans la mesure où l'agir conventionnel est remplacé par l'agir rationnel par rapport à une fin, orienté vers le succès...» (*Théorie de l'agir communicationnel, op. cit.*, tome 1, p. 264).

[58] Par exemple dans *Connaissance et intérêt* (Paris, Gallimard, Tel, 1976) ou dans *Après Marx* (Paris, Fayard, 1985). Dans la *Théorie de l'agir communicationnel*, Habermas réaffirme son marxisme quoiqu'en reprochant à Marx son analyse trop étroitement économique (*op. cit.*, tome 2, p. 383).

[59] *Théorie de l'agir communicationnel, op. cit.*, p. 266. Souligné dans le texte.

[60] Philippe Breton et Serge Proulx, *L'explosion de la communication : La naissance d'une nouvelle idéologie*, Paris-Montréal, La découverte-Boréal, 1989.

[61] D'une certaine manière, Habermas fait tenir à l'intercompréhension la fonction qu'il attribuait au mouvement ouvrier. Comme Lefort, puisque le mouvement ouvrier ne peut plus servir de critère de vérité, il est à la recherche de ce critère. Il croit le trouver, dans la contemporanéité, dans l'entente communicationnelle. Cette attitude, a observé Rioux, cette façon de sauver la raison à travers les actes de langage, nuit à la dimension critique que la vision habermassienne avait entretenue jusque là.

[62] Paris, Gallimard, Médiations, [1968] 1973.

63 Habermas pose parfois le rapport entre le chercheur et l'acteur sur le plan de la relation. Mais la relation est principielle; elle n'est pas réelle. Il ne décrit pas la rationalité de l'échange entre eux deux. La notion même d'échange est d'ailleurs absurde en l'occurrence.

64 Voir par exemple, *Théorie de l'agir communicationnel*, *op. cit.*, tome 2, p. 134.

65 Lire, par exemple, *ibid.*, pp. 138-139.

66 *Ibid.*, tome 1, p. 46.

67 *Ibid.*, tome 1, p. 134. Souligné dans le texte.

68 Voir, par exemple, *ibid.*, tome 2, pp. 88, 97, 100, 160.

69 *Ibid.*, tome 2, p. 200.

70 Il faut ajouter que, pour Habermas, «culture et langage ne comptent pas normalement parmi les éléments de la situation» (*ibid.*, tome 2, p. 148). On verra à quel point Habermas est torturé, quand on comparera ce passage avec d'autres aux pages 149, 152 et 200.

71 Michel Freitag tend à la problématique de la distinction entre la théorie et la pratique. Cette problématique serait même la condition de l'histoire des sciences sociales et le principal facteur de leur forme depuis Kant (*Dialectique et société*, *op. cit.*, tome 1, pp. 21-71).

72 Habermas admet la dialectique de l'être et du connaître mais il ne se résout pas à elle. Être et connaître deviennent pour lui idées et intérêts, mais sans Baudrillard.

73 Bien entendu, c'est dans les pays développés, en Occident, que se réalise la rationalité communicationnelle. On est en droit de se demander comment il se fait que Habermas, qui dit craindre l'«eurocentrisme ou l'occidentalisme des visions universalisantes de l'histoire», ne les redoute pas au point de repousser une orientation comme la sienne. L'universel devient ce qui est moderne ou ce qui appelle les «hommes de culture», les «hommes cultivés». L'universalisme devient une espèce de sommet, de supériorité.

74 *Théorie de l'agir communicationnel, op. cit.*, tome 1, pp. 395-396. Souligné dans le texte.

75 Voir à ce sujet, Simon Laflamme dans «Altérité, médiation, consensus et communication» (à paraître) ou le point vue de Paul Watzlawick dans *La réalité de la realité : Confusion, désinformation, communication* (Paris, Points, [1976] 1978), ou encore celui de Paul Beaud *La société de connivence : Media, médiations et classes sociales* (Paris, Aubier, Res, Babel, 1984, pp. 15-19).

76 *Théorie de l'agir communicationnel, op. cit.*, tome 1, pp. 400-401. Souligné dans le texte.

77 Dans la notion d'autonomie que véhicule Habermas, il y a clairement un retour au libéralisme, à la notion d'une raison libérale.

78 *Théorie de l'agir communicationnel, op. cit.*, p. 165.

79 *Dialectique et société, op. cit.*, tome 1, p. 52.

80 *Théorie de l'agir communicationnel, op. cit.*, tome 2, p. 88.

81 Lire, par exemple, *ibid.*, tome 2, pp. 93-94.

82 *Ibid.*, tome 2, p. 200. Souligné dans le texte et souligné ici à nouveau.

83 *Ibid.*, tome 2, p. 204.

84 Lequel a pour référence l'idéal d'une raison presque pure, l'objectif d'une union dans la vérité : «Plus les composantes structurelles du monde vécu et les processus qui contribuent à son maintien se différencient, plus les contextes d'interaction subissent les conditions d'une intercompréhension rationnellement motivée, donc la formation d'un consensus qui s'appuie, *en dernière instance*, sur l'autorité du meilleur argument...» (*ibid.*, p. 159; souligné dans le texte).

85 Voir une distinction des types d'action dans le tome 1, pp. 100-118 et une autre typologie au livre 2, pp. 208-209 (*ibid.*).

[86] «En premier lieu nous devons représenter les besoins humains et prendre en compte le fait qu'ils peuvent être satisfaits plus ou moins bien, plus ou moins complètement» (Edmond Malinvaud, *Leçons de théorie microéconomique* (4e édition), Paris, Bordas, Dunod, [1968] 1982, p. 12).

[87] Rodrigue Tremblay, *L'économique : Introduction à l'analyse des problèmes économiques de toute société* (édition révisée), Montréal, Holt, Rinehart et Winston, [1969] 1971, p. 7. Rappelons que c'est là une thèse que Maslow a popularisée.

[88] *Ibid.*

[89] Neil J. Smelser, *The Sociology of Economic life*, Englewood Cliffs, N.J., Prentice-Hall, Foundations of Modern Sociology Series, 1963, p. 34.

[90] Rodrigue Tremblay, *op. cit.*, p. 8. Souligné dans le texte.

[91] Mokhtar Amami, *Microéconomie : théories, critiques et exercices pratiques*, Chicoutimi, Gaëtan Morin, 1981, p. 35.

[92] Jean Baudrillard, «La genèse idéologique des besoins», *Cahiers internationaux de sociologie*, vol. 47, 1969, p. 62.

[93] *Ibid.*, p. 59. Souligné dans le texte.

[94] *Ibid.*, pp. 54-55.

[95] *Ibid.*, p. 62.

[96] *Ibid.*, p. 53.

[97] *Ibid.*, p. 56.

[98] Richard H. Thaler, «Anomalies : The Ultimate Game», *Journal of Economic Perspectives*, vol. 2, n° 4, automne 1988, p. 205.

[99] Edmond Malinvaud, *Théorie macroéconomique*, Paris, Bordas, Dunod, 1981, p. 8.

Troisième partie

1 Voir, entre autres : Paul Beaud, *La société de connivence : Media, médiations et classes sociales,* Paris, Aubier, RES Babel, 1984; Simon Laflamme, «Communication sociale et sciences sociales», *Études en communications de masse, Revue de l'Université Laurentienne*, vol. 19, nº 2, pp. 21-36; Serge Moscovici, Préface à *La psychologie sociale : une discipline en mouvement, op. cit.*; Louis Quéré, *Des miroirs équivoques : Aux origines de la communication moderne, op. cit.*

2 «La fermeture sur elle-même de la sociologie des media, comme discipline académique d'abord, puis comme tentative de se poser en problématique impérialiste, a fait que [certaines] questions nous semblent avoir été fort peu posées par ceux qui se sont efforcés d'en critiquer l'empirisme, enfermés qu'ils étaient eux-mêmes bien souvent dans la tentation d'une contre-problématique, circonscrite au seul domaine de la communication, ou dans une optique économiste limitée à l'examen des conditions matérielles de production du savoir», Paul Beaud, *op. cit.*, p. 36.

3 E. Katz et P.F. Lazarsfeld, *Personal Influence : The Part Played by People in the Flow of Mass-communication*, Glencoe, Ill., The Free Press, 1955.

4 Pour une analyse critique de l'histoire de la notion de *two step-flow of communication*, lire l'article de Jacques De Guise, «La communication à deux paliers», Simon Laflamme (dir.), *Études en communications de masse*, *Revue de l'Université Laurentienne*, vol. 19, nº 2, février 1987, pp. 37-73.

5 «Présentation : Pour une théorie des industries culturelles», *Les industries culturelles : un enjeu vital!, Cahiers de recherche sociologique*, vol. 4, nº 2, automne 1986, p. 5-18.

6 Lacroix considère que son analyse est «critique», par opposition à «néo-libérale», et, dans cette approche «critique», il opte pour «une économie politique du problème», laquelle se distingue du courant qui «s'inspire de l'école de Francfort», «philosophico-spéculative» (*ibid.*, p. 6). S'inscrivent dans cette économie politique, selon Lacroix, notamment les Bernard Miège, Armand et Michèle Mattelart, Paul Beaud, Yves de la Haye.

7 «Sous la matérialité immédiate des objets concrets d'étude, c'est de la reproduction dont il s'agit. L'objet de la théorie des industries culturelles, d'une sociologie des industries culturelles est donc le rôle de ces industries dans la reproduction sociale...» (*ibid.*, p. 10).

8 Le marxisme apparaît ici plutôt comme un parti pris idéologique qui accuse les média de reproduire un ordre que lui, le marxisme, récuse. Le marxisme critique non pas la culture comme reproductrice mais la culture capitaliste comme reproductrice de l'ordre capitaliste. Les sociologues aux idées capitalistes reprochent d'ailleurs à la culture communiste de faire de même, et sur un mode répressif de surcroît.

9 «En effet, ce n'est pas la technologie s'adjoignant au travail culturel qui caractérise l'industrialisation de la culture. Celle-ci se développe d'une part par la transformation de l'organisation du travail culturel. Désormais, ce dernier s'organise de plus en plus selon le mode industriel capitaliste de production, c'est-à-dire qu'il y a séparation des travailleurs(euses) culturels(les) de leurs produits, principalement au moment de leur mise en marché, et du travail de conception de celui d'exécution, la conception se logeant de plus en plus dans les postes de direction économique» (*ibid.*, p. 7).

10 Déjà en 1965, John Porter montrait que, dans les faits, tous les pouvoirs canadiens eux-mêmes n'étaient pas nécessairement convergents. Dans la vision de la société qu'il présentait alors, on commençait à réaliser à quel point, malgré ses conclusions centralisatrices, était complexe la distribution même du pouvoir (*The Vertical Mosaic : An Analysis of Social Class and Power in Canada*, Toronto, University of Toronto Press).

11 «In Western nations, public media corporations are usually operated at "arm's length" from control of the government (although the length of the arm varies greatly). In socialist countries, public ownership of the mass media is achieved by means of state institutions not unlike government departments — a pattern that is also emerging in the developing countries.

«The public or private ownership of media is obviously a major factor affecting the relationship between the media and the state. Thus the political role of the mass media in a specific society [...] is of considerable importance» (Rowland Lorimer et Jean McNulty, *Mass Communication in Canada*, Toronto, McClelland and Stewart, 1987, p. 48).

12 Jerome Rothenberg, «Consumer Sovereignty and the Economics of T.V. Programming», *Studies in Public Communication*, vol. 4, automne 1962, pp. 45-54. Voir aussi Jacques De Guise, «L'entreprise de communication de masse», *Recherches sociographiques*, vol. 12, nº 1, pp. 99-103.

13 Marshall McLuhan, *Pour comprendre les medias*, Paris, Seuil, Points, Civilisation, [1964] 1968.

14 Et par un raisonnement fragile : si l'on admet, soutient-il, que c'est normalement le message qui produit l'effet, comme l'effet vient plus du médium que du contenu, c'est le médium qui est le véritable message.

15 Et c'est parce que ses analyses lui font privilégier cet aspect de la problématique qu'il néglige l'effet des messages. Au fond, McLuhan ne nie pas l'effet du contenu; il affirme plutôt qu'il est négligeable si on le compare à celui que produit le médium.

16 Parce qu'elle néglige la relation inverse aussi bien que parce qu'il faut désormais lui opposer des contre-exemples.

17 *Ibib.*, p. 27.

18 Pour une critique des caractéristiques des moyens de communication, lire «Les caractères de la consommation de masse» de Jacques de Guise (Département d'information et de communication, Université Laval, 10 octobre 1990).

19 *Ibid*, p. 236.

20 *Ibid.*, p. 236.

21 *Ibid.*, p. 239.

22 Ce qu'il reconnaît lui-même (*ibid.*, p. 239).

23 *Ibid.*

24 *Ibid.*

25 Jacques Keable, *L'information sous influence : Comment s'en sortir*, Montréal, VLB éditeur, 1985, p. 26. Wilfred Kesterton soutenait une opinion tout à fait semblable dans «The Growth of the Newspaper in Canada», Benjamin D. Singer (dir.), *Communications in Canadian Society*, Don Mills (Ontario), Addison-Wesley Publisher, 1983, pp. 3-16.

26 Mais plus le propriétaire est riche, plus il peut déroger aux règles du marché.

27 K.-E. Rosengren, «Mass Media and Social Change: Some Current Approaches», E. Katz and T. Szecskö (sous la direction de), *Mass Media and Social Change*, Beverly Hills and London, Sage Publications, 1980, pp. 247-263.

28 Denis McQuail, *Mass Communication Theory : An Introduction*, London, Beverly Hills, New Delhi, Sage Publications, 1984, pp. 39-47.

29 Denis McQuail, *ibid.*, p. 40.

30 *Ibid.*, p. 41. McQuail songe ici aux recherches de Lerner, de Hagen ou de McLelland.

31 *Ibid.* McQuail a en tête les analyses de Everett Rogers.

32 *Ibid.*, p. 42. McQuail pense à Innis et à McLuhan.

33 *Ibid.*, p. 43. McQuail donne Gerbner en exemple.

34 *Ibid.*, p. 45.

35 *Ibid.*, p. 46. McQuail rappelle des travaux de Lerner, de Schramm, de Schiller, de Wells, de Mattelart, de Tunstall, de Boyd-Barrett, de Golding.

36 *Ibid.*, p. 46.

37 Dans *L'explosion de la communication : La naissance d'une nouvelle idéologie* (*op. cit.*), Philippe Breton et Serge Proulx critiquent avec perspicacité l'idéalisme technologique et fournissent une interprétation beaucoup plus dialectique de la relation entre les sociétés et les médias. Ils montrent notamment

qu'en aucun cas les évolutions historiques ne sauraient être imputées aux seuls médias. Si, par exemple, ils reconnaissent le caractère moteur de l'écriture, ils s'empressent d'ajouter que «Les techniques de l'écriture semblent [...] avoir été animées à la fois par une stimulation sociale et par un principe d'économie interne rapprochant toujours plus la langue écrite de la langue parlée» (p. 20). Un peu plus loin on sent très bien de quels principe s'inspire le livre quand on lit: «plutôt que de voir dans l'imprimerie la cause des transformations de la Renaissance, ce que des slogans comme la «culture de l'imprimé» ou la «galaxie Gutenberg» tendraient à faire croire, ne peut-on tenter d'élargir le champ de vision? Et tenter de comprendre dans quelle mesure l'innovation qu'a constituée le livre imprimé a elle-même été soutenue, et rendue possible, par les multiples bouleversements sociaux et intellectuels que l'Europe a connus à partir du XVe siècle?» (p. 44).

38 *L'explosion de la communication : La naissance d'une nouvelle idéologie, op. cit.*

39 *Ibid.*, p. 150.

40 *Ibid.*

41 *Ibid.* Ces conclusions générales sont attribuables à la fameuse synthèse de J.T. Klapper, *The Effects of Mass Communication*, Free Press, New York, 1960.

42 *Ibid.*, p. 152.

43 *Ibid.*, p. 155.

44 *Ibid.*, p. 174.

45 *Ibid.*, p. 172.

46 *Ibid.*, p. 189.

47 Paul Beaud, *op. cit.*

[48] Paul Beaud constate «qu'une part importante de la sociologie américaine n'envisage guère une société traversée de fractures qui se traduiraient dans les comportements individuels, par des logiques appartenant structurellement à des univers séparés», *ibid.*, p. 101.

[49] *Ibid.* p. 109.

[50] *Théorie de l'échange et circulation des produits sociaux*, Montréal, Presses de l'Université de Montréal, 1979.

[51] *Ibid.*, pp. 139-140.

[52] *Ibid.*, pp. 143-144.

[53] Le même objet peut avoir une valeur différente pour chacun des échangeurs X et Y parce qu'il peut receler des propriétés différentes selon chacun d'eux. X peut faire faire à «a» des choses que Y ne peut pas.

[54] Pour quelque raison, une personne ou un groupe peut refuser de faire usage d'un bien pourtant valorisé dans la société, alors que ce bien est accessible, que la personne pourrait échanger quelque chose contre lui. Ces cas exceptionnels pourraient donner l'impression que la valeur d'un produit social ne se définit pas en contexte et dans une relation, qu'elle est aléatoire. Or, il n'en est rien. En refusant de faire usage d'un bien, la personne ou le groupe communique en même temps sa position sur le bien et prend cette position en société, généralement en s'élevant objectivement ou en cherchant à s'élever aux yeux des autres ou à ses propres yeux. Si le dénuement fait bien (comme le dit Baudrillard), c'est que, ailleurs dans la société, ce n'est pas le cas.

[55] *Ibid.*, p. 144.

[56] Racine observe avec perspicacité que, logiquement, il peut y avoir reproduction sociale sans qu'il y ait échange (p. 210). Le passage d'une équidistribution à une autre implique une permutation et ce changement peut s'effectuer aussi bien par l'échange que par une circulation cyclique. L'échange n'est pas nécessaire à l'équidistribution. Mais la fonction de l'échange ne se résume pas au seul maintien de l'équilibre social sous une forme déjà existante; elle consiste aussi à entretenir les liens entre les groupes. Entretenir des liens, ce n'est pas

simplement maintenir l'ordre de la répartition des produits sociaux entre les différents acteurs. La problématique des relations sociales n'est pas réductible à celle de l'équidistribution.

57 Racine tend à revenir réifier la raison des acteurs sociaux quand, par exemple, il reprend la distinction entre une morale hétéronome et une morale autonome.

58 Dans le chapitre XII, la trop grande insistance sur la mémoire empêche Racine de réaliser qu'il y a des effets durables qui n'ont pas pour cause la mémoire. En ne fondant pas l'analyse sur les acteurs et sur leur être psychologique, il aurait pu apercevoir que des situations, des dialectiques, des interrelations peuvent aussi connaître une certaine continuité.

59 *Ibid.*, pp. 172-173. «Dans S_m, les deux produits qui circulent entre les agents sont qualitativement distincts: une montre contre une lampe, un crayon feutre contre un crayon à bille, etc.» (pp. 171-172).

60 *Ibid.*, p. 175. Cette défaveur n'est possible que si on ne tient pas compte des autres biens. Celui qui cède peut avoir autre chose qu'il ne cède pas et qui le rend supérieur à l'autre.

61 *L'acteur et le système : Les contraintes de l'activité collective*, Paris, Seuil, Point, 1981, pp. 56-57.

62 Jürgen Habermas, *Théorie de l'agir communicationnel*, *op. cit.*, tome 2, p. 200. Souligné dans le texte.

63 C'est son adhésion à cette vision traditionnelle du pouvoir qui fait redire à Habermas que le prestige donne le pouvoir, comme si le prestige pouvait se concevoir autrement que relationnellement et circonstanciellement. Le prestige n'est pas antérieur au pouvoir. Il est pouvoir. Mais il est pouvoir dans un ensemble de rapports sociaux contextualisés. Il n'est pas préalable à la stratification; il est de la stratification. Habermas, puisqu'il lui faut périodiquement, oscillant qu'il est, souligner la dimension relationnelle des phénomènes sociaux, finit lui-même par reconnaître cet aspect des choses (*ibid.*, tome 2, p. 183, par exemple). Mais l'objet de sa reconnaissance a toujours vite fait de se dissoudre dans ses considérations supérieures.

[64] *Ibid.*, tome 2, p. 74.

[65] *Ibid.*, tome 2, p. 87.

[66] *Ibid.*, tome 2, p. 152.

[67] *Ibid.*, tome 2, p. 284.

[68] *Ibid.*, tome 2, p. 180. Souligné dans le texte.

[69] *Ibid.*, tome 2, p. 183.

[70] *Ibid.*, tome 2, p. 182.

[71] «[C]e qui est institutionnalisé, c'est le médium de l'échange» *ibid.*, tome 2, p. 187.

[72] *Ibid.*, tome 2, p. 187. Souligné dans le texte. Soulignons que Habermas en viendra à repérer quatre relations d'échange: «entre le système (économie et État) et le monde vécu (sphère privée et espace public)» (*ibid.*, tome 2, p. 384). Mais cette ouverture tient à la même ambivalence et procède de la même préoccupation idéologique.

[73] *Ibid.*, tome 2, p. 283...

[74] *L'anti-économique*, Paris, Quadrige/P.U.F., [1974] 1990, p. 7.

[75] Neil J. Smelser, *The Sociology of Economic Life*, *op. cit.*

[76] Robert Fossaert, *La société* (tome 1, «Une théorie générale»; tome 2, «Les structures économiques»), Paris, Seuil, 1977.

[77] Jean Bancal, *L'économie des sociologues : Objet et projet de la sociologie économique*, Paris, P.U.F., Sociologie d'aujourd'hui, 1974.

[78] Où les facteurs économiques sont présentés comme détermination ultime. Cornélius Castoriadis, *L'institution imaginaire de la société*, Paris, Seuil, 1975.

79 L'économie politique, c'est l'économie qui ne consent pas à se replier sur soi, qui prend conscience de la socialité de ses phénomènes.

80 C'est cette équation qu'on retrouve dans les sociologies des communications où il est entendu que la propriété des média ou leur contrôle sont synonymes de pouvoir.

81 Ces sous-entendus, de même que le caractère absurde d'une économie parfaitement libérale, voire apolitique, ont été mis en relief dans *L'économie fiction : contre les nouveaux économistes*, Paris, Maspero, Textes à l'appui, Série économie, 1982.

82 On notera que, chez Armand et Michèle Mattelart, l'argent s'avère, là aussi, lien social. Lire «Des nouveaux usages des médias en temps de crise» (Séance inaugurale du Colloque International sur les Médias et les Crises, Québec, 4 octobre 1990).

83 «L'économie ne se fait pas en dehors des hommes», dit la phrase célèbre de François Perroux.

84 Pour une critique de cette tendance, lire: Maurice Lagueux, *Le marxisme des années soixante : Une saison dans l'histoire de la pensée critique*, Ville La Salle, Hurtubise HMH, Brèches, 1982.

85 Il est malheureux que sa vision du pouvoir n'ait pas constamment assumé cette dialectique.

86 «[O]n ne peut pas comprendre le fonctionnement de l'économie sans une réflexion sur l'*ordre économique*, entendu comme *culture* dominante des sociétés développées, sans un détour par l'histoire et l'anthropologie, qui oblige à déceler l'anti-économie — ce qui ne relève plus de l'utilité et des intérêts mais des passions humaines — au sein de l'économie» (Jacques Attali et Marc Guillaume, *L'anti-économie*, Paris, Quadrige/P.U.F., [1974] 1990, p. 4; souligné dans le texte).

87 *Histoire de la sexualité*, tome I, Volonté de savoir, Paris, Gallimard, Bibliothèque des Histoires, 1976, p. 122.

88 *L'acteur et le système*, Paris, Seuil, Point Politique, 1977, p. 23.

[89] Pierre Bourdieu, *La noblesse d'État : Grandes écoles et esprit de corps*, Paris, Minuit, 1989, pp. 373-374. Souligné dans le texte.

[90] Dans *Ce que parler veut dire* (Paris, Fayard, 1982), Bourdieu a très bien illustré à quel point la dimension discursive participe de ces relations.

[91] Pierre Bourdieu, *ibid.*, p. 375.

[92] Même lorsque les classes sont conçues selon leur position par rapport à un objet plutôt que distinguées d'après une échelle stratifiée surgit une classe dominante.

[93] L'échange de paroles ne donne pas nécessairement lieu à des transfert d'informations si l'on donne au mot information le sens littéral de mise en forme du savoir, de savoir formalisé. Les agents communicants peuvent ne parler que pour parler, sans porter une attention particulière à ce qui *s'exprime dans les mots utilisés*. Leur communication n'est pas pour autant vide; elle est chargée de tout ce qui est investi dans la relation qui les unit.

[94] Dont on peut lire le pendant dans les écrits en communication.

[95] Jean Baudrillard, *L'échange symbolique et la mort, op. cit.*, pp. 24-25. Souligné dans le texte.

[96] Et c'est en ce sens qu'Alain Touraine a écrit : «Ainsi se forme l'image d'une société qui n'est pas seulement un système d'échanges, internes ou externes, mais d'abord un agent de production de soi, de création des orientations de l'action sociale à partir de la pratique et de la conscience de la production de travail» (*Production de la société*, Paris, Seuil, 1973, p. 10).

Quatrième partie

1 Jacques Attali et Marc Guillaume, entre autres, séparent nettement, avec perspicacité, la théorie économique de l'entreprise et ses techniques de gestion (*L'anti-économie*, *op. cit.*, p. 28).

2 *Op. cit.*, pp. 27-28.

3 *L'anti-économie*, *op. cit.*, p. 145...

4 *Ibid.*, pp. 152.

5 «Pour atténuer ce caractère long et aléatoire d'une telle circulation de l'information, le système gestionnaire dispose d'une certaine autonomie, plus ou moins grande suivant les cas, et les consommateurs peuvent agir directement sur lui, par différents moyens» (*ibid.*, pp. 152-153).

6 Variables macroéconomiques établies par simples agrégations de données.

7 «S'il convenait de souligner une originalité de la sociologie française des années 1945-1990, on serait tenté de dire que cette sociologie s'est particulièrement attachée à repenser tout ce qui concerne les systèmes symboliques entendus au sens le plus large. Beaucoup plus qu'autrefois, ces sociologies ont été attentives à tout ce qui concerne les langages, les systèmes de représentations, les signes, les croyances, les idéologies» (Pierre Ansart, *Les sociologies contemporaines*, Paris, Seuil, Points, 1990, p. 165).

8 Désaccords que Pierre Ansart a très bien illustrés dans *Les sociologies contemporaines*, *op. cit.*.

9 Le postulat du conflit est aussi dommageable que celui du consensus dès lors qu'ils prétendent à l'universalité. Une théorie de la société intégrée pense que, la plupart du temps, les sociétés sont faites de conflits et de consensus, se sitent à mi-chemin entre les deux, mais conçoit tout à fait qu'elles puissent basculer dans les extrêmes.

Bibliographie

ABASTADO, Claude, *Messages des medias*, Paris, CEDIC, 1980.

ABRAHAM-FROIS, *Économie politique*, 3e édition, Paris, Economica, 1986.

ADORNO, Theodor W., FRENKLE-BRUNSEWICK E., LEVINSON, Daniel J. et NEVITT SANFORD, R., *The Authoritarian Personality*, New York, Harper, 1950.

ADORNO, Theodor, *Prismes : Critique de la culture et société*, Paris, Payot, 1986.

AGNEW, J., MERCER, J. et SOPHER, D. (dir.), *The City in Cultural Context*, New York, Syracuse Univ., Allen and Unwin, 1984.

AIMARD, Guy, *Durkheim et la science économique : L'apport de sa sociologie à la théorie économique moderne*, Paris, P.U.F., Bibliothèque de la science économique, 1962.

AKHMANOVA, Ol'ga Sergeevna, *Optimization of Natural Communication Systems*, The Hague, Mouton, 1977.

AKOUN, André *et al.*, *Le pouvoir des médias. Mélanges offerts à Jean Cazeneuve*, Paris, P.U.F., 1988.

ALBERTINI, Jean-Marie et AHMED, Silem, *Comprendre les théories économiques*, Paris, Seuil, Points, [1983] 1987.

AMADO, Eliane (Levy-Valensy), *La communication*, Paris, P.U.F., 1967.

AMAMI, Mokhtar, *Microéconomie : théories, critiques et exercices pratiques*, Chicoutimi, Gaëtan Morin, 1981.

ANDREFF, Wladimir *et al.*, *L'économie fiction : contre les nouveaux économistes*, Paris, Maspero, Textes à l'appui, Économie, 1982.

ANDREOLI, Virginia, WORCHEL, Stephen, «Effects of Media, Communicator and Message Position on Attitude Change», *The Public Opinion Quarterly*, vol. 42, nº 1, printemps 1978, pp. 59-70.

ANGERS, François-Albert, *Initiation à l'économie politique*, 5e édition renouvelée, Montréal, Fides, 1971.

ANSART, Pierre, *Les idéologies politiques*, Paris, P.U.F., 1974.

ANSART, Pierre, *La gestion des passions politiques*, Lausanne, L'âge de l'homme, 1983.

ANSART, Pierre, *Les sociologies contemporaines*, Paris, Seuil, Points, 1990.

ARDANT, Philippe et DUHAMEL, Olivier, *Pouvoirs*, «Les sondages», n° 33, Paris, P.U.F., 1985.

ARENGUREN, José Luis, *Sociologie de l'information*, Paris, Hachette, 1967.

ARISTOTE, *La politique*, Gonthier, Médiations, texte français présenté et annoté par Marcel Prélot, 1963.

ASCH, S.E., «Forming Impressions of Personalities», *Journal of Abnormal and Social Psychology*, n° 41, 1946, pp. 258-290.

ASTRE, G. *et al.*, «Idéologie et Media aux U.S.A.», *Raison présente Paris*, n° 50, 1979, pp. 3-70.

ATTALI, Jacques, *La parole et l'outil*, Paris, P.U.F., 1975.

ATTALI, Jacques et GUILLAUME, Marc, *L'anti-économie*, Paris, Quadrige/ Presses universitaires de France, [1974] 1990.

AUCLAIR, Georges, *Le mana quotidien : Structures et fonctions de la chronique des faits divers*, Paris, Anthropos, 1970.

AUCY, Marc, *Les systhèmes socialistes d'échange*, Paris, F. Alcan, 1980.

BABAZ, M., *Le rôle de la publicité dans les campagnes électorales britanniques*, thèse, Paris, Librairie Honoré Champion; Lille, Atelier de reproduction des thèses, [1977] 1980.

BACHELARD, Gaston, *La formation de l'esprit scientifique*, Paris, Vrin, 1975.

BAKIS, Henry, *Géopolitique de l'information*, Paris, P.U.F., Que sais-je?, 1987.

BALDWIN, E., «The Mass Media and The Corporate Elite : A Re-Analysis of the Overlap Between The Media and Economic Elites», *Cahiers canadiens de sociologie*, vol. 2, n° 1, 1977, pp. 1-27.

BALLE, Francis, *Et si la presse n'existait pas*, Paris, Lattès, 1987.

BALLE, Francis, *Médias et société*, Paris, Montchrestien, Collection Université nouvelle, Paris, 1984.

BALLE, Francis et EYMERY, Gérard, *Les nouveaux médias*, Paris, P.U.F., Que sais-je?, [1984] 1987.

BANCAL, Jean, *L'économie des sociologues : Objet et projet de la socilogie économique*, Paris, Presses Universitaires de France, Sociologie d'aujourd'hui, 1974.

BANDURA, A., *Aggression : A Social Learning Analysis*, Englewood Cliffs, N.J., Prentice-Hall, 1973.

BARON, Robert A. et BYRNE, Donn, *Social Psychology : Understanding Human Interaction*, Boston, London, Sydney, Toronto, Allyn and Bacon, [1974] 1981.

BARTHES, Roland, *L'aventure sémiologique*, Paris, Seuil, 1985.

BATAILLE, Georges, *La part maudite* (précédé de *La notion de dépense*), Paris, Minuit, Critique, 1967.

BAUDRILLARD, Jean, *De la séduction*, Paris, Denoël, Folio/Essais, 1979.

BAUDRILLARD, Jean, «La genèse idéologique des besoins», *Cahiers internationaux de sociologie*, vol. 47, 1969, p. 62.

BAUDRILLARD, Jean, *La société de consommation : Ses mythes, ses structures*, Paris, Denoël, Folio/Essais, 1970,

BAUDRILLARD, Jean, *L'échange symbolique et la mort*, Paris, Gallimard, 1976.

BAUDRILLARD, Jean, *Pour une critique de l'économie politique du signe*, Paris, Gallimard, Tel, 1972.

BEAUCHAMP, Colette, *Le silence des médias. Les femmes, les hommes et l'information*, Montréal, Les éditions du remue-ménage, 1987.

BEAUCHARD, Jacques, *La puissance des foules*, Paris, Les Ed. françaises, 1985.

BEAUD, Paul., *La société de connivence : Media, médiations et classes sociales*, Paris, Aubier, RES, Babel, 1984.

BELLEMARE, Diane et POULIN-SIMON, Lise, *Le plein-emploi, pourquoi?*, Sillery, Presses de l'Université du Québec, 1983.

BELLENGER, Lionel, *La persuasion*, Paris, Les Ed. françaises, 1985.

BERGER, René, *La mutation des signes*, Paris, Denoël, 1972.

BERKOWITZ, L., «The Frustration-Aggression Hypothesis Revisited», L. Berkowitz (dir.), *Roots of Aggression*, New York, Atherton Press, 1969.

BILODEAU, Rosario et LÉGER, Roger, *Classes sociales et pouvoir politique au Québec*, Leméac, Ottawa, 1974.

BISKY, L., «Looking at Media Abundance», *Communications. Journal of Communication Research*, vol. 5, n°s 2-3, 1980, pp. 259-271.

BLAUG, Mark, *La pensée économique : Origine et développement* (4e édition), traduit par Alain et Christiane Alcouffe, Paris, Economica, 1986.

BLUM, L.M., «Feminism and the Mass Media : A Case Study of the Women's Room as Novel and Television Film», *Berkeley Journal of Sociology*, vol. 27, 1982, pp. 1-24.

BLUMLER, Jay G., «Looking at Media Abundance : Some Second Thoughts», *Communications. International Journal of Communication Research*, vol. 5, n[os] 2-3, 1980, pp. 159-170.

BLUMLER, Jay G., «Looking at Media Abundance : Toward a Framework for Comparative Audience Analysis», *Communications. International Journal of Communication Research*, vol. 5, n°s 2-3, 1980, pp. 125-158.

BLUMLER, Jay G., «Nouvelles orientations de la recherche dans le domaine des campagnes électorales», *Études de radio-télévision*, n° 24, nov. 1977, pp. 219-239.

BONVILLE, Jean de, *La presse québécoise de 1884 à 1914 : Genèse d'un média de masse*, Québec, Presses de l'Université Laval, 1989.

BOUDON, Raymond, *À quoi sert la notion de structure? Essai sur la signification de la notion de structure dans les sciences humaines*, Paris, Gallimard, 1968.

BOUDON, Raymond, *L'idéologie*, Paris, Fayard, 1986.

BOUDON, Raymond, *L'inégalité des chances : la mobilité sociale dansles sociétés industrielles*, Paris, Colin, 1973.

BOUGLE, Célestin, *Cours de sociologie économique*, Paris, Centre de documantation universitaire, 1935.

BOUGLE, Célestin, «La sociologie économique en France», *Zeitschrift für Sozialforschung*, année III, fasc. 3, 1934, pp. 383-408.

BOULAD-AYOUB, Josiane, *Vers une redéfinition matérialiste du concept de culture*, Cahiers Recherches et théories, Symbolique et idéologie, n° S11, Montréal, Université du Québec à Montréal, Département de philosophie, 1987.

BOURDIEU, Pierre, *Choses dites*, Paris, Minuit, Le sens commun, 1987.

BOURDIEU, Pierre, «Décrire et prescrire : Notes sur les conditions de possibilité et les limites de l'efficacité politique», *Les actes de la recherche*, mai, n° 38, 1981, pp. 69-73.

BOURDIEU, Pierre, *La distinction : Critique sociale du jugement*, Paris, Minuit, Le sens commun, 1979.

BOURDIEU, Pierre, *La noblesse d'État : Grandes écoles et esprits de corps*, Paris, Minuit, 1989.

BOURDIEU, Pierre, «La représentation politique : Éléments pour une théorie du champ politique», *Les actes de la recherche*, février-mars, n°s 36-37, 1981, pp. 3-24.

BOURDIN, Alain, *McLuhan, communication, technologie et société*, Paris, Ed. Univers, 1970.

BRACK, J.P., «Ces communications de masse qui n'existent pas», *Analyse prévis*, vol. 14, n° 1-2, 1972, pp. 977-996.

BRAUDEL, Fernand, *Civilisation matérielle, économie et capitalisme XVe et XVIIIe*, Paris, Armand Colin, 1979.

BRETON, Philippe et PROULX, Serge, *L'explosion de la communication : La naissance d'une nouvelle idéologie*, Paris/Montréal, La Découverte/Boréal, 1989.

BRILMAN, Jean, *Modèles culturels et performances économiques*, Tour Chenonceaux, Hommes et techniques, 1981.

BRIOLE, Alain, TYAR, Adam-Franck, *Fragments des passions ordinaires : Essai sur le phénomène de télé-sociabilité*, Paris, La documentation française, 1987.

BRISSON, François, *Langage, communication et décision*, Paris, Presses universitaires de France, 1972.

BRUNELLE, Dorval, *La raison du capital : Essai sur la dialectique*, LaSalle, Hurtubise HMH, Brèches, 1980.

CAILLE, Alain, *Splendeurs et misères des sciences sociales*, Genève, Droz, 1986.

CAILLOIS, Roger, *Instincts et société*, Paris, Gonthier, Médiations, 1964.

CALLERO, P.L., «Toward a Median Conceptualization of Role», *Sociology Quarterly*, vol. 27, n° 3, 1986.

CAMPEANU, Parvel, «Implications sociales d'une industrie d'images», *Revista del Instituto de Ciencias Sociales*, n° 22, 1973, pp. 171-181.

CARON-BOUCHARD, Monique, *Messages culturels et médias*, Montréal, Editions Pauline, 1989.

CASSIRER, Henry R., «From Non-Communication to Communication», *Communication*, vol. 3, n° 1, juin 1978, pp. 61-86.

CASTELLAN, Yvonne, *Initiation à la psychologie sociale*, Paris, Librairie Armand Colin, 1970.

CASTORIADIS, Cornélius, *L'institutionimaginaire de la société*, Paris, Seuil, 1975.

CAYROL, Roland, *La nouvelle communication politique*, Paris, Larousse, 1986.

CAZENEUVE, J. *et al.*, «Communication et medias : Les orientations de la recherche en Europe», *Les cahiers de la communication*, vol. 2, n°s 4-5, 1982, pp. 301-420.

CAZENEUVE, J., *La société de l'ubiquité : Communication et diffusion*, Paris, Denoël/Gonthier, 1972.

CHAMBERS, Iain, *Popular Culture : The Metropolitan Experience*, London et New York, Methuen, 1986.

CHAMOUX, J.P., *L'appropriation de l'information*, Paris, Librairies techniques, 1986.

CLEMENT, W., «Overlap of the Media and Economic Elites», *Cahiers canadiens de sociologie*, vol. 2, n° 2., 1977, pp. 205-222.

Collaboration, *Les Industries culturelles : Un enjeu vital!*, «Cahiers de recherche sociologique», vol. 4, n° 2, automne 1986.

Collaboration, *Les obstacles à l'information*, Congrès de Bordeaux, Bordeaux, Société française des sciences de l'information et de la communication, [1980] 1981.

Collaboration, «Mass media et civilisation noire», *Présence africaine*, n° 88, 1973, pp. 3-112.

Collaboration, *Mass media et Idéologie aux U.S.A.*, «Revue française d'études américaines», n° 6, 1978, pp. 121-281.

Collaboration, «Media et société», *Raison présente Paris*, n° 61, 1982, pp. 5-85.

Collaboration, *Médias, pouvoir et contre-pouvoir*, «Politique aujourd'hui», n°s 3-4, 1979, pp. 5-115.

Collaboration, *Third World Mass Media : Issues, Theory and research*, «Studies in Third World Societies», n° 9, 1979, pp. 1-101.

COTTERET, Jean-Marie, *Gouvernants et gouvernés : La communication politique*, Paris, P.U.F., 1976.

COOPER, Russell, DeJONG, Douglas V., FORSYTHE, Robert et ROSS, Thomas W., *Communication in the Battle of the Sexes Game*, Ottawa, Working Paper Series, Department of Economics, Carleton University, 1989.

COURTIAL, J.-P., *La communication piégée*, Paris, Robert Jauze, 1979.

CROZIER, Michel, *On ne change pas la société par décret*, Paris, Grasset, 1979.

CROZIER, Michel et FRIEDBERG, Erhard, *L'acteur et le système*, Paris, Seuil, Point politique, 1977.

CURRAN, James., «The Impact of Advertising on the British Mass Media», *Media, Culture and Society*, vol. 3, n° 1, pp. 43-69, 1981.

CURRAN, James, SMITH, Anthony et WINGATE, Pauline (dir.), *Impacts and Influences : Essays on Media Power in the Twentieth Century*, London et New York, Methuen, 1987.

DE FLEUR, Melvin Lawrence, *Theories of Mass Communication*, New York, D. McKay Co., 1966.

DE GUISE, Jacques, «La communicatiuon à deux paliers», Simon Laflamme (dir.), *Études en communications de masse*, «Revue de l'Université Laurentienne», vol. 19, n° 2, février 1987, pp. 37-73.

DE GUISE, Jacques, «L'entreprise de communication de masse», *Recherches sociographiques*, vol. 12, n° 1, pp. 99-103.

DE GUISE, Jacques, «Les caractères de la consommation de masse», Département d'information et de communication, Université Laval, 10 octobre 1990.

DAVIS, Howard et WALTON, Paul (dir.), *Language, Image, Media*, New York, St. Martin, 1983.

DEHEM, Roger, *Principes d'économie politique*, Paris, Dunod, 1962.

DESROSIERS, Richard et HEROUX, Denis, *Le travailleur québécois et le syndicalisme*, Sillery, Presses de l'Université du Québec, 1973.

DOISE, Willem (dir.), *Expériences entre groupes*, Paris, Mouton, 1979.

DOISE, Willem et PALMONARI, Augusto (dir.), *Social Interaction in Individual Development*, Cambridge University Press, Paris, Maison des sciences de l'homme, 1984.

DOSTALER, Gilles, *Valeur et prix*, Sillery, Presses de l'Université du Québec, 1978.

DUGAS, Clermont, *Un pays de distance et de dispersion : L'État du Québec*, Sillery, Presses de l'Université du Québec, 1981.

DUPUY, Jean-Pierre, *Ordre et désordre : Enquête sur un nouveau paradygme*, Paris, Seuil, 1982.

DURKHEIM, Émile, *Textes*, Paris, Minuit, 1975.

DURKHEIM, Émile, *De la division du travail social*, Paris, P.U.F., Bibliothèque de philosophie contemporaine, [1930] 1973.

DURKHEIM, Emile, *Les règles de la méthode sociologique*, Paris, Gallimard, Bibliothèque de philosophie contemporaine, [1937] 1977.

DUSSAULT, Ginette, *L'inégalité sociale et les mécanismes du pouvoir*, Sillery, Presses de l'Université du Québec, 1985.

EDELSTEIN, Alex S., «An Alternative Approach to the Study of Source Effects in Mass Communication», *Communications*, vol. 4, n° 1, 1978, pp. 71-90.

EDWARDS, John, *Language, Society and Identity*, New York, Basil Blackwell, 1986.

EKEH, Peter, *Social Exchange Theory*, Boston, Harvard University Press, 1974.

EKMAN, P., FRIESEN, W. et ELLSWORTH, P., *Emotion in the Human Face*, NEW YORK, Pergamon Press, 1972.

ESCARPIT, R., «Are Media Really Abundant», *Communications : International Journal of Communication Research*, vol. 5, n°s 2-3, 1980, pp. 203-212.

ESCARPIT, R., *Théorie de l'information et pratique politique*, Paris, Seuil, 1981.

FAGEN, Richard R., *Politics and Communication : Analytic Study*, Boston, Little, Brown, 1966.

FALLON, Valère, *Principes d'économie sociale*, Bruxelles, L'édition universelle, 1949.

FALLON, Valère., *Sommaire des principes d'économie sociale*, 6e édition, Namur, Maison d'éditions Ad. Wesmael-Charlier, 1951.

FARIS, Robert E.L. et DUNHAM, H. Warren, *Mental Disorders in Urban Areas : An Ecological Study of Schizophrenia and Other Psychoses*, New York, Hafner, [1939] 1960.

FASOLD, Ralph, *The Sociolinguistics of Society*, New York, Basil Blackwell, 1984.

FATHI, A., «The Islamic Pulpit as a Medium of Political Communication», *Journal for the Scientific Study of Religion*, vol. 20, n° 2, 1981, pp. 163-172.

FAUCHER, Jean-Robert *et al.*, *L'information culturelle dans les medias électroniques*, Québec, Institut Québécois de recherche sur la culture, coll. Diagnostiques culturels, 1981.

FESTINGER, L., «Wish, Expectation and Group Standards As Factors Influencing Level of Aspiration», *Journal of Abnormal and Social Psychology*, n° 37, 1942, pp. 184-200.

FICHTE, Johann Gottlieb et SCHULTHESS, Daniel, *L'État commercial fermé*, Âge d'homme, 1981.

FISHBEIN, M., «An Investigation of the Relationships between Beliefs about an Object and Attitude toward That Object», *Human Relations*, n° 16, 1963, pp. 233-239.

FISKE, John, *Introduction to Communication Studies*, London et New York, Methuen, 1982.

FLETCHER, R. *et al.*, «News Manipulation», *Media Culture and Society*, vol. 4, n° 2, 1982, pp. 97-190.

FLICHY, P., *Les industries de l'imaginaire : Pour une analyse économique des media*, Grenoble, Presses universitaires de Grenoble, Institut national de l'audiovisuel, 1980.

FOSSAERT, Robert, *La société* (tome 1, Une théorie générale; tome 2, Les structures économiques), Paris, Seuil, 1977.

FOUCAULT, Michel, *Histoire de la sexualité*, tome I, Volonté de savoir, Paris, Gallimard, Bibliothèque des Histoires, 1976.

FOUCAULT, Michel, *L'archéologie du savoir*, Paris, Gallimard, Bibliothèque des sciences sociales, 1969.

FOUCAULT, Michel, *Les mots et les choses : Une archéologie des sciences humaines*, Paris, Gallimard, Bibliothèque des sciences humaines, 1966.

FREITAG, Michel, *Dialectique et société*, tomes 1 et 2, Montréal, Saint-Martin, L'âge d'homme, 1986.

FREUD, Sigmund, *Essais de psychanalyse*, Paris, Payot, 1972.

FREUD, Sigmund, *Introduction à la psychanalyse*, Paris, Payot, 1978.

FREUD, Sigmund, «Instincts and Their Vicissitudes», P. Rieff (dir.), *General Psychological Theory*, New York, Collier, [1915] 1963.

FREUD, Sigmund, *Métapsychologie*, Paris, Gallimard, Idées, 1968.

FRODIN, Jacques, *Les fondements théoriques de la théorie de l'échange : Le postulat du numéraire : Introduction à la critique de l'économie politique contemporaine*, Grenoble, Presses Universitaires de Grenoble, 1976.

FROMM, Erich, *The Sane Society*, Londres, Routledge et Keagen Paul, 1956.

FUSTIER, Bernard, *Les interactions spatiales en économnie*, Paris, Sirey, 1979.

GALBRAITH, John K., *L'ère de l'opulence*, Paris, Calmann-Lévy, [1961] 1970.

GARNHAM, N, *et al.*, «The Political Economy of the Mass Media», *Media, Culture and Society*, vol. 1, n° 2, 1979, pp. 123-210.

GAULEJAC, Vincent de, *La névrose de classe : Trajectoire sociale et conflits d'identité*, Paris, Hommes et groupes, 1987.

GAUTHIER, Yvon, *Théorétiques : Pour une philosophie constructiviste des sciences*, Longueil, Le Préambule, Science et Théorie, 1982.

GAUVREAU, Danielle, «Nuptialité et catégories professionnelles au Québec», *Sociologie et sociétés*, «Sociologie des phénomènes démographiques», vol. 19, n° 1, avril 1987, pp. 25-35.

GERGEN, Kenneth J., GREENBERG, Martin S. et WILLIS, Richard H. (dir.), *Social Exchange : Advances in Theory and Research*, New York, Plinum Press, 1980.

GERSCH, Alexander, *On the Theory of Exchange Value*, vol. 1 et 2, Alexander Gersch, Univ. H. Stürtz, [1969] 1972.

GHIGLIONE, Rodolphe, *L'homme communiquant*, Paris, Armand Colin, 1986.

GIDDENS, Anthony, *Social Theory and Modern Sociology*, Stanford, Stanford University Press, 1987.

GIFT, Richard E., «Trading in a Threat System : The US Society Case», *Journal of Conflict Resolution*, vol. 13, n° 4, déc. 1969, pp. 418-437.

GOLDMANN, Lucien, *La création culturelle dans la société moderne*, Paris, Denoël/Gonthier, 1971.

GOUREVITCH, Jean-Paul, *La politique et ses images*, Paris, Médiathèque/Edilig, 1986.

GOUREVITCH, Jean-Paul, *La propagande dans tous ses états*, Paris, Flammarion, 1981.

GOUVERNEUR, Jacques, *Manuel de théorie économique marxiste*, Bruxelles, De Boeck-Université, Série Prémisses, 1987.

GRANOVETTER, Mark, «Economic Action and Social Structure : The Problem of Embeddedness», *America Journal of Sciology*, vol. 91, n° 3, nov. 1985, pp. 481-510.

GREIMAS, Algirdas Julien, *Du sens : Essais sémiotiques*, Paris, Seuil, 1970.

GREIMAS, Algirdas Julien *et al.*, *Essai de sémiotique poétique*, Paris, Larousse, Collection L, 1972.

GREIMAS, Algirdas Julien, *Sémiotique et science sociale*, Paris, Seuil, 1976.

GRISEZ, Jean, *Méthodes de la psychologie sociale*, Paris, P.U.F., 1975.

GRUSHIN, B.A., «Mass Information as a Subject for Sociological Research», *Soviet Sociology*, vol. 20, n° 3, 1981, pp. 3-37.

GRUSHIN, B.A. et ONIKOV L.A., «The Media in a Soviet Industrial City. An Attempt at a Comprehensive Sociological Study», *Soviet Sociology*; part 3 : vol. 20, n° 4, 1982, pp. 46-90; part 4 : vol. 21, n° 1, 1982, pp. 3-23; part 5 : vol. 21, n° 2, 1982, pp. 3-39.

HABERMAS, Jürgen, *Après Marx*, Paris, Fayard, 1985.

HABERMAS, Jürgen, *Communication and the Evolution of Society*, Boston, Beacon Press, 1979.

HABERMAS, Jürgen, *Connaissance et intérêt*, Paris, Gallimard, Tel, 1976.

HABERMAS, Jürgen, *La technique et la science comme idéologie*, Paris, Gallimard, Médiations, [1968] 1973.

HABERMAS, Jürgen, *L'espace public : Archéologie de la publicité comme dimension constitutive de la société bourgeoise*, traduit de l'Allemand par Marc B. de Launay, Paris, Payot, [1962] 1986.

HABERMAS, Jürgen, *Théorie de l'agir communicationnel*, tomes 1 et 2, traduit de l'allemand par Jean-Louis Schlegel, Fayard, L'espace du politique, 1987.

HAMEL, Jacques, «L'économie francophone au Québec à la lumière de la théorie sociologique de la transition», *Sociologie et société*, vol. 22, n° 1, avril 1990, pp. 163-178.

HAMEL, Jacques, HOULE, Gilles et SABOURIN, Paul, «Stratégies économiques et développement industriel», *Recherches sociographiques*, vol. 25, n° 2, mai-août 1984, pp. 189-209.

HARRIS, William F., «Government Without Newspapers», *Conference : ISA (International Sociological Association)*, 1978.

HEERTJE, Arnold, *Fondements de l'économie moderne : L'essentiel de l'économie politique*, tome 1, Paris, Sirey, 1974.

HEIDER, F., *The Psychology of Interpersonal Relations*, New York, Wiley, 1958.

HENRY, Jacques, *Les gains de l'échange dans un modèle post-keynésien*, Ottawa : Départ de science économique, Université d'Ottawa, 1979.

HERITIER, Françoise, *L'exercice de la parenté*, Paris, Gallimard/ Seuil, 1981.

HOFFMAN, L.W., «Moral Development», P. Mussen (dir.), *Carmichael's Manuel of Child Psychology* (3e édition), New York, Wiley, 1970.

HOMANS, George C., *English Villagers of the Thirteenth Century*, New York, Harper and Row, 1941.

HOULE, Gilles et HAMEL, Jacques, «Une nouvelle économie politique québécoise francophone», *Canadian Journal of Sociology*, vol. 12, n°s 1-2, 1987, pp. 42-63.

HOUSE, J.D., *Last of the free enterprises*, Toronto, Carleton University Press, 1985.

HOYT, Elizabeth Ellis, *Primitive Trade : Its Psychology and Economics*, New York, A. M. Kelley, 1968.

HUBBARD, J.C., DE FLEUR, M.L. et DE FLEUR L.B., «Mass Media Influences on Public Conceptions of Social Problems», *Social Problems*, vol. 23, n° 1, 1975, pp. 22-34.

HUET, S. et LANGENIEUX-VILLARD, P., *La communication politique*, Paris, P.U.F., 1982.

HURTUBISE, Rolland, *L'humain dans le systhème : Outillage et cas*, Montréal, Agence d'arc, 1981.

HUSTON, L., «Médias communautaires ou médias libres», *Revue internationale d'action communautaire*, n° 46, 1981, pp. 3-159.

HUTH, Arno George, *Communications and Economic Development*, New York, Carnegie Endowment for International Peace, 1952.

ISAAC, R. Mark et WALKER, James M., «Communication and Free-Riding Behavior : The Voluntary Contribution Mechanism», *Economic Inquiry*, vol. 26, oct. 1988, pp. 585-608.

INSKO, C.A., BLAKE, R.B., CIALDINI, R.B. et MULAEK, S.A., «Attitude toward Birth Control and Cognitive Consistency : Theoretical and Practical Implications of Survey Data», *Journal of Personality and Social Psychology*, n° 16, 1970, pp. 228-237.

JACQUEMIN, Alex et TULKENS, Henry, *Fondements d'économie politique*, Bruxelles, La renaissance du livre, 1970.

JAGANNATHAN, *Informal Markets in Developing Countries*, Oxford University Press, 1987.

JEVONS, William Stanley, *Money and the Mecanism of Exchange*, New York, Garland Publications, 1984.

JAKOBSON, Roman, *Essais de linguistique générale II*, Paris, Ed. de Minuit, 1973.

JALBERT, Lizette et BEAUDRY, Lucille (dir.), Les métamorphoses de la pensée libérale : Sur le néo-libéralisme actuel, Sillery, Presses de l'Université du Québec, Etudes d'économie politique, 1987.

JALBERT, Lizette, LEPAGE, Laurent, *Néo-conservatisme et restructuration de l'État*, Sillery, Presses de l'Université du Québec, Études d'économie politique, 1986.

JODELET, Denise, VIET, Jean et BESNARD, Philippe, *La psychologie sociale . Une discipline en mouvement*, préface de Serge Moscovici, Paris, Mouton, Les Textes sociologiques III, 1970.

JOUTARD, Philippe et LECUIR, Jean (dir.), *Histoire sociale, sensibilités et mentalités : mélanges*, Paris, Éd. françaises, 1985.

JOUVE, E. *et al.*, «L'opinion publique», *Pour Paris*, n° 92, 1983, pp. 5-95.

KAPFERER, Jean-Noël, *Rumeurs : Le plus vieux média du monde*, Paris, Seuil 1984.

KATZ, E., GUREVITCH, M. et HAAS, H., «On the Use of the Mass Media for Important Things», *American Sociological Revew*, vol. 38, nº 2, pp. 164-81.

KATZ, E. et LAZARSFELD, P.F., *Personal Influence : The Part Played by People in the Flow of Mass-communication*, Glencoe, Ill., The Free Press, 1955.

KATZ, E. et SZECSKO, T., *Mass Media and Social Change*, London, Beverly Hills, Sage Publications, Sage Studies in International Sociology, nº 22, 1981.

KEABLE, Jacques, *L'information sous influence : Comment s'en sortir*, Montréal, VLB éd., 1985.

KELLEY, Harold H., «Attribution Theory in Social Psychology», D. Levine (dir.), *Nebraska Symposium on Motivation*, Lincoln, University of Nebraska Press, 1967.

KESTERTON, Wilfred, «The Growth of the Newspaper in Canada», Bemjamin D. Singer (dir.), *Communications in Canadian Society*, Don Mills (Ontario), Addison-Wesley Publisher, 1983, p. 3-16.

KHALDUN, Ibn, *Discours sur l'histoire universelle*, Paris, Sinbad, traduction nouvelle, préface et notes par Vincent Monteil, 1967-68.

KIENTZ, A., *Pour analyser les media : L'analyse de contenu*, Paris, Mane, 1971.

KLAPPER, J.T., *The Effects of Mass Communication*, Free Press, New York, 1960.

KORMENDI, Roger C., *Disperse Transactions Prices in a Model of Decentralized Pure Exchange*, Chicago, Department of Economic, University of Chicago, 1978.

KORTHALS, M., «The Philosophical Foundation of the Social Sciences in the Theory of Jürgen Habermas», *Philosophy of Social Sciences*, vol. 18, nº 1, pp. 69-72.

KRIER, Henri et LE BOURVA, Jacques, *Économie politique*, tome 1, Paris, Armand Colin, 1968.

KUHN, Thomas S., *The Structure of Scientific Revolutions*, second edition, enlarged, Chicago, The University of Chicago Press, International Encyclopedia of Unified Science, Foundations of the Unity of Science, vol. 2, nº 2, [1962] 1970.

LACROIX, «Présentation : Pour une théorie des industries culturelles», *Les industries culturelles : Un enjeu vital!*, «Cahiers de recherche sociologique», vol. 4, nº 2, automne 1986, p. 5-18.

LAFLAMME, Simon, «Dynamique et redites dans la sociologie de Max Weber», *Dialogue*, vol. 24, nº 3, automne 1985, pp. 399-409.

LAFLAMME, Simon, «Communication sociale et sciences sociales, Simon Laflamme (dir.) *Études en communications de masse*, «Revue de l'Université Laurentienne», vol. 19, nº 2, février 1987, pp. 21-36.

LAFLAMME, Simon, *Contribution à la critique de la persuasion politique*, Sillery, P.U.Q./Université Laurentienne, 1987.

LAFLAMME, Simon, «Sartre et la sociologie : La notion de totalisation», *Philosophiques*, vol. 10, n° 1, avril 1983, pp. 53-73.

LAFRANCE, Guy (dir.), *Pouvoir et tyrannie*, Ottawa, Editions de l'Université d'Ottawa, Philosophica, vol. 31, 1986.

LAGUEUX, Maurice, *Le marxisme des années soixante : Une saison dans l'histoire de la pensée critique*, Ville La Salle, Hurtubise HMH, Brèches, 1982.

LANG, K., «Media Abundance : The American Case», *Communications : International Journal of Communication Research*, vol. 5, n°s 2-3, 1980, pp. 171-201.

LARSON, C.J., «Habermas' «Grand» Theory», *International Journal of Contemporary Siciology*, vol. 23, n° 1-2, 1986, pp. 21-39.

LAULAN, Anne-Marie, «Media, Mediators and Social Change», *Conference : ISA (International Sociological Association)*, 1978.

LE BOURDAIS, Céline, HAMEL, Pierre J. et BERNARD, Paul, «Le travail et l'ouvrage. Charge et partage des tâches domestiques chez les couples québécois», *Sociologie et sociétés*, «Sociologie des phénomènes démographiques», vol. 19, n° 1, avril 1987, pp. 37-55.

LEISS, William, KLINE, Stephen et JHALLY, Sut, *Social Communication in Advertising : Persons, Products and Images of Well-Being*, Toronto, Methuen, 1986.

LEITNER, G. et FISHMAN, J.A., «Language and Mass Media», *International Journal of the Sociology of Language*, n° 40, 1983, pp. 5-120.

LEMAIRE, Paul-Marcel, *Communication et culture*, Québec, Presses de l'Université Laval, 1989.

LEMIEUX, Jacques, *Technologie et rapports sociaux dans huit romans de science-fiction*, Thèse présentée à l'École des gradués de l'Université Laval pour l'obtention du grade de philosophiae doctor, novembre 1981.

LEMIEUX, Vincent, «Le pouvoir dans les décisions conjointes», *Revue canadienne de science politique*, vol. 21, n° 2, juin 1988, pp. 227-247.

LEMIEUX, Vincent, *Les sondages et la démocratie*, Québec, I.Q.R.C., 1988.

LEMIEUX, Vincent, *Systèmes partisans et partis politiques*, Sillery, Presses de l'Université du Québec, 1985.

LEMPEN, Blaise, *Information et pouvoir : Essai sur le sens de l'information et son enjeu politique*, Lausanne, L'âge de l'homme, 1980.

LE NET, M., *L'État annonceur : Techniques, doctrine et morale de la communication sociale*, Paris, Les éditions d'organisation, 1981.

LENOIR, R. et PROT, B., *L'information économique et sociale. Rapport au président de la république*, Paris, La documentation française, 1979.

LENT, J.A., «Case Studies of Mass Media in the Third World», *Studies in Third World Societies*, n° 10, 1980, pp. 1-261.

LEVI-STRAUSS, Claude, *Anthropologie structurale*, Paris, Plon, [1958] 1974.

LEVI-STRAUSS, Claude, *La pensée sauvage*, Paris, Plon, 1962.

LEVI-STRAUSS, Claude, *Les structures élémentaires de la parenté*, Paris, Mouton, Maison des sciences de l'homme, coll. de Rééditions, [1967] 1973.

LEVY, André, *Psychologie sociale : Textes fondamentaux anglais et américains*, Paris, Dunod, 1965.

LEWIN, K., «Frontiers in Group Dynamics», *Human Relations*, n° 1, 1947, pp. 143-153.

LEYENS, Jacques-Philippe, *Psychologie sociale*, Bruxelles, Pierre Mardaga, Psychologie et sciences humaines, 1979.

LINDESMITH, Alfred R., STRAUSS, Anselm L. et DENZIN, Norman K., *Social Psychology*, 4e édition, The Dryden Press, [1949] 1975.

LIPPITT, R., et WHITE, R., «The «Social Climate» of children's groups», R.G. Barker, J. Kounin et H. Wright (dir.), *Child Behavior and Development*, New York, McGraw-Hill, 1943.

LOPATE, Carol, «Daytime television : You'll Never Want to Leave Home», *Feminist Studies*, vol. 3, n°s 3-4, printemps-été 1976, pp. 69-82.

LORIMER, Rowland et McNULTY, Jean, *Mass Communication in Canada*, Toronto, McClelland and Stewart, 1987.

LORIOT, Gérard, *Idéologies et régimes politiques comparés*, Montréal, Les trois filles du roi, 1980.

LOOMES, Graham, «When Actions Speak Louder Than Prospects», *The American Economic Review*, juin 1988, pp. 463-470.

LOUVE, E. *et al.*, «L'opinion publique», *Pour Paris*, n° 92, pp. 5-95, 1983.

MAFFESOLI, Michel, *Le temps des tribus : Le déclin de l'individualisme dans les sociétés de masse*, Paris, Méridiens-Klincksieck, 1988.

MAISONNEUVE, Jean, *La psychologie sociale*, Paris, P.U.F., Que sais-je?, 1965.

MAISONNEUVE, Jean, *Introduction à la psychosociologie*, Paris, P.U.F., [1973] 1985.

MALINOWSKI, Bronislaw, *Argonauts of Western Pacific*, New York, Dutton, 1961.

MALINVAUD, Edmond, *Leçons de théorie microéconomique*, 4e édition, Paris, Bordas, Dunod, [1968] 1982.

MALINVAUD, Edmond, *Théorie macroéconomique*, Paris, Bordas, Dunod, 1981.

MAMBERT, W.A., *The Elements of Effective Communication : Idea, Power, Tactics*, Washington, Acropolis Books, 1971.

MANDEL, Ernest, *Traité d'économie marxiste*, Paris, Union générale d'éditions, 10/18, 1962.

MANNONI, Pierre, *La psychologie collective*, Paris, P.U.F., Que sais-je?, 1985.

MARKUSEN, Ann, HALL, Peter et GLASMEIER, Amy, *High Tech America : The What, How, Where and Why of the Sunrise Industries*, Boston, Allen and Unwin, 1986.

MARTIN, R.R., McNELLY, J.T. et IZCARY, F., «Is Media Exposure Unidimensional? A Socioeconomic Approach», *Journalism Quarterly. Devoted to Research in Journalism an Mass Communication*, vol. 53, n° 4, 1976, pp. 619-625.

MARTIN-LAGARDETTE, J.L., *Informer, convaincre : Les secrets de l'écriture journalistique*, Paris, Syros, 1987.

MARTY, Martin E., «The Mass Media and the Human Condition : World, Play and Ego», *Communication*, vol. 1, n° 2, 1974, pp. 223-231.

MARX, Karl, *Oeuvres*, Économie I et II, Paris, Gallimard, La Pléiade, 1965 et 1968.

MATTELART, A., DELCOURT, X. et MATTELART, M., *La culture contre la démocratie : L'audiovisuel à l'heure transnationale*, Paris, La découverte, Cahiers libres, 1984.

MATTELART, A. et PIEMME, J.-M., *Télévision : Enjeux sans frontières (industries culturelles et politique de la communiation)*, Grenoble, P.U.G., Média et compagnie(s), 1980.

MATTELART, A. et MATTELART, M., *De l'usage des médias en temps de crise : Les nouveaux profils des industries de la culture*, Paris, Alain Moreau, Textualité, 1979.

MATTELART, A. et MATTELART, M., «Des nouveaux usages des médias en temps de crise», Séance inaugurale du Colloque International sur les Médias et les Crises, Québec, 4 octobre 1990.

MATTELART, A. et STOURDZE, Y., *Technologie, Culture et communication : Rapport remis à J.P. Chevenet, Ministre d'État, Ministre de la recherche et de l'industrie*, Paris, La documentation française, Collection des rapports officiels, 1982.

MAUSS, Marcel, *Sociologie et Anthropologie*, Paris, P.U.F., Sociologie d'aujourd'hui, 1973.

McDOUGALL, William, *Introduction to Social Psychology*, New York, University Paperbacks, 1960 [1908].

McLUHAN, Marshall, *Pour comprendre les media*, Paris, Seuil, Points, Civilisation, [1964] 1968.

McQUAIL, D., *Mass Communication Theory : An Introduction*, London, Beverly Hills, New Delhi, Sage Publications, 1983.

MEAD, George H., *L'esprit, le soi et la société*, Paris, P.U.F., 1963.

MEAD, George H., *Selected Writings*, A.J. Reck, Indianapolis, 1964.

MEAD, Margaret, *And Keep Your Powder Dry : An Anthropologist Looks at America*, New York, Morrow, 1942.

MEHRABIAN, A., «Relationship of Attitude to Seated Posture, Orientation and Distance», *Journal of Personality and Social Psychology*, nº 18, 1968, pp. 26-30.

METAYER, G., *La société malade de ses communications*, Paris, Dunod, 1980.

MILLER, Lawrence W. et SIGELMAN, Lee, «Is the Audience the Message? A Note on LBJ's Vietnam Statements», *The Public Opinion Quarterly*, vol. 42, nº 1, printemps 1978, pp. 71-80.

MILLS, C. Wright, *Les cols blancs*, traduit de l'américain par André Chassigneux,Paris, Maspéro, Points, [1951] 1966.

MOLES, Abraham A., «Socio-économie des mass media : Vers une écologie de la communication», *Économie sociale*, vol. 6, nº 4, 1972, pp. 731-773.

MOLES, Abraham, *Théorie structurale de la communication et société*, Paris, Masson, 1986.

MOLES, Abraham A., *Social Dynamics and Policy for Cultural Foundations of Urban Society*, University of Iowa, 1972.

MOND, Georges H., «La télévision des pays socialistes entre la culture et la politique», *Revista del Instituto de Ciencias Sociales*, nº 22, 1973, pp. 29-65.

MOORE, Wilbert E., *Economy and Society*, New York, Random House, 1955.

MOREUX, Colette, *La conviction idéologique*, Sillery, P.U.Q., 1978.

MORIN, Edgar, *La méthode*, tome 1, La nature de la Nature, Paris, Seuil, 1977.

MORSY, S., «Politicization through the Mass Information Media : American Images of Arabs», *Journal of Popular Culture*, vol. 17, nº 3, 1983, pp. 91-97.

MOSCO, V., «Government and Media : Visions and Revisions», Humanity and Society : Journal of the Association for Humanist Sociology, vol. 5, nº 3, 1981, pp. 201-215.

MOSCOVICI, Serge (dir.), *Introduction à la psychologie sociale*, Paris, Larousse, Sciences humaines et sociales, tome 1 : 1972, tome 2 : 1973.

MOSCOVICI, Serge, préface de *La psychologie sociale : Une discipline en mouvement*, Denise Jodelet, Jean Viet et Philippe Besnard, Paris, Mouton, 1970.

MOSCOVICI, Serge, *L'âge des foules : Un traité historique de psychologie des masses*, nouvelle édition, Bruxelles, Éditions Complexe, Historiques, [1981] 1985.

MURDOCK, Graham et JANUS, Noreene (dir.), *La communication de masse et l'industrie publicitaire*, Paris, Unesco, Etudes et documents d'information, n° 97, 1985.

NATALI, Joao, «La communication : Une sémiotique de la méconnaisance», *Communications*, n° 28, 1978, pp. 45-54.

NAVILLE, Pierre, *Les échanges socialistes*, Paris, Anthropos, 1974.

NAVILLE, Pierre, *Sociologie et logique*, Paris, Presses universitaires de France, 1982.

NEMETH, Charlan, *Social Psychology : Classic and Contemporary Integrations*, Rand McNally College, 1974.

NEWMAN, Peter K. *The Theory of Exchange*, Englewood Cliffs, N.J., Prentice-Hall, 1965.

NOELLE-NEUMANN, Elisabeth, «Return to the Concept of Powerful Mass Media», *Studies of Broadcasting*, vol. 9, 1977, pp. 67-112.

NOELLE-NEUMANN, Elisabeth, «The Effect of Media on Media Effects Research», *Journal of Communication*, vol. 33, n° 3, été 1983, pp. 157-165.

NIGG, Joanne M., «Communication under Conditions of Uncertainty : Understanding Earthquake Forecasting», *Journal of Communication*, vol. 32, n° 1, hiver 1982, pp. 27-36.

OSTERBER, D., «Metasociology : An Inquiry into the Origins and Validity of Social Thought», Oslo : Norwegian University Press, Scandinavian Library, 1988.

OZGA, S. Andrew, *The Rate of Exchange and the Terms of Trade*, London, The Trinity Press, 1967.

PADIOLEAU, Jean-G., *Le monde* et *Le Washington Post*, Paris, Les Éd. françaises, coll. Sociologie, 1985.

PAGES, Max, *La vie affective des groupes : Esquisse d'une théorie de la relation humaine*, Paris, Dunod, 1968.

PAQUET, Gilles, «Le fruit dont l'ombre est la saveur : Réflexions aventureuses sur la pensée économique au Québec», *Recherches sociographiques*, vol. 26, n° 3, 1985, pp. 365-397.

PARETO, Vilfredo, *Cours d'économie politique*, Lausanne, Rouge, 1896-1897.

PARETO, Vilfredo, *Manuel d'économie politique*, traduction française d'Alfred Bonnet, Paris, Giard & Brière, 1909.

PARSONS, Talcott, *The Social System*, London, Tavistock, 1952.

PARSONS, Talcott et SMELSER, N.J., *Economy and Society*, Glencoe, Ill., The Free Press, 1956.

PAUL, Ellen Frankel, MILLER, Fred D. et PAUL, Jeffrey (dir.), *Marxism and Liberalism*, New York, Basil Blackwell, 1986.

PENNER, Louis A. et DERTKE, *A Student Selected Reader in Social Psychology : An Argument for Relevance*, Reading, Mass., Addison-Wesley, 1972.

PERRIN, Guy, *Sociologie de Pareto*, Paris, P.U.F., Collection SUP, Le sociologue, 1966.

PERROUX, François, *Économie et société : Contrainte, Échange, Don*, Paris, P.U.F., 1963.

PETRYSZAK, Nicholas, «The Frankfurt School's Theory of Manipulation», *Journal of Communication*, vol. 27, nº 3, été 1977, pp. 32-40.

PIOTTE, Jean-Marc, *Sens et politique*, VLB éditeur, 1990.

PORTER, John, *The Vertical Mosaic : An Analysis of Social Class and Power in Canada*, Toronto, University of Toronto Press, 1965.

POSTMAN, Leon, BRUNER, Jerome S. et McGINNIES, Elliott, «Valeurs personnelles en tant que facteurs sélectifs dans la perception», extrait et traduit du *Journal of Abnormal and Social Psychology*, nº 43, 1948, pp. 142-154, par André Lévy, *Psychologie sociale : Textes fondamentaux anglais et français*, Paris, Dunod, 1965.

PRONOVOST, Gilles (dir.), *Cultures populaires et sociétés contemporaines*, Sillery, Presses de l'Université du Québec, 1982.

PRONOVOST, Gilles, *Temps, culture et société*, Sillery, Presses de l'Université du Québec, 1983.

QUARANTELLI, E.L., «The Command Post Point of View in Local Mass Communications Systems», *Communications. International Journal of Communication Research*, vol. 7, nº 1, 1981, pp. 57-73.

QUERE, Louis, *Des miroirs équivoques : Aux origines de la communication moderne*, Paris, Aubier Montaigne, RES, Babel, 1982.

QUERE, Louis, «L'herméneutique constitue-t-elle un paradigme pour la sociologie», *Problèmes d'épistémologie des sciences sociales*, 1983, nº 1, pp. 48-76, nº 2, pp. 4-25.

RABOY, Marc, *Libérer la communication : Médias et mouvements sociaux au Québec*, Montréal, Nouvelle optique, 1983.

RACINE, Luc, *Théories de l'échange et circulation des produits sociaux*, Montréal, Presses de l'Université de Montréal, 1979.

RADA, Stephen E., «Manipulating the Media : A Case Study of a Chicano Strike in Texas», *Journalism Quarterly*, vol. 54, nº 1, printemps 1977, pp. 109-113.

REBOUL, Olivier, *Langage et idéologie*, Paris, Presses Universitaires de France, 1980.

RITAINE, E., *Les stratèges de la culture*, Paris, Presses de la Fondation nationale des sciences politiques, 1983.

ROBERGE, Andrée, «Réseaux d'échange et parenté inconsciente», *Anthropologie et sociétés*, «Parentés au Québec», vol. 9, nº 3, 1985, pp. 5-31.

ROEMER, John E., *Free to Lose : An Introduction to Marxist Economic Philosophy*, Cambridge (Mass.), Harvard University Press, 1988.

ROSENBERG, Bernard, *Mass Culture : The Popular Arts in America*, édité par D.M. White, Glencoe, Free Press, 1964.

ROSENBERG, Bernard et White, David Manning, *Mass Culture Revisited*, New York, NY, Van Nostrand Reinhold, 1971.

ROSENBERG, M.J., «Cognitive Structure and Attitudinal Effect», *Journal of Abnormal and Social Psychology*, nº 53, 1956, pp. 367-372.

ROSENGREN, K.-E., «Mass Media and Social Change : Some Current Approaches», E. Katz and T. Szecskö (dir.), *Mass Media and Social Change*, Beverly Hills and London, Sage Publications, 1980, pp. 247-263.

ROTHENBERG, Jerome, «Consumer Sovereignty and the Economics of T.V. Programming», *Studies in Public Communication*, vol. 4, automne 1962, pp. 45-54.

ROSS, Line, «Mass Media : Quelques problèmes de recherche», *Recherches sociographiques*, vol. 12, nº 1, pp. 7-15, janvier-avril 1971.

ROTH, Alvin E., *Laboratory Experimentation in Economics : Six Points of View*, Cambridge et New York, Cambridge University Press, 1987.

ROUSSEAU, G. & G., *La communication : Son rôle dans le travail social et éducatif et la rencontre personnelle*, Toulouse, Privat, «Mésopopée» Bibliothèque de l'Action sociale, 1973.

SACCO, V.F., «The Effects of Mass Media on Perceptions of Crime : A Reanalysis of the issues», *Pacific Sociological Review*, vol. 25, nº 4, pp. 475-493.

SAMUELSON, Paul A. et SCOTT, Anthony, *Economics*, Toronto, McGraw-Hill, [1966] 1971.

SAPIR, Edward, *Selected Writings of Edward Sapir in Language, Culture and Personality*, Berkeley, University of California Press, 1949.

SARTRE, Jean-Paul, *Critique de la raison dialectique : Théorie des ensembles pratiques*, Tome 1, précédé de *Questions de méthodes*, Paris, Gallimard, Bibliothèque de philosophie, 1960.

SARTRE, Jean-Paul, *L'être et le néant : Essai d'ontologie phénoménologique*, Paris, Gallimard, Bibliothèque des Idées, 1943.

SAVARI, Claude et PANACCIO, Claude (dir), *L'idéologie et les stratégies de la raison : Approches théoriques, épistémologiques et anthropologiques*, LaSalle, Hurtubise HMH, Brèches, 1984.

SAVILLE-TROIKE, Muriel, *The Ethnography of Communication*, New York, Basil Blackwell, 1984.

SCHACHTER, S., «The Interaction of Cognitive and Physiological Determinants of Emotional State», L. Berkowitch (dir.), *Advences in Experimental Social Psychology*, vol. 1, New York, Academic Press, 1964.

SCIULLI, D., «Foundations of Societal Constitutionalism : Principles from the Concepts of Communicative Action», *British Journal of Sociology*, vol. 39, n° 3, 1988, pp. 377-408.

SCHMIDT, Christian, *La sémiotique économique en question : Recherche sur les fondements de l'économie théorique*, Paris, Calmann-Lévi, 1985.

SCHNEIDER, David J., *Social Psychology*, Reading, Mass., Addison-Wesley, 1977.

SCHOTTER, Andrew et SCHWODIAUER, Gerhard, «Economics and the Theory of Games : A Survey», *Journal of Economic Literature*, vol. 18, juin 1980, pp. 479-527.

SCOTT, Allen et STORPER, Michael (dir.), *Production, Work, Territory : The gegraphical Anatomy of Industrial Capiutalism*, Boston, Allen and Unwin, 1986.

SERRES, Michel, *Hermès ou la communication*, Paris, Minuit, 1968.

SERVAN-SCHREIBER, Jean-Louis, *Le pouvoir d'informer*, Paris, Laffont, 1973.

SFEZ, L., *Critique de la communication*, Paris, Seuil, 1988.

SHAW, Marvin E. et COSTANZO, Philip R., *Theories of Social Psychology*, 2e édition, New York, McGraw-Hill, [1970] 1982.

SIEGLE, Sidney, *Bargaining and Group Decision Making : Experiments in Bilateral Monopoly*, Ann Arbor, Mich., Xerox University Microfilms, 1975.

SILBERMANN, Alphons, *Communication de masse : Éléments de sociologie empirique*, trad. de Michel Perrot, Paris, Hachette, [1969] 1981.

SILBERMANN, Alphons, «Les rapports entre communication de masse et économie», *Économie sociale*, vol. 6, n° 4, 1972, pp. 713-730.

SINGER, Benjamin D. (dir.), *Communication in Canadian Siciety*, Addison-Wesley Pub., 1983.

SMELSER, Neil J., *The Sociology of Economic Life*, Englewood Cliffs N.J., Prentice-Hall, Foundations of Modern Socilogy Series, [1963] 1965.

SMITH, Vernon L., «Theory, Experiment and Economics», *Journal of Economic Perspectives*, vol. 3, n° 1, hiver 1989, pp. 151-169.

SOCIOLOGIE DU SUD EST, *Sémiologie et Mass médias : Relations sociales, espaces et significations dans les moyens de communication de masse*, Paris, numéro spécial, juillet-décembre 1983.

SOLARI, Luigi, *Essais de méthodes et analyse économétriques*, Genève, Droz, 1980.

SPIRE, A, «L'information dans les pays socialistes», *Communication et langages*, nº 51, 1982, pp. 21-37.

SUGDEN, Robert, «Spontaneous Order», *Journal of Economic Perspectives*, vol. 3, nº 4, automne 1989, pp. 85-97.

SUOMINEN, Elina, «Who Needs Information and Why?», *Journal of Communication*, vol. 26, nº 4, automne 1976, pp. 115-119.

TARONDEAU, Jean-Claude et Yardel, Dominique, *La distribution*, Paris, Les Ed. françaises, 1985.

THALER, Richard H., «Anomalies : The Ultimate Game», *Journal of Economic Perspectives*, vol. 2, nº 4, automne 1988, p. 195-206.

THIBAUT, John et KELLEY, Harold H., *The Social Psychology of Groups*, New York, Wiley, 1959.

THIBAULT, Pierre, *Savoir et pouvoir*, Québec, Pressses de l'Université Laval, 1972.

THOVERON, G., «Offre et demande de media, en Belgique francophone», *Communications. International Journal of Communication Research*, vol. 5, nºs 2-3, 1980, pp. 273-285.

THOVERON, G., «Mass Media sans masse : Quelques réflexions sur l'évolution des techniques de diffusion collective», *Études de radio-télévision*, nº 18, 1972, pp. 11-24.

TOURAINE, Alain, *La voix et le regard*, Sociologie permanente I, Paris, Seuil, 1978.

TOURAINE, Alain, *Production de la société*, Paris, Seuil, 1973.

TREMBLAY, Rodrigue, *L'économique : Introduction à l'analyse des problèmes économiques de toute société* (édition révisée), Montréal, Holt, Rinehart et Winston, [1969] 1971.

TREMBLAY, Rodrigue (dir.), *L'économie québécoise*, Sillery, Presses de l'Université du Québec, 1976.

VERON, E. *et al.*, *Construire l'événement : Les médias et l'accident de Three Mile Island*, Paris, Minuit, 1981.

VILLAS, François, *Échange international et qualification du travail*, Paris, Economica, 1981.

WAGNER, Gaston, *La justice dans l'Ancien testament et le Coran au niveau des mariages et des échanges de biens*, Neuchâtel : à la Baconnière, 1977.

WANGERMEE, Robert, «Publics et culture en télévision», *Études de radio-télévision*, n° 14, pp. 3-15, 1968.

WATTENBERG, M.P., «From Parties to Candidates : Examining the Role of the Media», *The Public Opinion Quarterly*, vol. 46, n° 2, 1982, pp. 216-227.

WATZLAWICK, Paul, *La réalité de la réalité : Confusion, désinformation, communication*, Paris, Seuil, traduit de l'américain par Edgar Roskis, [1976] 1978.

WATZLAWICK, Paul, BEAVIN, Janet Helmick et JACKSON, Don D., *Une logique de la communication*, Paris, Seuil, traduit de l'américain par Janine Morche, [1967] 1972.

WEBER, Max, *Économie et société*, Paris, Plon, [1956] 1971.

WEBER, Max, *L'éthique protestante et l'esprit du capitalisme*, Paris, Plon, Recherche en sciences humaines, 17, 1964.

WEBER-AMOUYAL, Josée, *Information et pouvoirs*, Paris, Hatier, Profil dossier, 534, 1981.

WIGAND, R.T., «Mass Media Abundance : Selected Developments and Audience Effects in the United States of America», *Communications : International Journal of Communication Research*, vol. 5, n°s 2-3, 1980, pp. 213-239.

WILDEN, Anthony, *Système et Structure : Essais sur la communication et l'échange*, Montréal, Boréal Express, [1972] 1983.

WILLET, Gilles, *De la communication à la télécommunication*, Québec, Presses de l'Université Laval, 1989.

WISHNER, J., «Reanalysis of «Impressions of Personality»», *Psychological Review*, n° 67, 1960, pp. 96-112.

Worcester Polytechnic Institute
Studies in Science, Technology and Culture

Worcester Polytechnic Institute Studies in Science, Technology and Culture aims to publish monographs, tightly-edited collections of essays, and research tools in interdisciplinary topics which investigate the relationships of science and technology to social and cultural issues and impacts. The series is edited by Lance Schachterle (Chair, Division of Interdisciplinary Affairs and Professor of English, WPI) and Francis C. Lutz (Associate Dean for Projects and Professor of Civil Engineering,WPI). The editors invite proposals in English from beginning and established scholars throughout the world whose research interests focus on how science or technology affects the structure, values, quality, or management of our society. The series complements WPI's commitment to interdisciplinary education by providing opportunities to publish on the widest possible diversity of themes at the intersection of science, technology, and culture.